GOD AS FIRST PRINCIPLE IN
ULRICH OF STRASBOURG

*Critical Text of 'Summa De Bono', IV, 1 based on hitherto unpublished
mediaeval manuscripts and Philosophical Study*

BY

Francis J. Lescoe, Ph.D., S.T.L.

Professor of Philosophy

Saint Joseph College

West Hartford, Connecticut

ALBA · HOUSE NEW · YORK

SOCIETY OF ST. PAUL, 2187 VICTORY BLVD., STATEN ISLAND, NEW YORK 10314

Acknowledgment is made to the Pontifical Institute of Mediaeval Studies, Toronto, Universitätsbibliothek Erlangen-Nürnberg, and Berlin, Staatsbibliothek Preussischer Kulturbesitz, früher Preussische Staatsbibliothek for microfilm copies of manuscripts used in the preparation of the text.

Library of Congress Cataloging in Publication Data
Lescoe, Francis J.
God as First Principle in Ulrich of Strasbourg
"The edited text Summa de bono, liber quartus, tractatus primus": p. 145

Bibliography: p. 243

1. Ulrich von Strassburg, d. 1277. Summa de bono.
2. Theology, Doctrinal.
3. Philosophy. I. Ulrich von Strassburg, d. 1277.
   Summa de bono, Book 4, tractate 1. 1979.

II. Title.

BX1749.U383L47   1979   110   79-4140
ISBN 0-8189-0385-6

1 2 3 4 5 6 7 8 9 (Current Printing: first digit)
© Copyright 1979 by Francis J. Lescoe
Printed in the United States

Reverendissimo Doctori

J. Reginaldo O'Donnell, C.S.B.,

In Palaeographia Peritissimo,

Magistro Et Amico Meo,

Hoc Opusculum De

Summa De Bono

Ulrici Engelberti Argentinensis

Dedico.

TABLE OF CONTENTS

THE EDITED TEXT

SUMMA DE BONO, LIBER QUARTUS TRACTATUS PRIMUS

INCIPIT LIBER QUARTUS, qui est de Deo Patre secundum appropriatam sibi rationem primi principii. Cujus primus tractatus est de conditionibus hujus principii et de primo et proprio opere ejus quod est creare.

FOREWORD

The present volume is an expanded version of a doctoral dissertation submitted to the School of Philosophy in the University of Toronto. The edited Latin text includes two additional manuscripts (Berlin Preussische Staatsbibliothek Electoral Ms. 446 and Erlangen Universitätsbibliothek Ms. 530. 1/2), which were not available at the time of the writing of the original work. The author wishes to express his deep gratitude to the Reverend J. Reginald O'Donnell, C.S.B., F.R.S.C., of the Pontifical Institute of Mediaeval Studies, Toronto, for obtaining copies of these manuscripts, thus making possible the edition of a truly critical text.

In addition, the present study attempts to update all the extant scholarship on the various portions of Ulrich's *Summa de Bono*.

To his mentors and directors of the original work, Profs. J. Reginald O'Donnell, the late Anton C. Pegis and Etienne Gilson, the author expresses his very special debt of gratitude.

Many individuals have aided, in varied ways, in the production of this *opusculum*, viz., Most Reverend John F. Whealon, D.D., S.T.L., S.S.L., Archbishop of Hartford, Drs. Marie E. Lescoe and Edmund A. Lescoe, sister and brother of the author, Dr. Ch. Dickmann, Dipl.-Bibl., Director of Staatsbibliothek, Preussischer Kulturbesitz-Handschriftenabteilung, Berlin, Dr. Gerlinde Frank, Bibl.-Amtm. of Universitätsbibliothek Erlangen-Nürnberg, Sr. Wilma Fitzgerald, Ph.D., Archivist and Curator of the Gordon Taylor Jr. Microfilm Collection of the Pontifical Institute of Mediaeval Studies, Toronto, Sr. Mary Consolata O'Connor, Ph.D., Sr. M. Leo Joseph Devine, Ph.D., and Dr. Sharon MacLaren, President, Graduate and Undergraduate Deans respectively of Saint Joseph College, Rev. Dr. William E. Hart, M.S., Sister Mary Sarah Muldowney, Ph.D., Sr. Margaret Crowley, Ph.D., Rev. Monsignor Edward J.

Reardon, Dr. William M. Walton, Reverend Brian Shaw, D. Min., Reverend Robert E. Shea, Reverend David Q. Liptak, D. Min., Stephen J. Seleman, Ph.D. Cand., Sr. Muriel Adams, Head Librarian and Mary Wysocki, Inter-Loan Librarian of Saint Joseph College.

The author is also indebted to the staffs of the Beinecke Rare Book Library and Sterling Memorial Library of Yale University, University of Toronto and Harvard University Libraries. Finally, The Messenger Press of Celina, Ohio, under the direction of its editor, Rev. James H. Kelley, C.PP.S., is responsible for the excellent printing and lithography.

F. J. L.

BY THE SAME AUTHOR

Sancti Thomae Aquinatis Tractatus De Substantiis Separatis
Saint Thomas Aquinas' Treatise On Separate Substances
Existentialism: With Or Without God. *Third Printing.*
The Existentialist Drama of Gabriel Marcel, ed.
The McAuley Lecture Series, ed., 15 vols.

Paris. Bibliothèque Nationale Ms. 15900.

Saint-Omer Bibliothèque Ms. 152.

X

Berlin Preussische Staatsbibliothek Electoral Ms. 446.

aliquid istorum e ex impotentia si ponamus oppositum horum poneret impossibile in deo
si vult pater plures filios generaret oporteret illos esse distinctos inter se aliis
quod non essent plures non autem distinguerentur nisi se per filiacionem que in sunt
non est nisi relatio oriuntur ipsa dicit non oriuntur ab se si oriuntur a patre et
oportet eos distingui per diversas proprietates filiorum sicut quod ille proprietates dicunt
aliquod absolutum tam in persona sic distinguuntur in essencia ut dicit Anselmus
omne absolute dictum in deo dicit essentiam si pater et impossibile si autem
filius possit generare alium filium ille alius filius nulla relatione originis distingui a patre igitur vel omnis est ipsa persona patris et huius sicut filius posset generare
suum patrem quod falsum est dico vel si proprietas absoluta dicit a patre igitur
unum est cum impotentia ex eisdem etiam rationibus sequitur quod nec pater nec filius
potest spirare plures amores nec spiritus sanctus potest spirare alium spiritum
ut patet supra si quis voluerit ad propositum applicare

Potentia tamen
generandi est aliquo in filio et potentia spirandi in spiritu sancto non potest generari ut
supra habitum est dicitur ergo communiter sub eodem rationali et ideo est medium inter patrem et eum
per patre non ille aliquid huius de utroque si ipsum sumatur huiusmodi vis potest ut patet
est hec potentia et in filio quia ipsa non est qua pullulat pullulaverit
unde dicit Dyonisius ii c de divinis nominibus pater est fontana deitatis filius autem et spiritus sanctus
diffugiente deitatis si ita oportet dicere pullulationes divinae non si sic floret et
super substantias manifestum est si vero sumatur cum deitate eius quod est generandi si hoc
est triplicat quia ly generandi vel est gerundium ubi impossibile et sic potentia
generandi est qua ab aliquo sit generatio si a patre est in filio ut est potentia
est natura eius unde pater generat et sic quidam dicunt et bene quod eadem potentia
qua pater spirare qua filius per gignens quia in huius locutionibus filius potest quere
eandem sub rationibus diversas notando quem significat ipsa et ideo est eadem
potentia vel secundo est gerundium verbi personalis passivi et sic potest generari
et potentia ut generetur ipse filius est in filio vel terreo est gerundium ubi personalis
activi et sic potentia generandi est potest et generat non est in filio quia ibi potest sed hoc
sub ratione potentiae si sub ratione proprietatis quae est paternitas quae non est in filio
et sic posse generare sive potentia generandi non est aliquid si ad aliquid ut est potentia
sub hac ratione si proprietas nec posse generare est posse aliquid si ad aliquid
qua est posse habere proprietatem paternitatis et ideo ex primis non sequitur quod maxime
si quod aliqua potentia sit in patre quae non sit in filio nec quod pater aliquid possit ad
quod non potest filius nec quod pater sit potentior filio si quod proprietas aliqua est in patre
quae non potest generare filio

Augustinus autem in primo libro de trinitate asserit de istis proprietatibus
generandi quomodo dictorum modorum si vere id quod est post Respondet primo ad argumentum
Maximini ariani qui arguit sic pater genuit creatorem filium non quia pater
impotentior est filio et dicit absit nemo enim cum sit i eadem potentia et iqualem
potentia habuit et ideo ulterius huic gaudetur quod ea illa quae oportuit
spirare in actum aliter esse vana et imperfecta subdit si non oportuit si
sequitur quod ipse generaret in modo ita cum et refutat hoc infinitates generare

3

2

Louvain Bibliotheque Universitaire Ms. D320.

LIST OF ABBREVIATIONS

add. — additur.

B — Berlin Preussische Staatsbibliothek Electoral Ms. 446.

CSEL — Corpus Scriptorum Ecclesiasticorum Latinorum. Editio consilio et impensis academia litterarum caesarae vindobonensis. Vindobonae apud C. Geraldi, 1866 - 1919.

E — Erlangen Universitätsbibliothek Ms. 530.1/2.

Hom. — homoeoteleuton.

L — Louvain Bibliothèque Universitaire Ms. D320.

O — Saint-Omer Bibliothèque Universitaire Ms. 152.

om. — omittitur.

P — Paris Bibliothèque Nationale Ms. 15900, 15901.

PG — Patrologiae Cursus Completus. Accurante J. P. Migne; Series Graeca. Parisiis apud Garnier et Migne, 1886. 162 volumes.

PL — Patrologiae Cursus Completus. Accurante J. P. Migne; Series Latina. Parisiis apud Garnier et Migne, 1878. 221 volumes.

SB — Summa de Bono Ulrici Engelberti de Argentina.

V — Roma Biblioteca Vaticana Ms. 1311.

W — Vienna Nationalbibliothek Ms. 3924.

PHILOSOPHICAL STUDY

PART I

Prooemium

It is almost fifty years since the publication of Jeanne Daguillon's monumental work, *Ulrich de Strasbourg, O.P. La 'Summa de Bono.' Livre I. Introduction et Edition critique.* Although historians of mediaeval thought have been urging for almost a century, the transcription from manuscriptural form of this crucially important treatise, comparatively little progress has been made to date.[1]

The *Summa de Bono* or *Liber de Summo Bono* of Ulrich of Strasbourg is a vast philosophico-theological opus, numbering over 600 folios in length. To our knowledge, the only published critical edition is Daguillon's text of Book I, which covers a mere twelve folios.[2]

Since Daguillon's volume is no longer readily available, it was thought worthwhile to make the most pertinent information in that work more easily accessible to a new generation of scholars.

The author has drawn very extensively on Daguillon's findings, especially in the areas of authenticity and dating of the *Summa,* as well as the establishment of extant manuscriptural lineages. For this invaluable information which represents exhaustive *in situ* research in a number of leading European libraries, the author is most grateful to Mlle. Daguillon.

In addition, the present *opusculum* attempts to list most of the known Ulrichian research, both here and abroad, since the publication of Daguillon's work.

A. *The Author of the Summa De Bono*

In the year 1248, Albertus Magnus, the great Dominican teacher was lecturing at the newly-established *Studium Generale*

1

at Cologne. His commentaries on the vast corpus of graeco-arabian writings, which were just making their initial appearance in that momentous thirteenth-century meeting of the East and the West, attracted students from all parts of Europe.[1] Two of these students were destined to perpetuate the name and influence of their master, but in two highly divergent manners. One of them, St. Thomas Aquinas, would indeed benefit by the tremendous intellectual heritage which he received from his master, but while using this Albertinian Aristotelianism bequeathed to him, he would develop a totally personal synthesis which would even overshadow that of his master.[2]

The other student, Ulrich of Strasbourg (Ulricus Engelberti de Argentina, Prosecutor et Interpres Alberti), is conceded to have been more faithful to the general doctrinal outlines formulated by Albertus Magnus.[3] His exact philosophical position, however, still remains very problematical because the bulk of his writings, as we have noted above, is still for the most part found only in manuscriptural form. In editing the First Tractate of the Fourth Book of the *Summa de Bono* of Ulrich of Strasbourg, the author of this study hopes to contribute to a greater appreciation of the philosophical position occupied by this thirteenth-century Dominican thinker.

*   *   *   *

Ulrich of Strasbourg was born some time during the first part of the thirteenth century, possibly around 1220 or 1225, a descendant of the noble family of Zorn. At an early age, he entered the Order of Preachers and pursued his philosophical and theological studies under Albertus Magnus, first at Paris and then at Cologne.[4] The young student, who was in his early twenties at the time, soon developed a great respect and admiration for his favorite magister. This teacher-student relationship was to endure an entire lifetime, as we can gather from a number of unpublished letters exchanged between the Master and his "Lieblingsschüler." Ulrich had such a great admiration for Albert that he would write of his magister, much later in life as follows: "Doctor meus dominus Albertus . . . vir in omni scientia adeo divinus, ut nostri temporis stupor et miraculum congrue vocari possit."[5]

In all likelihood, after Ulrich had completed his studies under Albert at Cologne, he received his Licentiate in Theology from the Dominican House in Strasbourg.

2

In 1272, Ulrich was appointed Provincial Prefect of the German Dominican province. At the termination of his administra-
tive duties, he was sent to Paris to read the *Sentences* of Peter
Lombard and died there suddenly the same year, i.e., 1277.[6]

B. *Authenticity and Date of the Summa de Bono*

There has never been any question concerning the authenticity
of Ulrich's most ambitious and only extant work. The corroborative testimony of various chroniclers and bibliographers extends,
as Jeanne Daguillon points out, from the thirteenth century to
the present.[1]

The most ancient catalogue of Dominican authors, the Catalogue of Stams, published by P. Denifle, contains the following
entry: "Frater Ulricus, bacularius in theologia, scripsit super librum Metheorum. Item super Sententias. Item Summa theologiae."[2] The Catalogue of the Masters General of Preachers speaks
of Ulrich's work as "summam theologiae magnam et subtilem."[3]

John of Fribourg (+1314), who was Ulrich's disciple, acknowl-
edges in the Prologue to his own *Summa Confessorum,* the debt
he owes to the various Dominican authors. Among them, he singles
out Ulrich of Strasbourg: "Sunt autem haec collecta maxime de
libris horum doctorum memorati Ordinis videlicet . . . Item fratris Ulrici, quondam lectoris Argentinensis, ejusdem Ordinis, qui
quamvis magister in theologia non fuerit, scientia tamen ma-
gistris inferior non extitit, ut in libro suo quem tam de theologia
quam de philosophia conscripsit."[4]

Dietrich of Fribourg, who held the post of Provincial from
1293 to 1296, likewise quotes from Ulrich's *Summa de Bono.*[5]

The centuries immediately following Ulrich's death, abound
in references to this favorite pupil of Albertus Magnus and to
his *Summa de Bono.* In the *Legenda litteralis Alberti Magni,* we
read of Ulrich: "Denique religiosus et doctus vir frater Ulricus
de Argentina quondam magistri Alberti discipulus, qui etiam quarto loco post magistrum suum provinciatus officium per Theutoniam
administravit, testatur vitam ejus claram fuisse sub brevibus in
Summa suae Theologiae verbis sic inquiens: 'Albertus doctor meus
Ratisponensis episcopus vir adeo divinus etc.' "[6]

The Dominican historian, Henry of Hervord, numbers Ulrich
among the "stars or luminaries" of his Order. He states, "Stel-

3

las qui luceant in perpetuas aeternitates . . . Ulricus Theutonicus, bacularius in Theologia, scripsit librum Metheorum, super Sententias, et Summam Theologiae, magnam et subtilem."[7]

John of Torquemada, O.P., who died in 1468, speaks of Ulrich as one of the great writers of the Dominican Order and quotes frequently from the *Summa de Bono* in his *Tractatus de Veritate Conceptionis Beatissimae Virginis.*[8] Denis the Carthusian (+1471) most likely had a copy of Ulrich's *Summa* in his library (internal evidence points to Louvain Ms. Bibliothèque Universitaire D. 320 as the text). In his *Commentary on the Sentences,* Denis quotes from Books III,[9] IV,[10] V,[11] and VI[12] of Ulrich's *Summa de Bono.*

Ulrich's *Summa* is again cited in the *Buch der Reformatio Predigerordens*[13] and the *Liber de viris illustribus ordinis Praedicatorum*[14] of the Dominican writer, John Meyer. John Nider refers to Ulrich's *Summa* in his works, *Praeceptorium*[15] and the *Consolatorium*[16] and Louis of Valleoletano mentions in his *Tabula* a "Summa de Theologia et Philosophia" by Ulrich of Strasbourg.[17]

Toward the end of the fifteenth century, Philip of Bergamo writes in his *Chronicles,* "Udalricus de Argentina, Teutonicus, ordinis Praedicatorum. Alberti Magni discipulus, per haec tempora in philosophia et sacra theologia viguit et quaedam non spernendae lectionis composuit opuscula, quibus et praesentibus et futuris se notum facit, a quibus extant super sententias li 4, summae theologiae li 1, item de anima, li 1."[18] Further corroborative evidence is furnished by the Benedictine writer, John Trithemius[19], Wimpheling,[20] Leander Albert, O.P.,[21] William Eysengrein[22] and S. Razzi.[23]

In the seventeenth century, the Jesuit author Possevinus,[24] Alva y Astorga,[25] and the Dominican Altamura[26] speak with approval of Ulrich's *Summa.*

In the eighteenth century, Dupin[27] and the Dominican historian Alexander,[28] testify to Ulrich's *Summa de Bono.* The eminent Dominican scholars Quetif and Echard categorically affirm Ulrich's authorship of the *Summa,*[29] and Cave[30] and Jöcher[31] write of it approvingly.

Miraeus has the following to say: "Udalricus Argentinensis, ord. Praed., Alb. M. auditor, vixit anno millesimo ducentesimo octogesimo. Scripsit in libros quatuor Magistri Sententiarum, item

Summa Theologiae."[32] Another eighteenth century writer, Fabricius, makes this entry: "Ulricus Argentinensis, ord. Praedicatorum, magnus Theologus et Casuista, cujus *Summa* citatur in catalogo Doctorum pro immaculata conceptione Mariae."[33]

Moreri argues that Ulrich's fame is due largely to his *Summa de Bono*. He writes: "Le nom de ce religieux est célèbre, à cause d'une Somme de Théologie et de Philosophie en six livres, qui est intitulée 'De Summo Bono' et qui n'a pas été imprimée."[34] Conrad Gesner's *Epitome bibliothecae* contains the following entry: "Scripsit summa theologiae lib. I."[35]

In the nineteenth century, Hurter notes, ". . . Praeter Albertum M. Sententiarum II commentarius . . . illustraverunt et ordine S. Dominici . . . Ulricus Engelberti de Argentina, etiam Teuto cognominatus . . . cujus etiam *Summa theologica laudatur.*"[36]

Sighart, the celebrated historian and biographer of Albertus Magnus, speaks of Ulrich's *Summa* and even quotes a passage from Book IV, wherein Ulrich pays tribute to his teacher.[37] Grandidier speaks in glowing terms about Ulrich's chef d'oeuvre: "Celui qui lui a fait le plus d'honneur dans son siècle est une Somme de théologie et de philosophie en six livres, intitulée *De Summo Bono* et qui n'a pas encore été imprimée."[38] The historians Finke[39] and Charles Schmidt[40] likewise speak of Ulrich's *opus magnum*.

More recently (twentieth century), a number of historians speak of Ulrich's *Summa*. de Loë writes, "Ulrich's Hauptschrift ist eine noch unedirte *Summa Theologiae* in 8 Büchern, ein von den Zeitgenossen und auch Späteren hochgepriesenes Werk."[41] Michael says, "Doch hat Ulrich eine theologische Summa hinterlassen, welche der Dominikaner Pignon um 1400 als 'sehr gut und nützlich' bezeichnet."[42]

De Wulf gives Ulrich a very special place in the history of mediaeval philosophy when he says, "Il occupe un rang à part et est le plus fidèle et le plus significatif des disciples d'Albert." He does, however, qualify his praise with the remark that Ulrich's *Summa* is "entachée des mêmes imperfections que l'oeuvre de son Maître."[43]

The celebrated mediaeval historians Martin Grabmann[44] and Clement Baeumker[45] wrote frequently and approvingly of Ulrich's *Summa*. P. Klingseis was especially interested in Ulrich's ethical theory which is to be found in Book VI of the *Summa*.[46] Ueberweg wrote at length of the authenticity of Ulrich's *opus magnum*.[47]

5

The conclusion is incontestable: Ulrich of Strasbourg, the faithful disciple of Albertus Magnus, wrote a lengthy Summa of theology and philosophy and that work is the *Summa de Bono.*

Date of the Summa de Bono

While it is difficult to make precisions concerning the date of the *Summa de Bono,* an approximate *terminus a quo* and *terminus ad quem* can be established from internal evidence in the *Summa* itself.

In Chapter IX of the Third Tractate of Book Four, Ulrich writes the following tribute to Albertus Magnus: "Aliter autem ab omnibus praemissi sentit doctor meus dominus Albertus, *episcopus quondam Ratisponensis,* vir in omni scientia adeo divinus ut nostri temporis stupor et miraculum congrue vocari possit et in magicis expertus ex quibus multum dependet hujus materiae scientia."[48]

J. Daguillon advances the following argument which she draws from the above entry: "Albert le Grand fut évêque de Regensburg de 1260 à 1262. C'est après cette periode ("episcopus quondam Ratisponensis") qu'Ulrich écrit sa Somme, ou plus exactement le livre IV de sa Somme. Voici donc, très approximativement le *terminus a quo.*"[49] Accordingly, we can consider 1262 as a possible *terminus a quo.*

Ulrich was elected Prefect (Head) of the German Dominican Province in 1272. It is hardly probable that he was able to write the *Summa* or even a portion of it during the very active years of his provincialate. It is also unlikely that he could have accomplished much on such a vast work in the several months between the end of his term of office and his sudden death. The year 1272 can therefore be advanced as a probable *terminus ad quem.* Hence the *Summa de Bono* could have been written before 1272 and after 1262.

Both Daguillon[50] and Grabmann[51] advance the same set of dates. The latter states succinctly, "Enstanden ist diese Summa in der Zeit zwischen 1262, dem Jahre der Resignation Alberts auf das Bistum Regensburg, und zwischen 1272, da Ulrich Provinzial erwählt wurde." F. Pelster, on the other hand, suggests a later *ad quem* date, specifically between 1274 and 1276.[52]

Our conclusion is that Ulrich's *Summa de Bono* was written between the years 1262 and 1272.

PROOEMIUM

1. Jeanne Daguillon, *Ulrich de Strasbourg, O.P. La "Summa de Bono." Livre I. Introduction et Édition critique* (Paris: J. Vrin, 1930). The author wishes to acknowledge his indebtedness to Mlle. Daguillon for the data on the authenticity of the *Summa,* as well as for the general evaluations of the seven manuscripts used in the preparation of the critical text.

   Historians urging the speedy transcription and edition of Ulrich's *Summa* argue, "Ulrich . . . Verfasser einer sehr geschätzen Summa, die leider nur aus den Auszügen im grossem Sentenzen Kommentar des Dionysius bekannt ist, aber hoffentlich in nicht allzuferner Zeit in ganzer Gestalt an die offentlichkeit treten wird." — L. Pfleger, "Der Dominikaner Hugo von Strassburg und das Compendium theologicae veritatis" in *Zeitschrift für Katolische Theologie,* II, Quartalheft, 1904, 434, M. De Wulf, *Histoire de la philosophie médiévale* (Bibliothèque de l'Institut supérieur de Philosophie de Louvain, Cours de Philosophie, vol. VI) 2e ed. (Paris: Alcan, 1905, p. 325.

   Martin Grabmann states, "Die Forschung über Ulrich von Strassburg wird aber in ganz neue Bahnen geleitet werden, die volle Theologie und Philosophie geschichtliche Bedeutung Ulrichs wird dann völlig verstanden . . . wenn die kritische Ausgabe seiner theologischen Summa vorhegen wird." — "Studien üeber Ulrich von Strassburg" in *Zeitschrift für Katolische Theologie,* no. 5, IV, 630; cf.   , *Die Geschichte der scholastischen Methode,* I (Freiburg im Breisgau: Herder, 1909), p. 497; Cl. Baeumker, *Der Anteil des Elsass an den geistigen Bewegungen des Mittelalters.* Rede zur Feier des Geburtstages Sr Majestät des Kaisers am 27 Januar 1912 in der Aula der Kaiser-Wilhelms-Universität Strassburg, Heitz, 1912, p. 23.

   P. Théry noted in 1922 the promise of a critical text which was announced by E. Muller and A. Ehrhard twenty two years previously, i.e., c. 1900: "Cette *Summa de Bono* est encore inédite . . . Une édition critique de cette Somme par les soins d'E. Muller et d'A. Ehrhard est annoncée depuis bientôt vingt ans. Pour diverses raisons, il est presque certain qu'il nous faudra attendre encore bien longtemps avant de la voir paraître." — "Originalité du Plan le la *Summa de Bono* d'Ulrich de Strasbourg" in *Revue Thomiste,* 1922, 376-397, p. 378, note 3.

2. To our knowledge, the only other sections of the *Summa* which have been transcribed — none of which is a genuinely critical text — include the following: M. Grabmann, "Des Ulrich Engelberti von Strassburg O. Pr. (+1277) Abhandlung De Pulchro, Untersuchungen und Texte" in *Sitzungsberichte der Bayerischen Akademie der Wissenschaften* (München, 1926), 3-84; Francis Collingwood, "Summa De Bono of Ulrich of Strasbourg, Liber II: Tractatus 2, Capitula I, II, III, Tractatus 3, Capitula I, II" in *Nine Mediaeval Thinkers: A Collection of Hitherto Unedited Texts* (Studies and Texts: I) ed. J. Reginald O'Donnell (Toronto: Pontifical Institute of Mediaeval Studies, 1955), 293-307;   , *The Theory of Being in the "Summa de Bono" of Ulrich of Strasbourg: Philosophical Study and Text,* Unpublished Doctoral Dissertation, University of Toronto, 1952; C. Fagin, *The Doctrine of the Divine Ideas in the "Summa de Bono" of Ulrich of Strasbourg*: Text and Philosophical Introduction, Unpublished Doctoral Dissertation, University of Toronto, 1948.

* * * * *

7

Cf. below, Philosophical Study, Part I, Section C, for texts edited under the author's direction in the McAuley Institute of Religious Studies, Saint Joseph College, West Hartford.

PART I, SEC. A

1. In June 1248, the General Chapter of the Order of Preachers, which met in Paris, voted to establish four new centers of study for its prospective members. These centers, known as *Studia Generalia,* would be located in Bologna, Montpelier, Oxford, and Cologne. Cf. *Acta Capitulorum Ordinis Praedicatorum,* ed. Reichert, vol. III, p. 41; P. Mandonnet, "Saint Thomas d'Aquin, le Disciple d'Albert le Grand" in *Revue des Jeunes,* 25 Jan. 1920, p. 163; de Loë, *De Vita et Scriptis B. Alberti,* Analecta Bollandiana, T. XX, 1901, p. 279.

Albertus Magnus, who was teaching at the University of Paris, was now sent to Cologne to serve as the Director and Principal Professor of its new *Studium Generale.* Cf. I, Pelster, *Kritische Studien zum Leben und zu den Schrifften Alberts des Grossen* (Fribourg, 1920), p. 84; Théry, *op. cit.,* pp. 376 ff.

This transfer from Paris to Cologne did not require Albert to change the sequence of his courses which he had begun at the University of Paris. While there, Albert began, in 1246, his commentaries on the *Sentences* of Peter Lombard. He continued these lectures at the new *Studium Generale* in Cologne and completed them in 1249 — "anno Domini nostri Jesu Christi millesimo ducentesimo quadragesimo nono" — as he himself writes in the *Sentences.* He also completed at Cologne his commentaries on the *De Divinis Nominibus, De Mystica Theologia* and the *Epistola* of Pseudo-Dionysius.
Cf. Albert, St., *Comm. in IV Sent.* Dist. 35, a. 7, ed. Borgnet, vol. 30, p. 354, "An aliud dicendum quod inscriptio facienda est sic: anno ab incarnatione Domini nostri Jesu Christi millesimo ducentesimo quadragesimo nono, praesidente domino N." *Comm. in II Sent.* Dist. 6, a. 9, ed. Borgnet, vol. 27, p. 139, "Praeterea quaeritur quid dicantur mille anni, post quos solvetur Satanas; jam enim elapsi sunt mille ducenti quadragesimi sex anni.", cited in Théry, *op. cit.,* p. 376, notes 1 and 2.
The most likely reason why Albert did not begin a new sequence of lectures at Cologne was the fact that a large number of his Parisian students accompanied the Master to continue their studies with him at Cologne. Théry writes, "Si maître Albert ne commence pas dans le *Studium Generale* récemment érigé une nouvelle série d'études, un nouveau cycle d'enseignement, cela s'explique sans doute, en partie du moins, par le fait qu'un grand nombre de ses étudiants de Paris le suivit à Cologne." — *op. cit.,* p. 377.

2. "De ce nombre de ses étudiants est Thomas d'Aquin envoyé comme représentant de la Province Romaine . . . Mais à Cologne Albert comptait encore trés vraisemblablement parmis ses élèves un autre de ses plus fervents disciples de l'avenir." — Théry, *op. cit.,* pp. 377-378.
"Car il est vrai que l'oeuvre d'Albert le Grand a préparé celle de Saint Thomas. Beaucoup des matériaux qu'il avait découverts et amassés se retrouvent, ajustés les uns aux autres, et sertis dans la synthèse admirable que Saint Thomas a su en faire . . . Mais il n'en est pas moins vrai que l'oeuvre d'Albert le Grand

8

contient bien des matériaux que n'a pas utilisé son plus illustre disciple." — Etienne Gilson, *La Philosophie au Moyen Age,* 2nd. ed. (Paris, 1947), pp. 503-504; , *History of Christian Philosophy in the Middle Ages* (New York, 1955), pp. 431-433; 751-753; cf. P. Mandonnet, *Siger de Brabant et l'averroisme latin au XIIIe siècle* (Louvain, 1911), pp. 38-39.

"This sort of metaphysics (Albert's) is not Aristotelian; it lies rather in the tradition of Plotinus, Proclus, the *Liber de Causis* and Avicebron . . . The notion that all reality is originally one and that this unity spreads out and deteriorates by becoming more and more pluralized in its successive stages — this is neo-Platonic emanationism. Albert was fascinated with the theme and applied it to many problems . . . Thomas Aquinas may have been influenced by this kind of thought (Neo-Platonic) but he never belonged to this 'Albertinist' school of philosophy. He was too impressed by the empiricism and naturalism of Aristotle to adopt a metaphysics which ulimately ran the risk of merging the reality and activities of created things with the transcending unity of the divine *esse.*" — Vernon Bourke, *Aquinas' Search for Wisdom* (Milwaukee: Bruce, 1965), pp. 50-51.

3. Bibl. de l'Arsenal, Ms. 248, fol. 76v. Gilson calls Ulrich "l'élève préferé d'Albert" — *Le Thomisme, Introduction à la philosophie de saint Thomas d'Aquin.* 5 ed. (Paris: J. Vrin, 1948) p. 516. Cf. Théry, *op. cit.,* pp. 376 ff.; Grabmann, "Studien" in *Mittlelalterliches Geistesleben,* p. 170. Grabmann observes, "Ulrich ist ohne Zweifel der Lieblingsschüler Alberts und hat seiner Begeisterung und Bewunderung für den geliebten Lehrer, mit dem ihn auch in seinem ganzen Leben innigste Freundschaft verband, folgenden Ausdruck verliehen: Doctor meus dominus Albertus nostri temporis stupor et miraculum . . ." — *Abhandlung De Pulchro,* p. 23.

4. Grabmann, "Studien" in *Zeitschrift,* 82-107, 315-330; "Er trat frühzeitig in den Dominikanerorden ein und erhielt seine Wissenschaftliche Ausbildung in Philosophie und Theologie zu Köln als Schüler Alberts des Grossen, der im Jahre 1248 die Gründung und Oberleitung eines Studium Generale daselbst übernommen hatte." , *Abhandlung De Pulchro,* pp. 22-23.

5. Cf. H. Finke, *Ungedruckte Dominikanerbriefe des* 13. *Jahrhunderts* (Paderborn, 1891), pp. 18-22.

6. Quetif-Echard, *Scriptores Ordinis Praedicatorum* (Lutetiae Parisiorum apud Ballard, 1719), Vol. I, p. 356, "Unde et postea provincialatus Teutoniae laudabiliter administrato officio, Parisiis ad legendum directus ante lectionis inceptionem ibidem a Domino assumptus est."; cf. E. Krebs, "Meister Dietrich" in *Beiträge zur Geschichte der Philosophie des Mittelalters* (Münster, 1906), Band V, Hefte 5-6, 75, 78, 87.

AUTHENTICITY AND DATE

1. Daguillon, *op. cit.,* pp. 3*-11*. All the references below are cited from this portion of Daguillon's remarkable work.

2. P. Denifle, *Archiv für Litteratur und Kirchen-Geschichte des Mittelalters,* II (Berlin, 1886), p. 240. Cf. Jundt, *Histoire du pantheisme populaire au Moyen Age et au xvie siècle* (Paris, 1875), p. 287; P. Mandonnet, *Des écrits authentiques de Saint Thomas d'Aquin* (Fribourg, 1910), p. 85.

9

3. Martene et Durand, *Veter. script. ampl. Collectio,* VI: *Brevissima chronica RR. Magistrorum generalium ord. Praedicat,* p. 368.
4. *Summa Confessorum reverendi patris Johannis de Friburgo* . . . (Paris: Joh. Petit, 1519), in fol., Prologue, col. 1.
5. E. Krebs, *Meister Dietrich,* pp. 75, 78, 87.
6. *Legenda Litteralis Alberti Magni* (Cologne, Kolhoff, 1490) in 4°, cap. 8, fol. 3. The same passage appears in *Vita Alberti* by the Dominican, Peter of Prussia, cf. ed. of 1621, Anvers, pp. 125, 126.
7. *Liber de rebus memorabilioribus sive Chronicon Henrici de Hervordia.* Edidit et de scriptoris vita et Chronici fatis auctoritateque dissertionem praemisit Augustus Potthast (Göttingae, sumptibus Dieterichianis, 1859), p. 204.
8. *Tractatus de veritate conceptionis beatissimae Virginis* pro facienda relatione coram patribus Concilii Basileae, anno Domini MCCCCXXXVII mense Julio . . . de mandato sedis apostolicae legatorum, eidem sacro concilio praesidentium, compilatus per reverendum patrem, Fratrem Joannem de Turrecremata, sacrae theologiae professorem, ord. Praed . . . Primo impressus Romae, apud Antonium Bladum Asulanum, MDXLVII, nunc denuo lucis redditus apud Jacobum Parker, Oxonis et Cantabrigiae, MDCCCLXIX, pp. 39, 41, 53, 333, 508, 609, 631.
9. Cf: *I Sent.,* Dist. XVIII, q. 1, vol. XX, p. 73B; q. 4, *ibid.,* p. 86D; Dist. XIX, q. 1, p. 100D.
10. Cf. *II Sent.,* Dist. I, q. 1, vol. XXI, p. 38D; q. 2, *ibid.,* p. 56D; q. 5, p. 90A; q. 10, p. 114D; Dist. II, q. 1, p. 123D; Dist. XII, q. 1, vol. XXII, p. 8A; Dist. XIV, q. 4; *ibid.,* p. 75D; Dist. XVII, q. 2, p. 168B.
11. Cf. *III Sent.,* Dist. I, q. 1, vol. XXIII, p. 38D; q. 2, p. 44C; q. 3, p. 48B; q. 5, 52A.
12. Cf. *II Sent.,* Dist. XXVI, q. 5, vol. XXII, p. 336C; Dist. XXX, q. 1, *ibid.,* p. 383D; *IV Sent.,* Dist. XV, q. 4, vol. XXIV, p. 412C. Cf. also, *De auctoritate summi pontificis et Generalis Concilii,* lib. II, a. 14, vol. XXXV, pp. 606A, 606D; *Contra Simoniam,* lib. I, a. 2, p. 287B.
13. J. Meyer, *Buch der Reformatio Praedigerordens,* B.M., Reichert, ed., in *Quellen und Forschungen zur Geschichte des Dominikanerordens in Deutschland,* Hefte II-III (Leipzig, 1908-1909) 39, 41.
14. *Ibid.,* Heft XII (Leipzig, 1918).
15. *Expositio Preceptorum Decalogi* (Paris: Johan. Petit, 1507): hoc est opus praeclarissimum eximii sacrae theologiae professoris Joannis Nider, ordinis praedicatorum, in expositionem preceptorum Decalogi diligentissime nunc tandem cum originalibus collatum et recognitum ac multis locis tersum et emendatum. Venundantur Parrhisiis ab Udalrico Gerig, in sole aureo vici Sorbonici, et ab Joanne Parvo, sub leone argenteo in via divi Jacobi, fol. 21v, 34v, 35v, 39r, 47v, 49r, 91v, 117v.
16. *Consolatorium timoratae conscientiae* venerabilis fratris Johannis Nyder, sacrae theologiae professoris eximii, de ord. Praedicatorum, (Paris: Bonhomme, 1489), in 4°, fol. dd, iii r, gg ii v, 11, iiii.
17. Ludovicus Valleoletano, *Tabula quorundam doctorum ordinis Praedicatorum,* cf. Quetif-Echard, *Scriptores ordinis Praedicatorum,* I, p. 357, col. 2.
18. Philippus de Bergamo, *Supplementum chronicorum,* ed. Collines (Paris, 1535), in fol. p. 304.
19. Trithemius, *De scriptoribus ecclesiasticis* (Paris, 1407), fol. 71, "Uldaricus

10

. . . ingenio subtilis, sermone scholasticus, composuit non spernendae lectionis opuscula quibus et praesentibus et futuris innotuit. Quibus extant: Super Sententias lib. IIII, Summa theologiae, lib. I; cf. also *Catalogus illustrorum virorum Germaniam suis ingeniis et lucubrationibus omnifariam exornantium* (Moguntiae, 1495), I, p. 148.

20. Wimpheling, *Argentinentium Episcopum Catalogus cum eorundem vita atque certis historiis* (Argentorati, Grueninger, 1508), in 4º fol. 38, "Ejusdem monasterii (dominicanorum) et civitatis Argentinae Ulricus Engelberti nobilissimam theologiae summam conscripsit quae sempiterna laus est Argentinensium et Germanorum."

21. *De viris illustribus Ordinis Praedicatorum* libri sex in unum congesti auctore Leandro Alberto Bononiensi (Bononiae, expensis J. B. Lapi, 1517), in fol. Lib. IV, p. 137, "nota cum . . . Ulrico theutonico similiter bachalario cum summa magna theologiae subtili et commentariis super sententias et libros metheorum eodem fere anno florente."

22. *Catalogus testium veritatis locupletissimus,* omnium orthodoxae matris ecclesiae doctorum extantium et non extantium publicatorum et in bibliothecis latentium qui adulteria Ecclesiae dogmata impuram, impudentem et impiam haeresum vaniloquentiam, in hunc usque diem querunt, seriem complectens, *Guillelmo Eysengrein* de Nemeto Spirensi authore. Diligenter excudebat Sebaldus Mayer, anno Domini MDLXV, p. 121, "Udalricus ordinis Praedicatorum, Germanus, patria Argentinensis, Alberti Magni auditor quondam atque discipulus, vir sacrarum literarum studiis doctus et imprimis eruditus, dicendi artifex et Doctor eloquens, quatuor libros sententiarum Lombardi exposuit; summam theologiae collegit."

23. *Istoria de gli uomini illustri cosi nelle dottrine del sacro ordine de gli Predicatori,* Scritta da F. Serafino Razzi, dell' istesso ordine. In Lucca, per il Busdrago, 1596, p. 296, "F. Ulrico Teutonico, discepolo d'Alberto Magno, scrisse una somma grande di Teologia."

24. A. Possevinus, *Apparatus sacer ad scriptores veteris et novi Testamenti,* (Coloniae, 1608), in fol. II, p. 543.

25. Alva y Astorga, *Pleytos de los libros* (Tortosa, 1660-1664), in 8º, p. 173, "Frater Hugo (sic) de Argentina Magister in Theologiam, Parisiensis, vir, unde scripsit super quatuor libros sententiarum, compendium theologiae, sermones varios et multa alia. Claruit anno 1268."

26. *Bibliothecae Dominicanae* et admodum R.P.M.F. Ambrosio de Altamura accuratis collectionibus, primo ab ordinis constitutione, usque ad annum 1600, productae hoc seculari apparatu, Romae, MDCCLXXVII, typ. et sumptibus Nicolai Tinassii, p. 46, "Ulricus Engelbertus, Teuto, Pater doctissisimus et aeque religiosus, Germaniae provinciam annos plures moderatus est prudentissime. Omnigena delibutus litteratura, politiori, physica, et divina scripsit. Librum diversarum questionum Theologicarum."

27. L. Ellies-Dupin, Nouvelle bibliothèque des auteurs ecclésiastiques, X (Paris, 1703), p. 83, "Il a composé une somme de Théologie."

28. Natalis Alexandri, *Historia ecclesiastica veteris novique testamenti,* VIII (Paris: Dezallier, 1714), in fol. p. 146, col. A.

29. Quetif-Echard, *op. cit.,* I, pp. 356a, col. a-358b; col. 2; I, 818b, col. b.

30. Cave, *Scriptorum Ecclesiasticorum historia literaria a Christo nato usque ad*

saeculum XIV. Editio novissima, (Oxonii, 1743), II, p. 326b, col. B" . . . scripsit item . . . Summam theologiae."

31. Jöcher, *Allgemeines Gelehrten Lexicon* (Leipzig, 1756), IV, col. 1483.

32. Auberti Miraei, *Auctarium de Scriptoribus ecclesiasticis,* p. 75 in *Bibliotheca ecclesiastica,* curante Jo. Alb. Fabricio (Hamburg, 1718).

33. Joh. Alberti Lipsiensis Fabricii, *Bibliotheca latina mediae et infimae aetatis,* cum supplemento Christiani Schoettgenii jam a P. Johanne Dominico Mansi post editionem Patavinam ann. 1754, nunc denuo emendata et aucta . . . Florentiae, typ. Thomae Baracchi, MDCCCLVIII, lib. XX, tomus VI, p. 575, col. 2.

34. Moreri, *Le grand dictionnaire historique* (Bâle: J. Brandmüller, 1732), in fol. VI, p. 966, col. 2.

35. *Epitome bibliothecae Conradi Gesneri,* conscripta primum a Conrado Lycos-thene Rubeaquensi; nunc denuo recognita et plus quam bis nulle authorum accessione qui omnes asterisco signati sunt, locupleta; per Iosiam Simlerum Tigurinum, Tiguri apud Christophorum Froschoverum mense Martii, anno MDLV, fol. 178r, col. 1.

36. Hurter, *Nomenclator Literarius theologiae catholicae,* II. Theologia catholica tempore medii aevi, ab anno 1109-1563. (Oenoponte: Libraria Academica Wag-neriana, 1899), col. 304.

37. Joachim Sighart, *Albertus Magnus, sein Leben und seine Wissenschaft* (Regensburg, 1857). A French translation of this work is: *Albert le Grand, sa vie et sa science d'après les documents originaux* par J. Sighart, traduit de l'allemand par un religieux de l'ordre des Frères Prêcheurs (Paris: Ponssielgue-Rusand, 1862).

38. Grandidier, *Alsatia litterata* (Nouvelles oeuvres inédites), II (Paris: Picard, 1896), p. 161.

39. H. Finke, *op. cit.,* p. 18.

40. C. Schmidt, *Notice sur le couvent et l'église des Dominicains de Strasbourg,* R. Schulz, 1876, p. 17. (Extr. du Bulletin de la Societé pour le conservation des monuments historiques d'Alsace, IIe Série, IX, 1874-1875, pp. 161-224.

41. P. de Loë, *Wetzer-Weltes Kirchenlexicon,* 2 Aufl., XII, 1901, p. 222.

42. Michael, *Geschichte des deutschen Volkes* (Freiburg im Breisgau, 1903), Bd. III, p. 123.

43. M. De Wulf, *op. cit.,* p. 325.

44. Martin Grabmann, *Die Geschichte der Scholastischen Methode,* I, 1909, pp. 41, 48, 60, 91, 204; II, 191, pp. 198, 255, 332, 370, 97. , *Zeitschrift für Katolische Theologie,* XXIX, 1905, Heft I, 82-107; II, 315-330; III, 482-490; IV, 607-630. , *Mittelalterliches Geistesleben,* pp. 147-221.

45. Cl. Baeumker, *op. cit.,* pp. 21, 44, 45, 47.

46. Rupert Klingseis, "Das aristotelische Tugendprinzip der richtigen Mitte in der Scholastik" in *Divus Thomas, Jahrbuch für Philosophie und Theologie,* II Wien und Berlin, VII Jahrgang (1920), 38 and VIII (1921) 14 and esp. 83 ff., "Der aristotelische Character der Ethik Ulrichs von Strassburg."

47. F. Ueberweg, *Grundriss der Geschichte der Philosophie,* II Teil, herausgegeben von Dr. Matthias Baumgartner, (Berlin: Mittler u. Sohn, 1915), 10th ed., pp. 462, 467, 475-477, ed. of 1928 (B. Geyer), p. 417.

48. Paris, B. N. Ms. lat. 15900, 336v.

49. Daguillon, *op. cit.,* pp. 30-31*.

12

50. "La date de 1272 pouvait donc être admise comme vraisemblable terminus ad quem." — *ibid.*
51. Grabmann, *Abhandlung De Pulchro*, p. 26.
52. Franz Pelster, "Zur Datierung einiger Schriften Alberts des Grossen" in *Zeitschrift für katolische Theologie*, XLVII (1923) 475-482.

C. *The Summa In General*

The *Summa de Bono* is a vast treatise divided into eight books, whose titles are given by the author in the Prologue. A rapid glance at these title headings will give us a preliminary idea of the scope of Ulrich's work. He writes:

> Sed forma tractatus quae consistit in distinctione hujus scientiae, est quod ipsam distinximus in octo libros:
>
> Primus est de his quae partinent ad scientiam Summi Boni, quae theologia vocatur.
> Secundus est de essentia Summi Boni et consequentibus ipsam.
> Tertius est in communi de Personis et pertinentibus ad ipsas.
> Quartus est de Patre et de sibi appropriato effectu creationis rerum et de creaturis.
> Quintus est de Filio et de Incarnatione et ejus mysteriis quae discrete conveniunt Filio et non Patri nec Spiritu Sancto.
> Sextus est de Spiritu Sancto, et de effectibus sibi appropriatis sicut sunt gratia et dona et virtutes et similia his.
> Septimus est de Sacramentis quae sunt Summi Boni medicinalia vasa.
> Octavus est de Beatitudine quae est participatio Summi Boni, inquantum est Summum Bonum et finis ultimus.[1]

These eight books, each of which Ulrich subdivides into tractates, chapters and paragraphs, are so closely interrelated that the omission of even a single paragraph would, as he himself cautions us, destroy the logical unity of the complete work. He says:

> Insuper, ad magis distinctam dictorum intelligentiam, libros distinximus per tractatus et tractatus per capitula, et capitula per paragraphos, quorum qui-libet aliquid speciali utilitate necessarium ad

13

cognitionem illius materiae, a qua capitulum intitulatur, et unus eorum ex alio concluditur; ita ut quicumque hoc opus studioso compendio compilatum breviare voluerit seipsum et alios decipiet eo quod, non solum sibi tantum deest de notitia illius materiae quantum ipse breviando intermisit, sed etiam hoc ipsum quod excepit non intelligat, quia dependet ejus intelligentia ab his quae excipiendo obmisit.[2]

As Grabmann,[3] Théry[4] and Daguillon[5] observe, Ulrich's work marks a tremendous advance over the commentaries on the Lombardian *Sentences* and the *Summae* of earlier writers, both from the point of its masterful composition, as well as from the point of its logical organization. "Ce n'est pas la Somme de S. Thomas, Théry concedes, "mais elle laisse loin derrière elle les Sommes de Guillaume d'Auxerre, d'Alexandre de Halès et d'Albert le Grand."[6] Daguillon argues, "Cette Somme tient une place importante dans l'histoire de la théologie dominicaine; elle forme . . . le trait d'union entre la doctrine albertinienne et celle des grands mystiques rhénans du xive siecle."[7]

We shall now list the six extant Books of the *Summa de Bono* of Ulrich of Strasbourg according to tractates and capitula. (The question of the remaining two books, whose titles Ulrich announces in the Prologue will be discussed below.)[8]

14

SUMMA DE BONO

LIBER PRIMUS

De Laude Sacrae Scripturae[9]

TRACTATUS PRIMUS

De Modis Deveniendi in Cognitionem Dei.

TRACTATUS SECUNDUS

De Pertinentibus ad Proprietatem Theologiae.

LIBER SECUNDUS

DE UNITATE DIVINAE NATURAE

TRACTATUS PRIMUS

De Divisione Divinorum Nominum et Specialiter de Nominibus Temporaliter de Deo Dictis, et de Propositionibus Formatis de Deo.

TRACTATUS SECUNDUS

De Nomine Dicente Substantiam Divinam.

TRACTATUS TERTIUS

De Nomine Bonitatis et Sibi Adjunctis.

TRACTATUS QUARTUS

De nomine significante substantiam divinam secundum specialem effectum in se, et secundum modum specialem perfectae emanationis divinae, scilicet de vita et incommutabilitate Dei.

TRACTATUS QUINTUS

De Perfectionibus Perfectae Intelligentiae.

TRACTATUS SEXTUS

De Nominibus Divinis Pertinentibus ad Perfectionem Operativae Dei Potentiae.

LIBER TERTIUS

DE TRINITATE PERSONARUM IN COMMUNI ET DE PERTINENTIBUS AD IPSAM DISTINCTIONEM PERSONARUM.

TRACTATUS PRIMUS

De Distinctione Filii a Patre per Generationem.

TRACTATUS SECUNDUS

De Distinctione Spiritus Sancti a Patre et Filio et per processionem ab utroque.

TRACTATUS TERTIUS

De Temporali Processione Divinarum Personarum, et de Earum Donatione et Missione et Apparitione.

TRACTATUS QUARTUS

De Aequalitate et Similitudine et Identitate Personarum.

TRACTATUS QUINTUS

De Nomine Personae et de Notionibus Personarum et de Diversis Nominibus Pertinentibus ad Distinctionem Personarum.

LIBER QUARTUS

DE DEO PATRE SECUNDUM APPROPRIATAM RATIONEM PRIMI PRINCIPII

TRACTATUS PRIMUS

De Conditionibus Hujusmodi Principii, et de Primo et Proprio Opere Ejus Quod Est Creare.

TRACTATUS SECUNDUS

De Prima Formali Processione Patris, Creatoris omnium, scilicet de Esse et de Primis Dividentibus in Communi, Quae Sunt Substantia et Accidens, et de Per Se Consequentibus Ipsum, Sicut Sunt Causa et Creatum, Potentia et Actus, Unum et Multa.

TRACTATUS TERTIUS

De Substantiis Spiritualibus Sive de Angelis, Secundum Triplicem Ipsorum Conditionem, Scilicet Secundum Naturam et Secundum Quod Sunt Motores Orbium et Secundum Quod Sunt Ministri Gratiae.

24

25

The following TRACTATUS QUARTUS, QUINTUS ET SEX-
TUS are found only in the LOUVAIN manuscript (Louvain, Bibliothèque Universitaire, D. 320, (fol. 293v-320r). SAINT-OMER,
120 manuscript contains the following notation (fol. 138v): "Sequitur tractatus quartus quarti libri, qui est de natura et substantia
animae." The following three folios are blank. Concerning the
Ulrichian authorship of this Tractate, cf. below, TRACTATUS DE
ANIMA and notes 81-127.

TRACTATUS QUARTUS

*Qui Est de Anima Potissime Humana Quae Quia
Continet Vegetativum et Sensitivum de Illis
Etiam Tractatur.*

26

TRACTATUS QUINTUS

De Viribus Intellectivis

TRACTATUS SEXTUS

De Potentiis Motis

The text in the LOUVAIN manuscript ends with the following notation: "Laus Deo Patri beataeque Dei genitrici totique curiae coelesti. Finitum per Henricum Weert, anno Domini MCCCCLXX°. (fol. 320r)

LIBER QUINTUS

De Conditionibus Primi Principii, et de Opere Ejus Scilicet Creatione.[10]

27

et de nominibus quibus hoc tempus in Scriptura nominatur, et de genealogia Christi secundum diversos evan-
gelistas.

5. Quod alius modus liberationis hominis fuit possibilis sed
non redemptionis, et qualiter inter haec duo Deus prae-
elegit modum redemptionis, et quare hoc non fecit per
creaturam sed ipse ad nos venit, et quare potius ad nos
venit quam ad angelos, et an tota Trinitas vel una persona sine alia potuit incarnari sive assumendo eandem
naturam sive plures, et qualiter potius persona Filii est
incarnata, et an una persona potuit assumere plures
naturas.

6. Quod creatura fuerit assumptibilis, et quid de nostra natura assumpsit, et quomodo assumpserit unam mediante
alio, et an mater Virgo active ad generationem operata
fuerit, et an haec nativitas fuerit miraculosa.

7. Qualiter Christus fuerit in partibus, et ab ipsis descen-
derit, et quare ipse non dicatur fuisse determinatus in
Abraham; et qualiter ipse dicatur sanctificatus, et cui
personae divinae appropriandum sit opus incarnationis;
et quare propter istam generationem Christi dicatur
filius matris quae non solum vocatur Christothechon,
sed etiam theothecon, sed non dicitur Filius Spiritus
Sancti, et qualiter illi homini est gratia naturalis et in-
habitat in ipso omnis plenitudo divinitatis corporaliter.

8. De ipsa unione et assumptione, et in quo sit facta, scilicet in persona, non in natura; et quomodo natura humana sit deificata, et homo sit homo divinus, sed non
homo dominicus, et qualiter est ibi inter naturas com-
municatio ideomatum et quod intellectus et voluntas et
operationes sunt in Christo deificata; et qualiter natura
et persona divina dicuntur assumpsisse naturam humanam secundum personam; et quid sit ibi assumptum
per se et per consequens et per accidens.

9. An Christus sit unum vel duo et an habeat tantum
unum esse; et an sit compositus, et de locutionibus expri-
mentibus unionem.

10. De temporali nativitate Christi et de filiatione, an duae
sint nativitates vel duae filiationes, et an dicatur bis
natus, et de adoratione humanitatis Christi et imaginis
ejus.

TRACTATUS SECUNDUS

LIBER SEXTUS

SEQUUNTUR CAPITULA SEXTI LIBRI. LIBER SEXTUS, DE SPIRITU SANCTO, ET DE DONIS, ET DE PECCATIS QUAE ILLIS DONIS OPPONUNTUR.

TRACTATUS PRIMUS

De Propriis Spiritus Sancti, et de Primo Dono Ejus Quod Fuit Gratia Innocentiae, et de Peccato Originali Sibi Opposito.

TRACTATUS SECUNDUS

De Virtute in Communi, et Specialiter de Illis Virtutibus Quae Sunt Praecipuae Inter Morales, Scilicet de Fortitudine et Temperantia.

TRACTATUS TERTIUS

De Virtutibus Quas Supra Vocavimus Adjuncta Cardinalibus, Scilicet Fortitudini et Temperantiae, et Primo de Liberalitate.

TRACTATUS QUARTUS

De Justitia.

33

35

dinandis sive praeficiendis ecclesiae, in quo est de ma-

TRACTATUS QUINTUS

De Virtutibus Intellectualibus.

Analysis of Contents

A closer examination of the *Summa,* book by book reveals a work whose plan is indeed an excellent example of architectonic organization. Since the title of the entire corpus is *Liber de Summo Bono,* Ulrich considers in the First Book the manner in which man can come to a knowledge of the Highest Good.[11] Starting with the observable fact that man has an inborn disposition and aptitude to know God,[12] he next examines the various ways in which the knowledge of the First Principle is accessible to us. We can know the *Primum* by negations or division, successively denying of Him various attributes or properties characteristic of finite corporeal beings and thus rising to some knowledge of the divine being.[13] We can know the *Primum* "per causalitatem", which reveals Him as possessing all perfections because He is the very source of all perfections in finite beings. These are but "participators" on a lower level in the various attributes which the First Principle possesses wholly, completely and perfectly.[14] We can also know the *Primum* "per eminentiam", according to which we posit some property of a finite being and then sublimate and elevate it, removing all trace of imperfection, of limitation, and finitude from it and then attributing it in its highest, most perfect and sublime state to the First Principle.[15]

The second and last Tractate of Book I considers the science of theology, its object, aims and relations to the study of Sacred Scripture. The entire first Book, comprising 12 folios in Paris B.N. Ms. 15900, has been edited critically by Daguillon.[16]

Book II comprises six Tractates which treat successively the question of divine names,[17] the divine substance[18] and the transcendentals.[19] The Fourth and Sixth Tractates deal with other

qualities or attributes of the First Principle, his immutability, eternity, justice, mercy and so on.[20] The Fifth Tractate centers around
God's knowledge and considers the question of the divine names,
as well as the problem of predestination, providence and chance.[21]

The First and Second Tractates of this book have been edited
by F. Collingwood as part of a doctoral dissertation in the University of Toronto. The text is based on five of the seven manuscripts used by Daguillon for her critical edition, viz., Paris B.N.
15900, Vatican lat. 1311, Saint-Omer 120, Vienna 3924 and Louvain
D. 320.[22] (A shorter version is printed in J. R. O'Donnell's, *Nine
Mediaeval Thinkers*.[23]) M. Grabmann has edited the Fourth Capitulum of the Third Tractate, "De Pulchro." For his text, Grabmann
used Berlin electoral 446, Paris B.N. 15900, Vatican lat. 1311,
Münich Clm. 6496, Frankfurt 1225 and Vienna 3924.[24] (He does
not include Saint-Omer 120, Louvain D. 320 and Erlangen 619,
which Daguillon considered essential for a critical edition)[25] Finally, C. Fagin edited the entire Fifth Tractate of Book II, comprising twenty one capitula. His text was established from the same
five manuscripts which Collingwood used. Additionally, Fagin also
used Dole Ms. 79, which he found so replete with errors and cor-
ruptions that we have rejected its use for the establishment of our
own text.[26]

The Third Book of the *Summa* is substantially theological in
character. All of its five Tractates deal with Trinitarian doctrine,
namely the distinction of the Persons, procession, generation, divine attributes, equality of Persons, and the question of the sup-
positum or hypostasis. The Fourth and Fifth Tractates contain a
number of logical and metaphysical notions, insofar as they apply
to the doctrine of the Trinity.[27]

The Third Capitulum of the First Tractate of Book III, "De
terminis divinae generationis et de locutionibus exponentibus eos-
dem" has been edited by L. Geoghegan as part of a Master's thesis
in the McAuley Institute of Religious Studies, Saint Joseph College,
West Hartford. Geoghegan used all seven manuscripts which Daguillon established as essential for a critical edition, i.e., Paris B.N.
15900, Saint-Omer 120, Louvain D. 320, Vatican lat. 1311, Vienna
3924, Berlin elect. 446, and Erlangen 619.[28]

The Fifth Capitulum of the First Tractate, "De distinctione
personarum Patris et Filii et coeternitate eorundem" has been edited by F. O'Hara, who also used the seven manuscripts selected by

Daguillon for the establishment of a critical text. (This edition, as well as all of the following transcribed capitula in Book III, formed parts of Master's theses, written under the direction of the author, in the McAuley Institute of Religious Studies.)[29]

J. Looby, using the basic seven manuscripts, edited the first two Capitula of the Second Tractate of Book III, namely, "De modo processionis Spiritus Sancti, quomodo procedit ut amor" and "De his quae attribuuntur Spiritui sancto ratione sui modi procedendi."[30]

S. Seleman, as part of his M.A. thesis (McAuley Institute), has established a critical text (seven manuscripts) of the Fifth and Sixth Capitula of the Second Tractate: "De ordine processionis divinarum et de comparatione Filii ad Patrem penes communem Spirationem" and "De processione in communi et de differentia processionum inter se."[31]

Two more graduates of the McAuley Institute have completed critical texts as part of their M.A. theses. W. Teasdale has edited the Second Capitulum of the Third Tractate of Book III, viz., "De donatione divinarum personarum."[32] H. Izzo has established a critical edition of the Sixth Capitulum of the Fifth Tractate, "Qualiter relationes diversi mode exprimuntur in Scriptura, et de Verbo divino."[33]

A critical edition of the entire Third Book of the *Summa* (approximately 70 folios) is being prepared for publication by a Research Group composed of graduates of the McAuley Institute, under the direction of the author of this book. The scholars involved in the project include:

Sr. Marita Paul Colla, Ph.D. Cand.
Sr. Eleanor Farren, M.A.
Rev. Laurence Geoghegan, M.A.
Henry Izzo, M.A.
Sr. Marie Michael Keane, Ph.D.*
Sr. Mary Sarah Muldowney, Ph.D.*
Rev. Francis O'Hara, M.A.
Sr. Mary O'Neil, M.A.
Sr. Gertrude Miriam Pease, M.A.
Stephen J. Seleman, Ph.D. Cand.
Rev. Kenneth Shiner, M.A., M.Div.
Wayne Teasdale, M.A.
Rev. Ned Wisneski, Ph.D. Cand., S.T.L.
   * *Faculty Emeritae*

Rev. Brian Shaw, D.Min., M.A., who edited the first three capitula of the Treatise *De Anima* in Louvain Ms. D. 320 as part of his
M.A. thesis for the Institute, is preparing for publication the entire
Treatise, consisting of twenty five capitula.[34] A more detailed
description and discussion of this Treatise can be found in connection with our examination of Louvain, Bibliothèque Universitaire
D. 320 Manuscript below.[35]

The First Tractate of the Fourth Book, which is the subject
of this study, examines the nature of the First Principle and its
relations with the world of created beings. It may be characterized
as a combination of cosmology, metaphysics, and natural theology.[36]
The Second Tractate, a lengthy treatise of some 93 folios, is both
metaphysical and logical in character. The first part is devoted
to a study of the four causes, matter, form, and substance. The
second part, continuing this study of substance and its nine pre-
dicaments is a virtual commentary on the *Categories* of Aristotle.[37]
The first eight capitula of this treatise have been transcribed from
three of the seven manuscripts, i.e., Paris B.N. 15900, Louvain
D. 320 and Vatican lat. 1311, by W. O'Callaghan as part of a doctoral
dissertation at Marquette University.[38]

The final tractate of the Fourth Book is a study on the nature
of the separated substances, their mode of intellection and other
problems of knowing.[39]

The Fifth Book is strictly theological, some sixty-five folios
in length, and contains a very comprehensive and well organized
Christology.[40] I. Backes of Bonn has edited the Thirteenth Capitulum of the First Tractate of this book.[41]

The Sixth Book is a philosophico-theological work, approximately 200 folios in length. The First Tractate is entitled "On the Gifts
of the Holy Spirit."[42] The Second Tractate, however, is an ethical
treatise and contains many considerations dealing with moral philosophy. Among the questions treated are those of the human act,
free will and imputability, and the virtues of temperance and for-
titude.[43] This Tractate, consisting of ten capitula, is being prepared
for publication by S. Seleman, who has also edited a critical text of
the first five capitula of the Fourth Tractate in conjunction with
his doctoral dissertation for Fordham University.[44]

The Third and Fourth Tractates of the *Summa* deal with the
ethics of the individual, the family, and the state. Elaborate considerations include the question of the natural law, prescription,
usury, restitution, self defense, conditions for a just war, constitu-

tion of a legitimate civil authority and judiciary and the like.[45] Another graduate of the Institute, N. Wisneski is editing Capitula 21-29, as part of a doctoral dissertation for Boston College.[46] Finally, J. Daguillon edited the Seventh and Eleventh Capitula of the Fourth Tractate of Book VI.[47]

With the bare announcemnt of the title of the Fifth Tractate, *De Virtutibus Intellectualibus,* the *Summa de Bono* ends abruptly. This condition of the text is true of every extant manuscript and we may provisionally conjecture that Ulrich never finished the work according to the master plan which he announced in the Prologue.[48] We may recall that Ulrich had been sent to Paris at the termination of his duties as Provincial of the Dominican Order in 1277, and died there — presumably quite suddenly — the same year. C. Putnam states, "Ulrich probably abandoned the entire project when he was named Provincial of Germany in 1272. He could hardly have taken it up again in the few months that intervened between his release from office and his death in 1277."[49] It would seem, therefore, that the *Summa,* as we know it today, has come down to us in an unfinished state.

Pseudo-Dionysian and Albertinian Influences in Book I and II

The first two books of the *Summa de Bono* of Ulrich of Strasbourg as Théry,[50] Gilson[51] and Daguillon[52] have pointed out, are actually a commentary on the *De Divinis Nominibus* of Pseudo-Dionysius. In a lengthy study on the striking similarity between the two works, Théry has proved conclusively by means of a chapter by chapter comparison and analysis, that Ulrich is indebted to the Pseudo-Dionysius for the plan of the first two books of his *Summa.*[53] In fact, Ulrich does state explicitly in the Prologue of his work that he intends to follow the author of the *De Divinis Nominibus* as his guide. We read:

> Forma vero sive modus hujus operis est tenere consilium sapientis dicentis: Ne transgredieris terminos quos posuerunt patres tui, Prov. 22, hanc tamen differentiam servantes inter auctores et expositores sacrae Scripturae ut illis simpliciter credamus quia sic dixerunt et ideo eorum testimonia ponamus. Aliorum autem sententias sequamur quantum fides vel ratio expostulat et ideo verbis eorum librum hunc diffundemus nec discussionibus opinorum sed *magnum ducem di-*

40

vinum Dionysium imitabimur qui dicit in epistola ad Polycarpum: sufficere arbitro."[54]

Théry, therefore, concludes that "la somme d'Ulrich de Strasbourg reproduit dans ses deux premiers livres exactment — sauf l'inversion des chapitres IV-V dont nous avons parlé — le plan suivi par le Pseudo-Denis dans son Traité des Noms Divins."[55] Daguillon concurs when she says, "On se rendra compte que le plan suivi dans les premiers livres révèle l'influence du *De Divinis Nominibus* de Denys, dont ils sont, ainsi que l'a lumineusement demontré le P. Théry, un veritable commentaire."[56] This dependence on the Pseudo-Areopagite therefore clearly separates the *Summa* of Ulrich from the other *summae* and *sententiaria,* which followed the traditional lines set down by Peter Lombard.[57]

It seems to us, however, that this does not completely settle the problem of dependence in a definitive and final manner. That the two books in question follow the Dionysian outline is beyond any doubt; but there is still the question of a more immediate source which must be considered in this connection. We may recall that Ulrich attended the lectures of Albertus Magnus at Cologne between the years 1248 and 1254, while the latter was commenting on the works of Pseudo-Dionysius. Is it possible that we must look to Albert as the more immediate source of his disciple's *Summa?* At least one explicit passage in the Fourth Book of the *Summa,* where Ulrich refers to Albert as his *magister* would seem to indicate this. We quote:

> Aliter autem ab omnibus praemissus sentit doctor meus Dominus Albertus episcopus quondam Ratisponensis, vir in omni scientia adeo divinus ut nostri temporis stupor et miraculum congrue vocari possit, et in magicis expertus ex quibus multum dependet hujus materiae scientia. Dicit enim apparitiones angelorum non fieri per assumptionem corporum, sed per species corporum quas sensibus corporalibus ingerunt modo supra exposito.[58]

The result of an analytical study of some of the texts which Théry[59] cites, as well as similar comparisons by Grabmann[60], Fagin[61] and our own examination of the First Tractate of the Fourth Book of this *Summa,* leads us to believe that Ulrich depended very heavily on the works of Albertus for inspiration. Indeed, there

41

are many instances where it is most obvious that he had the Albertinian text directly in front of him at the time of the writing of his own *Summa*. This dependence on Albertinian doctrine is indisputable.[62]

Let us now make a further precision. Is it possible to single out a specific work of the *magister* which served as the direct inspiration for these two books of Ulrich's *Summa*? C. Fagin[63] in his analysis of the Fifth Tractate of the Second Book does not suggest any such single writing of Albert. He did find parallel passages, notably in the commentary on the Second Book of the *Physics* of Aristotle, which tended to indicate an almost literal dependence.[64] Other similar quotations of sources, even with errors and additions, seemed to be inspired by other Albertinian commentaries.[65] On the basis of available material, Fagin's conclusions were correct. But the editor of the *Summa de Bono* IV, I, confronted as he is by a concentration of Albertinian references, is forced to seek a more immediate source. The question, therefore, is whether the commentary of Albert on the *De Divinis Nominibus* is not a decisive over-all source for this part of Ulrich's *Summa*.

Now it is true that the same examples, quotations, and even entire phrases used by Ulrich may be directly traced to parallel passages treating of the subject in a number of Albert's works, as for example his commentary on the *Sentences,* the *Summa de Creaturis,* the *Summa Theologiae,* or even his commentaries on the *Physics* and *Metaphysics*. But these phrases and sentences, representing as they do, a specialized philosophical vocabulary, become almost stock expressions which an author is bound to repeat when treating of the same subject in his various works. Our contention is, therefore, that whatever resemblances one may find scattered throughout Albert's works, it was specifically his commentary on the *De Divinis Nominibus,* which served as the immediate source for Ulrich's *Summa*. We have found this to be precisely the same case with our own analysis of the First Tractate of the Fourth Book and it is upon the result of this work that we base the above assertion. A careful comparison between the Albertinian texts in his two *Summae,* the Commentaries on the *Sentences, Physics* and *Metaphysics* and Ulrich's writings did yield sporadic passages of strict literal agreement. The most immediate source for this part of the *Summa,* however, was an altogether different Albertinian commentary. Ulrich's dependence on this work is absolutely incontrovertible, as we shall point out below. (A comparison between the Sixth Book of Ulrich's *Summa,* which is a lengthy ethical treatise, also reveals a very heavy dependence on the *Ethics* of Albertus Magnus.[66] Both S. Seleman, who is finishing an analysis of "De Justitia" (Lib. VI, Tr. V, Cap. 1-5)[67] and N. Wisneski, who is analyzing "De magnanimitate, magnificentia, amicitia et al." (Lib. VI, Tr. III, Cap. 21-29,[68] have found "borrowings" from the *magister* by his "Lieblingsschüler.")

Grabmann[69] and Théry[70] likewise point to a single immediate source for the first two books of Ulrich's *Summa,* namely, the Albertinian commentary on the Pseudo-Dionysian *De Divinis Nominibus.* In his article on the outline of the first two books of Ulrich's *Summa* which follow strictly the pattern set by the Pseudo-Dionysian work,[71] Théry cites two parallel passages from Albert's commentary on the *De Divinis Nominibus* and the Ulrichian Summa. We shall satisfy ourselves with the quotation of one of these; the similarity between the two appears to be most striking. We quote:

ALBERT

In Divinis Nominibus

Obliquum autem motum intelligere convenit processum in quantum ad diversitatem individuorum; stabilem, quantum ad permanentiam speciei; et generativum statum; similiter est exponendum quantum ad utrumque. Unde etiam dicit Philosophus II De Generatione quod circulus obliquus est causa generationis quia ex circulo qui est semper idem causatur idem esse speciei; ex obliquitate autem diversitas generabilium; motum autem secundum circulum intelligere convenit identitatem divinam continere in uno fine, media quae sunt causae et causatae et extrema quae sunt tamen causata, scilicet circumdantia et circumdata, secundum quod causa circumdat causatum suum, et servando ipsum et conversionem ad ipsum, scilicet Deum eorum quae per creationem ab eo processerunt.[72]

ULRICH

Summa de Bono

Obliquum autem, motum intelligere processum Dei per efficientiam multorum individuorum sub

43

una specie, stabilem scilicet continuationem generationis per quem semper species manet, unde
exponendo subdit et generativum statum, idest
qui processus est generatio stabilis. Sensus est
quod sicut obliquus motus est ille qui nec redit
in idem unde exivit, nec stat in aliquo fine sed
ab uno declinat in aliud, ita obliquus motus Dei
est cum per causalitatem procedit in generatione
unius ex alio et in nullo sistet sed declinet ad hoc
in conservationem illius specie quae in uno indi-
viduo non potest. Secundum circulum autem convenit motum Dei intelligere, ydemptitatem, idest
eumdem Deum continere per providentiam,
media quae sunt causa et causata a Deo, et extrema scilicet causata tantum, circumdantia
quantum ad media quia illa motu coeli circulari
circumdat illa quae causata sunt tantum et circumdata quantum ad extrema quorum generatio
circularis est secundum Philosophum, et conversionem ad ipsum ut ad finem eorum quae ab eo
processerunt per creationem.[73]

Until an exhaustive analysis is made of the complete Dionysian text and the first two books of the *Summa de Bono,* this question of immediate dependency cannot be settled in a definitive
manner.[74] The arguments in favor of our position, however, seem
to be more than probable. There was one *magister* whom Ulrich
respected and revered, for Albert was to him a man, "in omni
scientia adeo divinus ut nostri temporis stupor et miraculum congrue vocari possit."[75] If, as Théry has certainly proved, the first
two books of the *Summa* follow the outline of the *De Divinis Nominibus,* chapter for chapter, it is most reasonable that Ulrich would
have recourse to the commentary of his master on that very work
which he selected as the model for his *Summa.* It is likewise very
probable, that the specific developments in doctrine which Fagin[76]
found in Ulrich's Fifth Tractate of the Second Book, as for example
"a much fuller development of the divine ideas than is found in the
exemplarism of Dionysius, and . . . such problems as the incircum-
scriptibility of God, His ubiquity, predestination, and reprobation
and the significance of the Book of Life,"[77] may really trace their
origin to a correspondingly fuller treatment of these doctrines in
the commentary of Albertus Magnus. This, however, remains for
the future to confirm.

NOTES

1. SB, Lib. I, Tr. I, cap. 1, Prol., ed. Daguillon, p. 5.
2. *Ibid.*, pp. 5-6.
3. ". . . hat sich Ulrich von dem Einteilungsscheme des Petrus Lombardus, dem noch Wilhelm von Auxerre, Alexander Halensis und selbst Albertus Magnus beim Aufbau ihrer Summen folgten, losgelöst und, wie Thomas von Aquin, eine selbstständigere Gruppierung des theologisch-philosophischen Stoffs versucht, ohne indessen das Ebenmass der Architektonik des Italieners Thomas von Aquin zu erreichen." — Grabmann, *Studien*, p. 485.
4. P. Théry, *Originalité du Plan de la Summa de Bono d'Ulrich de Strasbourg*, p. 379; cf. Ueberweg-Geyer, *op. cit.*, p. 417.
5. Daguillon, *op. cit.*, p. 30.*
6. Théry, *op. cit.*, p. 379.
7. Daguillon remarks, "Il n'est pas donné à toutes les Sommes Théologiques d'être consacrées comme celle de Saint Thomas, qui fut, au Concile de Trente, placée sur l'autel, à côté des Écritures et des Décrets; mais il n'est pas donné à beaucoup, en tous cas, de mèriter d'être comparées à celle de Saint Thomas, comme la *Summa de Bono* de son contemporain Strasbourgeois." — *op. cit.*, p. 30.*
8. Cf. below, pp. 76ff.
9. The listing of Books, Tractates and Capitula follows substantially our basic manuscript, Paris, B.N. lat. 15900.
10. The listing of the last two books, i.e., Bks. V and VI follows substantially Ms. Paris B.N. 15901.
11. Cf. Martin Grabmann, *Die Theologische Erkenntnis und Einleitungslehre des Thomas von Aquin* (Freiburg: 1948), "Ulrich von Strassburg", pp. 237-245.
12. Lib. Tr. I, cap. 2-3, ed. Daguillon, pp. 6-13.
13. *Ibid.*, cap. 4, pp. 13-14.
14. *Ibid.*, cap. 5, p. 14.
15. *Ibid.*, cap. 6, pp. 16-17. "Affirmatur enim de Deo essentia, vel substantia, vel vita, quantum ad rem significatam, quae per prius est in Deo et ab ipso est in aliis. Sed negantur haec esse eadem quantum ad modum imperfectionis, quo haec sunt in creaturis."

    In our quotations from Daguillon's and Théry's transcriptions, we are modernizing the mediaeval spelling of words, e.g., *haec,* for *hec, quae* for *que, identitatem* for *ydemptitatem*, feeling, as we do, that the interest in this work is primarily philosophical rather than literary. We have followed the same policy in modernizing the spellings in our critical text of *Summa de Bono*, Lib. IV, Tr. I, Cap. 1-8.
16. Daguillon, *op. cit.*, pp. 1-63.
17. Lib. II, Tr. I, cap. 1, fol. 13-18.
18. *Ibid.*, cap. 2, fol. 19-21.
19. *Ibid.*, cap. 3, fol. 21-38.
20. Lib. II, Tr. IV, cap. 1-4, fol. 41-45; Tr. VI, cap, 1-7, fol. 102-122.
21. Fagin, *op. cit.*, Philosophical Introduction, pp. (1) — (112); cf.———
    (Levian Thomas), "Ulrich of Strasbourg: his Doctrine of the Divine Ideas" *The Modern Schoolman*, XXX (1952) 21-32.

22. Francis Collingwood, *The Theory of Being in the 'Summa de Bono'* (Doctoral Dissertation).

23. Francis Collingwood, "Summa de Bono of Ulrich of Strasbourg". in J. R. O'Donnell, ed. *op. cit.*, pp. 293-307.

24. Grabmann, *Abhandlung De Pulchro*, pp. 73-84; cf. Josef Kumada, *Licht und Schönheit: eine Interpretation des Artikels "De Pulchro" aus der Summa de Bono, lib. II, tract 3, cap. 4 des Ulrich Engelbert von Strassburg* (Würzburg: IBM Schreibsatz, Offsetdruck Gugel 1966).

25. Daguillon, *op. cit.*, pp. 129*-130*.

26. Fagin, *Doctrine of the Divine Ideas* (Dissertation), p. (6); cf. Daguillon, *op. cit.*, pp. 44*-48*.

27. Lib. III, Tr. IV, cap. Cap. 7, "De natura universalis in communi"; Cap. 8, "De genere, de differentia et de specie"; Tr. V, Cap. 3, "De nomine personae et hypostasis et hujusmodi quae similiter dicuntur." Paris B.N. fol. 163-167; 169-173.
". . . Wenn man von der Lektüre des ersten Buches seiner Summa kommt, in der pseudodionysius der Führer ist und Gott immer wieder als das *Bonum* erscheint, so erwartet man, dass Ulrich folgerichtig auch in der Trinitätslehre sich der neuplatonischrichardischen Richtung anschliessen würde. Wenn er das nicht tut, so liegt es daran, dass er autoritative Einfluss Alberts und (wahrscheinlich) auch das Vorbild seines Mitschülers Thomas stärker ist als die eigene spekulative Kraft." — Jos. Koch, "Neue Literatur über Ulrich von Strassburg (+1227)" *Theologische Revue* XXIX (1930) 437 — Review of Albert Stohr, *"Die Trinitatslehre Ulrichs von Strassburg mit besonderer Berücksichtigung ihres Verhältnisses zu Albert dem Grossen und Thomas von Aquin."* (*Münsterische Beiträge zur Theologie*, hrsg. von F. Diekamp und R. Stapper, Heft 13) Münster: Aschendorff, 1928 (X, 242 S. gr. 8º). M. 9, 95.

28. Laurence Geoghegan, *Divine Generation, Its Nature and Limits in the 'Summa de Bono' of Ulrich of Strasbourg: Philosophical Study and Text*, Unpublished M.A. Thesis, (West Hartford: McAuley Institute of Religious Studies, Saint Joseph College, 1972).

29. Francis O'Hara, *A Theological Study of the Trinitarian Doctrine in the 'Summa de Bono' of Ulrich of Strasbourg*, Unpublished M.A. Thesis (West Hartford: McAuley Institute of Religious Studies, Saint Joseph College, 1971).

30. James Looby, *The Influence of Patristic Doctrine on Ulrich of Strasbourg's Explication of the Holy Spirit in Lib. III, Tr. II, Cap. 1 and 2 in the 'Summa de Bono"*, Unpublished M.A. Thesis, (West Hartford: McAuley Institute of Religious Studies, Saint Joseph College 1971).

31. Stephen Seleman, *Procession and Spiration in the Trinitarian Doctrine of the 'Summa de Bono' of Ulrich of Strasbourg: Edited Text and Analysis*, Unpublished M.A. Thesis, (West Hartford: McAuley Institute of Religious Studies, Saint Joseph College, 1973).

32. Wayne Teasdale, *On the Donation of the Divine Persons in the Trinitarian Theology of Ulrich of Strasbourg's 'Summa de Bono': Edited Text and Analysis*, Unpublished M.A. Thesis, (West Hartford: McAuley Institute of Religious Studies, Saint Joseph College, 1976).

33. Henry Izzo, *Doctrine of the Verbum Divinum of the 'Summa de Bono' of Ulrich of Strasbourg: Edited Text and Analysis*, Unpublished M.A. Thesis, (West Hartford: McAuley Institute of Religious Studies, Saint Joseph College, 1974).

34. Brian Shaw, *The Soul As Considered in the 'Summa de Bono' of Ulrich of Strasbourg*: *A Philosophical, Theological Study and Text,* Unpublished M.A. Thesis, (West Hartford: McAuley Institute of Religious Studies, Saint Joseph College, 1971). The Capitula edited are: Capitulum Primum in quo continuatio fit ad praecedentia et ostenditur quid sit anima maxime secundum diffinitiones sanctorum qui de anima rationali principaliter loquuntur et quomodo concordant philosophi, fol. 293vb. Capitulum Secundum: Quod anima non est ex traduce, sed a Deo simul et natura, et quod sit forma corporis non tamen extensa corporaliter, fol. 295ra. Capitulum Tertium: De potentiis animae in genere. Et in specie descenditur ad animam vegetativam, fol. 295vb.

35. Cf. below, pp. 73-82.

36. Paris B.N. Ms. 15900, fol. 189-204; cf. below, pp. 145-242.

37. Lib. IV, Tr. II. Cap. 1-24, fol. 204-296.

38. William O'Callaghan, *Ulrich of Strasbourg's Liber de Summo Bono, IV, ii,* 1-8, Unpublished Doctoral Dissertation, (Milwaukee: University of Marquette, 1970).

39. Lib. IV, Tr. III, Cap. 1-13, fol. 297-350. An interesting study could be made comparing the doctrine in this section of the *Summa* with St. Thomas Aquinas' *Tractatus de Substantiis Separatis.*

40. Lib. V, Tr. I-II, fol. 1-65. (Paris B.N. manuscript 15901 is actually a continuation of Paris B.N. 15900, which contains the first four books of the *Summa.*

41. Ignatius Backes, *S. Thomae de Aquino Quaestio de gratia capitis (Summae p. III, q. 8) accedunt textus inediti S. Alberti et Ulrici de Argentina* (Bonnae: sumptibus Petri Hanstein, 1935).

42. Lib. VI, Tr. I, Cap. 1-5, fol. 68-80. The title of the Tractate is something of a misnomer, since the bulk of the matter treats the fall of man from the state of innocence. W. Breuning in *Erhebung und Fall des Menschen nach Ulrich von Strassburg.* Trier: Paulinus Verlag, 1959, has transcribed the entire Tractate, cf. pp. 219-259.

43. *Ibid.,* Tr. II, Cap. 5-10, fol. 81-105.

44. Lib. VI, Tr. II, Cap. 1-10; fol. 81-106. The first five capitula entitled "De Justitia" consider such questions as the nature of justice and its divisions; legal justice, distributive and commutative justice and the like; cf. Paris, B.N. 15901, fol. 179-193.

45. Lib. VI, Tr. III, Cap. 1-29; Tr. IV, Cap. 1-29.

46. Wisneski's section includes some 18 folios in Paris, B.N. 15901, fol. 161-179.

47. Jeanne Daguillon, *La Vie Spirituelle,* (Paris: Editions du Cerf, 1926, Supplement, 19-37, 89-102, 56-57; cf. Etienne Gilson, *History of Christian Philosophy,* p. 751. Such topics as the nature of devotion, meditation, vocal prayer, the time and place for prayer etc. are considered.

48. Cf. above, p. 13.

49. Carol Putnam, "Ulrich of Strasbourg and the Aristotelian Causes" John K. Ryan, ed., *Studies in Philosophy and the History of Philosophy* (Washington: Catholic University of America, 1961), p. 141, note 8.

50. "L'originalité de ces (deux premiers) livres ne consiste pas seulement en effet dans une dépendance étroite et rigoureuse vis-à-vis de Denis. Il y a plus. Si dans le premier livre, Ulrich developpe largement les idées dionysiennes, un peu à la manière d'Albert le Grand pour le texte de Denis n'est qu'occasion à développements personnels, dans le second livre, par contre, il arrive très frequemment qu'il se contente de donner de la lettre de Denis un commentaire

47

litteral trés succinct, a la manière dont S. Thomas expose les *Noms Divins*.
. . . Nous croyons notre conclusion finale suffisament prouvée: LES DEUX
PREMIERS LIVRES DE LA SUMMA DE BONO D'ULRICH DE STRAS-
BOURG SONT EN REALITÉ UN COMMENTAIRE, PARFOIS LARGE-
MENT DEVELOPPÉ (lib. 1), D'AUTREFOIS PRESQUE LITTERAL
(liv. II) DES NOMS DIVINS DU PSEUDO-DENIS." — Théry, *op. cit.*, pp.
394-396.

51. "The *Summa de Bono* is an essentially theological work whose first two books
    are a sort of commentary of the *DIVINE NAMES*." — Gilson, *History of
    Christian Philosophy*, pp. 431-432.
52. Daguillon, *La 'Summa de Bono'*, p. 13*; On St. Thomas Aquinas' use of Diony-
    sian sources, cf. Francis Lescoe, *Saint Thomas Aquinas' Treatise on Separate
    Substances*, (West Hartford: Saint Joseph College, 1963), p. 9, note 25.
53. Théry, *op. cit.*, pp. 376-397. "Ulrich de Strasbourg, de son côté, a consacré les
    deux premiers livres de sa *Summa de Bono a* une exégèse suivie et précise des
    Noms Divins de Deny's." — P. Théry, "Prèface" Daguillon, *op. cit.*, p. vi.
54. *Summa de Bono*, fol. 1r.
55. Théry, *op. cit.*, p. 393.
56. Daguillon, *op. cit.*, p. 13*.
57. "Unser Scholastiker hat seine Summa nicht in die stereotypen Formen der
    scholastischen Quaestionentechnik gegossen, wie dies bein den theologischen Sum-
    men fast allgemeine Uebung war, er bewegt sich in den Bahnen freier Gedanken-
    entwicklung." — Grabmann, *Abhandlung De Pulchro*, p. 34. "Comparé aux
    Sententiaires et aux Sommes antérieures, ce travail d'Ulrich marque, par l'art
    de la composition, par cette logique de l'organization, un réel et immense pro-
    grès." — Théry, *op. cit.*, p. 379.
58. Lib. IV, Tr. III, Cap. 9, fol. 336.
59. Théry, *op. cit.*, p. 392, note 1; p. 394, note 1; p. 395, note 1.
60. Martin Grabmann, *Drei ungedruckte Teile der Summa de Creaturis Alberts des
    Grossen*, XIII, *Quellen und Forschungen*, PP. de Loe, O.P. (Leipzig, 1919),
    p. 84; —————————, *Mittelalterliches Geistesleben* (München, 1926) p. 189.
    Grabmann asserts, "Ulrich, dessen Summa das am meisten vom Pseudo-Areo-
    pagiten beeinflusste und neuplatonisch gerichtete grosse systematische Werk der
    Hochscholastik vorstellt, hat die *De Divinis Nominibus* gerade in der Beleuch-
    tung durch den ungedruckten Kommentar seines Lehrers Albertus betrachtet.
    Ich habe z.B. im Kapitel *De Pulchro* vörtliche Abhängigkeiten Ulrichs von die-
    sem Kommentar Alberts in ziemlichem Umfange feststellen können." Cf. ————
    —————————, *Abhandlung De Pulchro*, pp. 34-73.
61. Fagin, *Dissertation*, pp. (16), (19).
62. "Il est certain qu'il n'a puisé directement à toutes les sources qu'il utilisé, et il
    semble bien qu'il ait acquis mainte connaissance de celles-ci par l'intermédiaire
    d'Albert le Grand, et c'est d'Albert qu'il tient cette orientation néo-platonicienne
    qui caractérise la Summa de Bono." — Daguillon. *op. cit.*, pp. 29*-30*.
63. Fagin, *op. cit.*, pp. (10-11).
64. *Ibid.*, p. (19).
65. *Ibid.*, p. (18).
66. Grabmann, *Abhandlung De Pulchro*, p. 27.
67. "Auch die Aristoteleskommentare Alberts, namentlich der Metaphysikkommen-

tar, haben auf Ulrich eingewirkt und sind von ihm benützt worden. Inwieweit Ulrich im 6. Buche, in seiner Moral die von mir festgestellte und beschriebene, ungedruckte Ethik Alberts, die ein Teil seiner Summa de creaturis ist, verwertet hat, lässt sich erst durch Vergleichung dartun." — Grabmann, *Ibid.*
Albert's Commentary on the *Ethics* of Aristotle is, of course, now available in *Alberti Magni Opera Omnia,* t. XIV, Cologne: Monasterii Westfalorum in Aedibus Aschendorff, 1968.

68. Cf. below, p. 33.
69. Grabmann, *Drei Ungedruckte Teile,* p. 84.
70. Théry, *op. cit.,* p. 394, note 1.
71. *Ibid.,* p. 391, note 3; p. 392, note 1.
72. Albert, St., *De Divinis Nominibus,* Cap. IX, Munich manuscript 6909, fol. 107v. Transcribed by Théry and quoted in his article p. 397.
Théry had, in fact, transcribed the entire text of the *De Divinis Nominibus* and was making the final arrangements for its publication, when a bomb explosion during World War II destroyed the entire opus. In the *Prolegomena* of *Alberti Magni Opera Omnia, Super Dionysius De Divinis Nominibus,* t. 37, Pars I (Monasterii Westfalorum in Aedibus Aschendorff, 1972), pp. xix-xx, Paulus Simon writes of Théry's proposed edition, "P. Gabriel Théry, O.P. (1891-1959) propositum erat facere editionem hujus operis Alberti, quae editioni operum omnium Alberti Coloniensi inserenda esset (*Archivum Fratrum Praedicatorum,* I, 1931, p. 80); sed praeter descriptiones codicis Neapolitani et fragmenti ejus Neapoli asservati nihil de studiis ejus editionem praeparantibus comperi."
73. *Summa de Bono,* Lib. II. Tr. IV, Cap. 4, fol. 44r-v. Grabmann remarks, "Es sei hier bemerkt, dass in dem ungedruckten Kommentar Alberts des Grossen zu *De Divinis Nominibus* und auch in den davon inspirierten Ausführungen Ulrichs von Strassburg der neuplatonische Charakter der Gedanken des Pseudo-Areopagiten viel entschiedener zu tage tritt als in dem Kommentar des Hl. Thomas zur gleichen Schrift." — *Abhandlung De Pulchro,* p. 30.
74. To date, only portions of Liber II of the *Summa de Bono* have been transcribed.
75. *Summa de Bono,* Lib. IV, Tr. III, Cap. 9, fol. 336v.
76. Fagin, *Dissertation,* p. 8.
77. *Ibid.,* pp. 8-9.

D. *The Edited Text — Book IV, Tractate I*

Of the more than 4,000 remaining pages of the unedited text of the *Summa,* the First Tractate of the Fourth Book strikes us as the most logical *point de départ,* in an attempt to assess Ulrich's philosophical position. It is for this reason that we have edited this particular portion of the *Summa de Bono.* In general, the First Tractate may be characterized as a veritable compendium of metaphysics, natural theology, cosmogony and a theory of knowledge, containing a cross-section of typical Ulrichian doctrine. And because it is precisely the specific positions which a man takes within these various branches of philosophy that enable a historian to place him in his proper philosophical perspective, the First Tractate of the Fourth Book can aid us materially in our appraisal of this thirteenth century thinker.

Obviously, the result of our analysis will not give us a final and definitive evaluation of Ulrich's doctrine. Several thousand pages more of manuscripts must be laboriously transcribed and critically edited. But if we can at least point to some obvious and apparent influences on the man's doctrine, examine the directions which his writings follow and the positions which he espoused or rejected, the authors whom he quoted and the sources he used, we may hope to come to a somewhat closer and more accurate appreciation of the position which Ulrich of Strasbourg occupies as a thinker of the thirteenth century.

The First Tractate of the Fourth Book is an invaluable aid in this direction inasmuch as it contains, at least in germ, the major philosophical problems treated further on in the *Summa*. Basically a natural theology, it nevertheless contains certain metaphysical positions in the consideration of the *quod est* and the *esse* as identified in the First Principle and distinct in all created beings.[1] The four causes which will receive an exhaustive treatment in a subsequent tractate are likewise considered in connection with the properties of the First Principle.[2] The process of intellection in human beings receives Ulrich's attention when he examines the kind of intellect which can be posited of the First Principle.[3] A rudimentary outline of ethics, with its consideration of the life of contemplation as a man's highest good upon this earth and its fore-shadowing of his ultimate end, is treated in connection with the life of thought enjoyed by the First Principle.[4] Finally, two whole chapters are devoted to the physical theories of Aristotle and the Peripatetics concerning the nature of time, of motion, and the eternity of the world, in connection with the creation of the world and its creatures.[5] In short, this section whose doctrinal content we shall analyze methodically, in the following sections of this study, is a sort of prologue to the subsequent tractates dealing with the various philosophical problems considered in the *Summa*.

In our task of tracing the sources on which Ulrich drew for the composition of this particular portion of the *Summa de Bono,* the findings of Grabmann,[6] Théry[7] and Fagin[8] were further corroborated; the Albertinianism in Ulrich's writing is unmistakable.

50

Analyses of parallel sections in Albert's Commentary on the *Sen-tences, Physics, Metaphysics,* the *Summa de Creaturis* and the *Summa Theologiae* revealed an indisputable doctrinal dependence on these works. Further, there were even some indications of a literal dependence in the nature of occasional phrases and expressions containing peculiarly Albertinian terminology. Such examples as the comparison of the universally agent intellect of the First Principle to a single point of light which is the source of all its rays,[9] the characterization of divine liberty as a four-fold freedom according to the four causes,[10] as well as Aristotle's comparison of the order of the universe to the members of a household[11] were all obviously of Albertinian inspiration.

However, it was not until we began our examination of the First Book of Albert's Commentary on the *Liber de Causis et Processu Universitatis,* that the immediate source of this portion of Ulrich's *Summa de Bono* was made manifest.[12] The first six chapters of the *Summa* of Ulrich of Strasbourg are unmistakably based on the twenty-three chapters of the first four tractates of Book I. Schematically considered, they may be broken down into the following parallel chapters:

A

ULRICH	*ALBERT*
Summa de Bono	*Liber de Causis et Processu Universitatis*
	Tract. I DE PROPRIETATIBUS PRIMAE CAUSAE ET EORUM QUAE A PRIMA CAUSA PROCEDUNT

ULRICH	*ALBERT*
Cap. I	Cap. VIII Quod necesse est esse unum primum principium in omni genere causarum.[14]
De Ratione appropriationis et de primi principii unitate, simplicitate, necessitate, et de ratione primi principii et de conditionibus suae necessitatis.[13]	Cap. IX Quod primum solum necesse est es-

51

se omnimode et
omnium.[15]

Cap. X   De proprietatibus
ejus quod necesse
est esse.[16]

Cap. XI Qualiter primum
principium dicatur
esse principium.[17]

B

Cap. II

Qualiter probetur p r i m u m
principium e s s e intellectus
universaliter agens, qui est
vivens vita perfectissima et
delectabilissima et g a u d i o
plena et felicissima et est omnis vitae principium.[18]

Tract. II DE S C I E N T I A
PRIMI ET DE
HIS QUAE SCI-
ENTIAE P R I M I
CONVENIUNT

Cap. I   Quod primum non
est esse corporale
s e d   intellectuale
secundum intellec-
tum qui est uni-
versaliter agens.[19]

Cap. II Quod primum est
vivens et omnis vi-
tae principium.[20]

C

Cap. III

De scientia primi principii,
qualiter causalitas attribuitur
intellectui et scientiae et qualiter scientia ejus sit determinata et non univoca nostri
scientiae et perfectissima et
causa esse et ordinis universorum.[21]

Cap. III Quod primum scit
se scientia perfec-
ta et scit omne
quod est vel esse
potest.[22]

Cap. IV Quod primum scit
se et quod in ipso
scientia et scitum
sunt unum.[23]

Cap. V   Quod primum scit
omnia genera et
species et indivi-
dua, tam substan-
tiae quam acciden-
tium.[24]

52

In the first chapter, we find that Ulrich takes over from Albert the notion of the necessity of a first principle, considered from the point of efficient, formal, material and final causality.[40] The first principle is first, in the sense that nothing is prior to it in which it could be rooted. It is necessary because it implies dependence on nothing outside of it; it is simple because it has no parts.[41] Except for a slight inversion of order (3, 2, 1 become respectively 1, 2, 3 in Ulrich), we find a summary of eleven of the twelve properties of the First Principle reproduced here with a remarkable fidelity to the Albertinian text. The seventh property is omitted by Ulrich, namely *quod impossibile est duo esse vel plura, quorum utrumque sit necesse esse.*[42]

The second chapter owes its doctrine concerning the universally agent intellect, its uninterrupted life of contemplation in contrast with our imperfect and intermittent participation in this highest life, to the parallel development in the *Liber de Causis* of Albert.[43]

That the knowledge which the First Principle possesses is not univocal with human knowledge, for man knows only by means of a laborious process entailing a progressive refinement from the initial sense data; that the First Principle, because He is the source of the being of all things, knows all genera, species, and individuals perfectly; that the knowledge which the First Principle has is the cause of the order of the universe, are all Albertinian doctrines which constitute the third chapter of Ulrich's *Summa de Bono.*[44]

In the fourth chapter, the characterization of divine liberty as freedom from obligation, coaction, inevitability, and necessity of supposition; the description of divine will as the *immobilis placentia finis,* and the five conditions for divine omnipotence are likewise Albertinian in inspiration.[45]

Next comes the characteristically neo-platonic doctrine under the heading of *Quid sit fluere et influere et de tribus quae ad hoc requiruntur.* Parts of this fifth chapter do not trace their direct origin to the corresponding chapters of Albert's commentary on the *Liber de Causis.* Inasmuch as Ulrich has several questions from Pseudo-Dionysius in connection with this doctrine, it is possible that these portions may have been inspired by Albert's commentary on Dionysius.[46]

The sixth chapter is an unusually faithful summary of chapters 5-6 of the Fourth Tractate of Albert's *Liber de Causis.* Ulrich reproduces here the "order of the universe according to the philosophers," beginning with the *primum principium principaliter agens* and ending with the tenth *gradus,* i.e. *casus qui se habet ad naturam et periodum ejus sicut fortuna ad propositum.*[47]

We shall restrict ourselves to the citation of two sets of parallels to indicate the doctrinal and even verbal dependence of Ulrich's *Summa* on the commentary, *In Liber De Causis et Processu Universitatis* of Albertus Magnus. The first section deals with a consideration of the necessity of the First Principle in relation to efficient and formal causality:

ULRICH

"Est ergo hoc in genere causae efficientis, scilicet quod aliquid est efficiens tantum, et hoc vocamus primum principium, et aliquid effectum tantum, quod est ultimum; aliquid efficiens et effectum, quod est medium. Similiter in genere causae formalis est primum quod est formans tantum, et ultimum quod est formatum tantum et medium quod est formans et formatum."[48]

ALBERT

"Oportet ergo quod in genere efficientis aliquid sit efficiens tantum, quod est primum; aliud efficiens et effectum, quod est medium. Et similiter in genere causae formalis, necesse est quod ali-

quid sit quod est forma tantum, et aliud medium
quod est formans et formatum."[49]

The second set of parallels is a description of one of the properties of the First Principle. We read:

ULRICH

"Quinta est quod ipsum non pendet ex aliquo
quod sit causa ejus secundum unum modum et
causatum ab ipso secundum alium modum sicut
est in aliis causis, quia finis est causa efficientis,
et e contrario efficiens est causa finalis. Sed primum nullo indiget et omnia indigent primo. Sequeretur enim quod ipsum esset prius priore se et
posterius posteriore se. In quantum enim pendet
ex illo, posterius est ipso; in quantum vero illud
pendet ex eo, est prius ipso, et sic ipsum non esset
simpliciter primum."[50]

ALBERT

"Quinta proprietas est quod primum quod est necesse esse, non pendeat ex alio quod sit causa ejus
secundum unum modum, et causatum ab ipso secundum alium modum; sicut si dicam A causatur a B, et e converso quod B causatur ab A.
Ex hoc enim sequeretur quod ipsum esset prius
priore se et posterius posteriore se. In quantum
enim pendet ex alio, posterius est eo; in quantum
vero aliud pendet ex eo, prius est ipso. Ergo prius
esset priore se, et posterius posteriore se. Ex quo
sequitur illud quod a multis dicitur, quod omnia
indigent primo et ipsum nullo indiget."[51]

The remaining two chapters of the First Tractate of the Fourth
Book of Ulrich's *Summa*, namely *De Creatione Communiter Dicta
Prout Comprehendit Activam et Passivam*[52] and *De Creatione Passiva Specialiter in Quod Est de Creatione Mundi et Ejus Aeternitate*,[53] seem to have been drawn from some other immediate source
which we have not been able to locate. Parallel treatments can be
found in the Albertinian *Physics*,[54] *Metaphysics*,[55] *Sentences*,[56] the
Summa Creaturis[57] and the *Summa Theologiae*.[58] Judging from
the preceding chapters, one is almost inclined to feel that some more
immediate source had been utilized by Ulrich. It seems incon-
ceivable that after having synthesized and reproduced the Alber-

tinian texts so faithfully in the preceding section of the same tractate, Ulrich should now dispense with them in such an abrupt
manner.

Doctrinally, however, he does remain faithful to the teachings
of his master. We find reproduced and summarized the various
arguments which have been adduced for the eternity of the world,
which have obviously been drawn from Albert's commentary on the
Physics[59] and which ultimately come from Moses Maimonides.[60]
The refutation of these, as well as the explanation of the nature
of motion and time, and hence the beginning of the world as the
result of a free creative act on the part of the First Principle are
also Albertinian in inspiration. Ulrich even attributes erroneously
Cicero's *De Natura Deorum* to Aristotle, of which he speaks as the
"liber quem Philosophus ipse edidit."[61] The obvious source of this
mistaken characterization is an identical sentence in Albert's
commentary on the Eighth Book of the *Physics*.[62]

The striking verbal agreement which was so characteristic of
the preceding chapters is not to be found here. Whether this particular section on cosmogony and the nature of time and motion
is to be regarded as an Ulrichian synthesis of the corresponding
treatments in the Albertinian works which we have mentioned
above,[63] or whether there was some other immediate source, will
remain an open question until all the remaining works of Albert
have been edited. It is very apparent, therefore, that Ulrich depended on his master for much of his doctrinal and even literal
inspiration. His merit lies not so much in his originality of thought
as in the work of synthesis and organization. Confronted as he
was with this vast corpus of Albertinian writings which ranged
from commentaries on practically every extant work of Aristotle,
to the Lombardian *Sentences*, the neo-platonic writings of the
Pseudo-Dionysius and the unknown author of the *Liber de Causis*
(to mention only a few of over forty volumes of "Albertiniana"),
Ulrich was responsible for the formation of a synthesis of Albertinianism in the form of his *Summa de Bono*. Grabmann[64] and
Théry[65] do not hesitate to characterize this work as far superior to
the two *Summae* of Albertus Magnus himself. The manner in
which Ulrich accomplished this synthesis and the choice which he
made between Aristotelian and neo-platonic elements which were
both to be found in Albert's work, will be made evident as we
proceed with the analysis of the First Tractate of the Fourth Book
of his *Summa*.

NOTES

1. Lib. IV, Tr. I, Cap. I, pp. 145ff.
2. *Op. cit.*, pp. 3-7.
3. *Op. cit.*, Cap. 2-3, pp. 161ff.
4. *Op. cit.*, Cap. 2, *Ibid.*
5. *Op. cit.*, Cap. 7-8, pp. 206ff.
6. Cf. above, Part I, Sec. B, note 3.
7. Cf. above, Part I, Sec. B, notes 4, 50.
8. Fagin, *Dissertation,* pp. (6) - (8).
9. Albert, St., *Summa Theologiae,* I, Tr. 15, q. 60, ed. Borgnet, Opera Omnia (Paris: 1890-1899), vol. 31, p. 604.
10. *Ibid.,* Tr. 19, q. 17, ed. Borgnet, vol. 31, p. 799.
11. Albert, St., *Metaph.* XI, Cap. 36, ed. Borgnet, vol. 6, p. 668.
12. Albert, St., *Liber de Causis et Processu Universitatis,* ed. Borgnet, vol. 10, pp. 361 ff.
13. *Summa de Bono,* Lib. IV, Tr. I, Cap. 1, pp. 145ff.
14. Albert, St., *op. cit.,* pp. 376-378.
15. *Ibid.,* pp. 378-379.
16. *Ibid.,* pp. 380-383.
17. *Ibid.,* pp. 384-385.
18. *Summa de Bono,* Lib. IV, Tr. I, Cap. 2, pp. 161ff.
19. Albert, St., *op. cit.,* pp. 386-388.
20. *Ibid.,* pp. 388-390.
21. *Summa de Bono,* Lib. IV, Tr. I, Cap. 3, pp. 170ff.
22. Albert, St., *op. cit.,* pp. 390-392.
23. *Ibid.,* p. 390.
24. *Ibid.,* pp. 394-395.
25. *Ibid.,* pp. 395-396.
26. *Ibid.,* pp. 396-397.
27. *Ibid.,* pp. 398-399.
28. *Summa de Bono,* Lib. IV, Tr. I, Cap. 4, pp. 183ff.
29. Albert, St., *op. cit.,* pp. 400-402.
30. *Ibid.,* pp. 402-403.
31. *Ibid.,* pp. 404-405.
32. *Summa de Bono,* Lib. IV, Tr. I, Cap. 5, pp. 190ff.
33. Albert, St., *op. cit.,* pp. 410-412.
34. *Ibid.,* pp. 412-413.
35. *Ibid.,* pp. 414-415.
36. *Ibid.,* pp. 416-418.
37. *Summa de Bono,* Lib. IV, Tr. I, Cap. 6, pp. 201ff.
38. Albert, St., *op. cit.,* pp. 418-420.
39. *Ibid.,* pp. 420-423.
40. Albert, St., *op. cit.,* I, Tr. I, Cap. 7, p. 376.
41. *Ibid.,* Cap. 9, p. 379.
42. *Ibid.,* Cap. 10, p. 381.
43. *Ibid.,* Tr. II, Cap. 1-2, pp. 386-390.
44. *Ibid.,* Cap. 308, pp. 390-399.
45. *Ibid.,* Tr. III, Cap. 1-3, pp. 400-405.

46. *Summa de Bono.* Lib. IV, Tr. I, Cap. 5, pp. 190ff.
47. Albert, St., *op. cit.,* Cap. 5-6, pp. 418-422; —————, *Summa,* Lib. IV, Tr. I Cap. 6, pp. 68-73.
48. *Summa de Bono,* Lib. IV, Tr. I, Cap. 1, p. 148.
49. Albert, St., *Liber de Causis et Processu Universitatis,* I, Tr. I, Cap. 7, p. 376.
50. *Summa de Bono,* Lib. I, Tr. I, Cap. 1, p. 157.
51. Albert, St., *op. cit.,* Lib. I, Tr. I, Cap. 10, p. 381.
52. *Summa de Bono,* Lib. IV, Tr. I, Cap. 7, pp. 206ff.
53. *Ibid.,* Cap. 8, pp. 223ff.
54. Albert, St., *Physic.* VIII, I-IV, ed. Borgnet, vol. 3 pp. 321-336.
55. Albert, St., *Metaph.* XI, Tr. I ff., ed. Borgnet, vol. 6, pp. 581 ff.
56. Albert, St., In II Sent. d. XII, A-H, ed. Borgnet, vol. 27, pp. 229-240.
57. Albert, St., *Summa De Creaturis,* II, Tr. II, q. 80, ed. Borgnet, vol. 35, pp. 644-651.
58. Albert, St., *Summa Theologiae,* II, Tr. I, q. 4, ed. Borgnet, vol. 32, pp. 58-108, Tr. XI, q. 43, pp. 508-530.
59. Albert, St., *Physic.* VIII, Tr. I, Cap. 11-15, ed. Borgnet, vol. 3, pp. 543-557.
60. Moses Maimonides, *The Guide for the Perplexed,* II, 13-14, translated from the original Arabic text by H. Friedländer, 2nd ed. (London, 1936), pp. 173-174. Cf. Rehner, P.O.Pr., "Das Schöpfungsproblem bei Moses Maimonides, Albertus Magnus, und Thomas von Aquin" in *Beiträge zur Geschichte der Philosophie des Mittelalters,* Band XI, Heft 5, 1913, esp. 45-92.
61. *Summa de Bono,* Lib. IV, Tr. I, Cap. 8, p. 226.
62. Albert, St., *Physic.* VIII, Tr. I, Cap. 14, ed. Borgnet, vol. 3, p. 555. ". . . et ideo hanc viam putatur Aristoteles tacuisse in physica, et non tetigit eam expresse nisi in Libro *De Natura Deorum* quem ipse edidit."
   In a later work, the *Summa Theologiae,* Pars I, written c. 1270 (cf. Glorieux P., *Répertoire des maitres en théologie de Paris au XIII° siècle* (Paris, 1933), p. 70), Albert seems to have corrected his erroneous view concerning the authorship of *De natura Deorum,* for we read, "Propter quod Tullius in libro *De Natura Deorum* deridens scholam Pythagorae dicit . . .", I *Summa Theologiae,* Tr. I, q. 5, membr. 2, ed. Borgnet, vol. 31, p. 24.
63. Cf. above, Part I, Sec. C, notes 54-58.
64. Grabmann, "Studien über Ulrich von Strassburg" in *Zeitschrift für Katolische Theologie,* 3, 1905, 485; —————, "Studien über Ulrich von Strassburg," in *Mittelalterliches Geistesleben,* pp. 147-221.
65. Théry, *Originalité du Plan,* pp. 376-397.

E. *The Manuscripts*

To date, twenty-five manuscripts of the *Summa de Bono* of Ulrich of Strasbourg have been discovered. Some of these are complete; others contain portions and extracts of the work. Daguillon[1] has presented an excellent and in-depth description and evaluation of twenty-four of these manuscripts in her Introduction to the edition of the First Book of the *Summa.* The Innsbruck manuscript (codex 209, fols. 1-148), which has been discovered by Weisweiler since the publication of her work — and which contains Book IV only — still remains to be placed in its proper tradition.[2] The following is a list of known manuscripts of the *Summa* as presented by Daguillon[3]:

		Books
Bâle	A. VII, 39	Extracts (Bk. III) Extracts (Bk. VI, tr. iv, cap. 2)
Berlin	Preussische Staatsbibliothek. lat. electoral 446	I-IV
Berlin	Preussische Staatsbibliothek. Görres lat. fol. 766	V-VI
Cologne	Stadtarchiv 9 B fol. 170	VI
Cologne	Bibliothek G B 4° 31	Extracts (from 6 Bks.)
Krakow	Bibliotheca Universitatis Jagelloni	Extracts (Bk. III)
Dole	Bibliothèque Municipale 79	I-IV
Erfurt	Bibliotheca Amploniana 294 in fol.	Extracts (Bk. VI, tr. ii, cap. 18)
Erlangen	Universitätsbibliothek 619	I-IV
Erlangen	Universitätsbibliothek 819	V-VI
Frankfurt	Stadtbibliothek 1225 Praedikatorenbibliothek	I-VI
Frankfurt	Stadtbibliothek 99	Fragments of Bk. II, tr. 4, 5
Louvain	Bibliothèque Universitaire D. 320	I-IV
Munich	Staatsbibliothek Clm. 6496	I-IV
Paris	Bibliothèque Nationale, lat. 15900	I-IV
Paris	Bibliothèque Nationale, lat. 15901	V-VI
Rome	Biblioteca Vaticana, lat. 1311	I-VI
Saint-Omer	Bibliothèque 120	I-III

Saint-Omer	Bibliothèque 152	IV-VI
Vienna	Nationalbibliothek Clm. 6496	I-IV
Vienna	Nationalbibliothek lat. 3924	I-IV
Vienna	Nationalbibliothek lat. 4646	III
Vienna	Dominikanerbibliothek 170, 170a (in 3 volumes, of which Vol. II has been lost.)	I-VI

Innsbruck	Codex 209 (fols. 1-148)	IV[4]

Preparation of the Text: In the preparation of the critical text of Book I of the *Summa de Bono* of Ulrich of Strasbourg, Daguillon found that the 24 extant manuscripts (known to her) stemmed from nine manuscripts which represented the initial diffusion. These were: Paris, Saint-Omer, Vatican, Vienna, Berlin, Munich, Bâle, Erlangen, and Louvain.[5]

Within these nine manuscripts, two very distinctive traditions or families became discernible. The first tradition was represented as the POV family and the second was designated as the EML lineage. For her critical edition, Daguillon retained the entire POV family, i.e., Paris, Saint-Omer and Vienna. From the second family, she selected Erlangen and Louvain. Munich was rejected because of its high incidence of lacunae.

The Dole manuscript, which seemed to be related to the EML group, was likewise eliminated because it is a highly inaccurate and unreliable manuscript. Fagin used the Dole manuscript in his edition of the Fifth Tractate of the Second Book of the *Summa*. He found it to be replete with scribal errors and omissions; a single chapter in Fagin's text yielded over 170 variants from the basic text.[6] Obviously, its value towards establishing an authoritative text turned out to be practically nil and we have therefore followed the recommendations of both Daguillon and Fagin in rejecting the Dole manuscript for the edition of our own text.

The Vatican manuscript, which is related to the EML group and is of superior quality, was retained because it was able to supply a number of corrections for deficient and inaccurate readings in the other manuscripts.

Finally, Berlin 446, which does not seem to be related to either group, was retained because it contains a number of pertinent readings not found in any other manuscript.[7]

The results of Daguillon's critical analyses of all the extant manuscripts led her to make the following judgment:

> Notre édition repose donc sur sept manuscripts: Ayant rejeté les manuscrits de Dole et de Munich, nous avons conservé les manuscrits de Paris, Saint-Omer, de Berlin, d'Erlangen, de Vienne, de Louvain, et de Rome: POV (servant de base), El, B, R.[8]

As a result of our own soundings and evaluations, we concur with Daguillon's decision and we have based our critical edition of the First Tractate of the Fourth Book of the *Summa de Bono* on the following manuscripts (with their key letters):

Paris, Bibliothèque Nationale, 15900, 15901	"P"[9]
Saint-Omer, Bibliothèque, 120, 152	"O"[10]
Vienna, Nationalbibliothek, 3924	"W"[11]
Rome, Biblioteca Vaticana, 1311	"V"[12]
Berlin, Preussische Staatsbibliothek, 46	"B"[13]
Erlangen, Universitätsbibliothek, 619	"E"[14]
Louvain, Bibliothèque Universitaire, D.320	"L"[15]

Description of the Manuscripts: In our brief description of the seven manuscripts used in the preparation of Liber IV, Tractatus Primus, we have summarized Daguillon's very extensive data and we have incorporated other scholars' findings in the edition of their own texts. For a more exhaustive description, the reader is advised to consult Daguillon's remarkable study.[16]

1. *PARIS, BIBLIOTHEQUE NATIONALE LAT.* 15900 (*Lib. I-IV*); 15901 (*Lib. V-VI*); "P": This Paris manuscript is, in fact, the ancient Sorbonne manuscript which has been described by Quétif-Echard,[17] Grandidier,[18] Hauréau[19] and Grabmann.[20] Deslisle[21] includes this manuscript in the *Sorbonne Catalogue of Manuscripts*. In the *Catalogue of Latin Manuscripts* of the Bibliothèque Nationale, it is listed under the following heading: "15900-15901: Ulrici liber de summo bono; xvᵉ s., Parch. et pa."[22]

This manuscript, which comprises two volumes, was willed in 1469 to the Sorbonne by John Tinctor, a Cologne scholar, who was also a "socius" in the House of Sorbonne. Two notes (the first in a fifteenth-century hand and the second in modern writing), are found at the beginning of each volume and give us the following information:

> Iste liber est pauperum magistrorum et scholarum collegii Sorbonae. In theologica facultate Parisius studentium ex legato magistri Johannis Tinctoris Coloniensis et quondam socii hujus domus de Sorbona.[23]

Below it is the following annotation written in modern handwriting:

> Ce Ms. du 15ᵉ siècle a été legué à la maison de Sorbonne par M. Jean Tinctor de Cologne, docteur de la maison et de faculté de Sorbonne, mort en 1469. Il contient le livre d'Ulric de Strasbourg, 1° sur l'Ecriture, 2° sur la Théologie, 3° sur les noms divins.[24]

Paris lat. Mss. 15900 and 15901 are written on parchment and paper, two columns of 42 lines each in the case of Ms 15900 and 37 to 44 lines each in the case of Ms. 15901. The writing of the scribe is that of early fifteenth-century and seems to be the same throughout Volume I. A good portion of Volume II, however, seems to be written in a different hand.

There are a number of corrections in the margin and in the text itself when space permitted. Most of the corrections supply omitted words and, occasionally, homoeoteleuta. (The latter are more frequent in Ms. 15901 than in 15900.)

In our evaluation of the seven manuscripts, we have definitely found the Paris manuscript to be the best and we have, therefore, chosen to use it as our basic manuscript in the edition of the First Tractate of the Fourth Book of the *Summa de Bono*.

Daguillon likewise found Paris 15900 and 15901 to be superior to the other manuscripts. We read:

> Nous avons définitivement choisi, comme base de notre édition, le manuscit de P. qui nos offre une rélle securité au point de vue de sens (c'est l'indication des passages de folio à folio dans le manuscrit P). Nous étions conduit à ce choix par l'examen intrinseque de nos manuscits, et par leur classement lui-même.[25]

Fagin,[26] O'Hara,[27] Geoghegan,[28] Looby,[29] Seleman,[30] Izzo[31] and Teasdale[32] have also followed Paris B.N. 15900 and 15901 as the basic manuscript for the edition of their texts.

On the back of the last folio of Ms. 15901 is the following provocative note written in the same hand as the rest of the manuscript:

> Patria autem habet
> opus perfectum alleluia, alleluia, alleluia
> Patria opus
> patria autem perfectum opus habet.[33]

Inasmuch as all the known manuscripts of the *Summa de Bono* are incomplete, — they end abruptly in the same place, namely, Liber Sextus, Tractatus Quintus, Capitulum Primum — and Ulrich had promised to divide his work into eight books, giving the title for each of the eight (Sed forma tractatus quae consistit in distinctione hujus scientiae, est quod ipsam distinximus in octo libros), what is the precise meaning of "opus perfectum"?

Daguillon speculates: Is this an expression of joy by the scribe — a kind of "explicit feliciter"? Or does the scribe mean to say that the complete copy is to be found in "coeleste patria"? Again, is the "patria" that of the scribe (about whose identity nothing is known), or that of John Tinctor (Cologne) or that of Ulrich himself (Strasbourg)? The fact remains that, to date, no such complete manuscript has been found.[34]

On the other hand, Daguillon has discovered one specific reference to a citation from Ulrich's *Summa de Bono, Book VIII, First Tractate, Last Chapter*. The Dominican John de Torquemada refers to this passage in his *Tractatus de Veritate Conceptionis Beatissimae Virginis,* published in 1437. In Chapter XVII, Part I (*Quod peccatum originale inter omnia peccata minus habeat culpabilitatis*) John writes the following:

> ... parvuli tamen de amissione ejus (divinae visionis) non dolent; imo de multiplici participatione bonitatis divinae in perfectionibus naturalibus gaudent, ut ait s. Thomas, ubi supra, et DOMINUS ULRICUS, IN SUMMA, LIB. 8, CAP. ULTIMO, PRIMI TRACTATUS. Ex quibus cum clarissimum habetur quod originale peccatum licet in parvulis magnum malum sit utpote.[35]

Perhaps there is still a chapter to be written concerning the last two books of Ulrich's *Summa.*

2. *SAINT-OMER, 120, 152;* "O": The *Catalogue of Saint-Omer Library* by Michelaut and Duchet contains the following description of Ms. 120:

> Summa domini Ulrici de laude sacrae scripturae . . . XVe siècle. Abbaye de Saint-Bertin. Écrit, sur 2 colonnes en écriture cursive, très difficile à lire . . . C'est la somme de F. Ulric Engilbert de Strasbourg, de l'Ordre Frères Prêcheurs . . . Sa Somme restée manuscrit. Il manque quelques feuillets vers la fin du manuscrit, qui est taché et très endommagé par l'humidité. (V. Quetif et Echard, Scriptores ord. praedicator. t. I, p. 356)[36]

Saint-Omer 120 is written on paper, two columns of 48 lines each to the page. The handwriting is fifteenth-century and it is extremely difficult to read because of its cursive influence. Some abbreviations are highly contracted, as for example, a single letter "q" with a double superscript line above it, stands for "quaedam". There is little punctuation in the text.

Many sections of the manuscript have been damaged by humidity and the handwriting has become completely illegible.

This manuscript originally belonged to the Abbey of Saint-Bertin. It is one of 549 manuscripts which were "liberated" by the civil authorities when the Abbey was suppressed at the time of the Revolution.[37]

Ms. 120 contains the first three books of the *Summa;* it is 171 folios in length. According to Daguillon and Geoghegan, it belongs to the same manuscriptural tradition as Paris B.N. 15900, 15901.[38]

Saint-Omer 152: Michelaut and Duchet describe this manuscript as follows:

> Summa Ulrici . . . incipit liber quartus Ulrici qui est de Deo Patre . . . XVe siècle. Abbaye de Saint-Bertin. Écrit sur 2 colonnes, en miniscule gothique, avec initiales grossières en rouge. Ce volume renferme les 3 derniers livres de la Somme de Frère Ulric, qui est le même que Udalric de *l'Hist. litt. de la France* (XIX, p. 438), des Script. fratr. Praed. (I, p. 356), et de Trithème, De script. eccl. (p. 118, édit. de Fabricius).[39]

This manuscript (like Ms. 120) is written on paper, two columns of 48 lines each to the page. The handwriting is fifteenth-century and the first 37 folios are in the same hand as Ms. 120. From folio 38 on, there are several different handwritings, each increasingly more difficult to decipher.

This manuscript was also confiscated by the state during the Revolution and now forms part of the Saint-Omer Library. Ms. 152 contains Books IV, V, VI and is 333 folios in length.

At the end of Book IV, after the last chapter of the Third Tractate (fol. 138v), there appears the following announcement:

> Sequitur tractatus quartus quarti libri, qui est
> de natura et substantia animae.

The following folios are blank. It would seem that the *Treatise on the Soul* found in Louvain Ms. D.320 was intended for these folios. We shall have more to say below about this treatise when we study the Louvain manuscript.[40]

3. *VIENNA, NATIONALBIBLIOTHEK 3924,* "W": This manuscript is described by M. Denis in *Codices Manuscripti Theologici Bibliotecae Palatinae Vindobonensis Latini* in the following manner:

> CCXI Codex partim membraneus, partim chartaceus, lat. saec. XV. Folio 295ff. per duas columnas non eadem manu exaratus complectitur *Ulrici Engelberti de Argentina* clari in O.P. viri . . . *Summam* seu opus vastum *de summo bono,* sex aliis libris constans, quorum hic non nisi primi quatuor, quarto etiam mutilo; id quod innuit. Nota codici praefixa: Ulrici primus, secundus, tertius, completi, et quartus incompletus, XXI sexterni, 1458.[41]

Vienna Ms. 3924 is the third member of the "POW" tradition and it is inferior to the preceding two, i.e., Paris and Saint-Omer. This fifteenth-century manuscript is more closely related to the Saint-Omer and it generally duplicates most of its variants, adding to these, a number of its own transpositions and homoeoteleuta. Palaeographically, it turned out to be the most difficult manuscript of the seven which were used in our edition of the First Tractate. It contains a very strong cursive influence which results in a number of very unusual abbreviations and malformations of certain letters. At least five different scribes cooperated in the penning of this manuscript.

The manuscript contains the first four books of the *Summa* and is 295 folios in length. It is written on both parchment and paper as far as fol. 253; the remainder is exclusively on paper. The last five folios, however, are blank and we read on fol. 1, the notation: "Ulrici primus, secundus, tertius completi, quartus incompletus." Perhaps, just as in the case of the Saint-Omer manuscript, these blank folios were to be used for the *Treatise on the Soul*. We shall examine this question in the section dealing with the Louvain manuscript.[42]

4. ROME, BIBLIOTECA VATICANA, 1311, "V": This manuscript is listed in the Vatican Catalogue, *Codices Vaticani latini*,[43] in Montfaucon's *Bibliotheca*[44] and Grabmann's *Studien*.[45]

During the pontificate of Paul III, Vatican Ms. 1311 was part of the Public Library, (in 6 plat. ad sinistram supernis). It is listed in the most ancient catalogues in 1583 (Cf. Vat. 3951, fol. 8r) under Sixtus IV (Cf. Vat. lat. 3952, fol. 15r); in 1481 (Cf. Vat. lat. 3947, fol. 102). In the latter catalogue, (*Inventarium bibliothecae palatinae divi Sixti IV*), it is listed with the works in theology (in sextu banco ad sinistram ingredientibus) under the title, "Summa de Bono Ulrici de Argentina Ordinis Praedicatorum ex membraneis in nigro."[46] The manuscript is also listed in the work, *La Bibliothèque de Vatican au XVᵉ siècle* by Müntz and Fabre.[47]

The manuscript of the *Summa de Bono* is written entirely on parchment, in 2 columns of 71 lines each. The writing is early fifteenth-century and it is, by far, the clearest and most legible of all the manuscripts used in the preparation of our edition.

At the top of each verso of the folio there appears the letter "L" (Liber) and the following recto contains the number of the book. The initial letter of each chapter is highly ornamented, while the beginning of each book is even more ornate. The first folio of Book I boasts an unusually rich ornamentation that extends down the entire page, almost surrounding the entire text. It is obvious that the text of this manuscript was written first, with the chapter headings to be filled in later by the artist. In a number of places, the scribe failed to leave the artist sufficient space, with the result that the title headings are frequently intermingled with the text of the preceding chapter, or, in some places, even written vertically in the margin.[48]

Although the handwriting is very clear, the scribe uses a number of highly contracted and "telescoped" abbreviations which are peculiar to him alone, e.g., a superscript "a" over "p" = "praedicta", a line over "t" = "tamen"; a superscript "a" over "i" = "infra", as well as a whole series of specialized signs for "et", "est" and "etiam".

Vatican 1311 contains the six books of Ulrich's *Summa* and ends abruptly in the same place and with the same words as the Paris manuscript (B.N. 15901) : "Et ideo de his habitibus specialiter restat prosequi."[49] It is 215 folios in length.

Altogether, we have found Vatican 1311 a very good manuscript and we have retained it for our edition. Daguillon also found it to be highly satisfactory.[50] Collingwood, in his edition of Liber II, Tractatus ii, Cap. 1, 2, 3, and Tractatus iii, Cap. 1, 2, went so far as to say, "Since the Vatican and Paris manuscripts are the best in their respective families and mutually complement each other in achieving a correct text, it is impossible to declare one as more basic than the other."[51]

5. BERLIN, PREUSSISCHE STAATSBIBLIOTHEK, Lat. ELECTORAL 446, "B": This Berlin manuscript is described at length by Valentine Rose in *Die Handschriften-Verzeichnisse der Königlichen Bibliothek zu Berlin*.[52] It is a fifteenth-century manuscript written exclusively on paper, two columns of 69 lines each to the page. The manuscript numbers 283 folios and contains, as in the case of Paris B.N. 15900, 15901, all of the six books of the *Summa;* (Book VI, of course, is incomplete).

The title of the work is indicated on the recto of each folio, along with the Book and Tractate numbers. Although a number of different handwritings are evident in the text, they are all of the fifteenth century. Just as in the case of the Paris manuscript, Berlin electoral 446 transfers a passage from the Fourth to the Fifth Tractate in Book VI. We read on the last folio, "Tractatus V (no title). Qualiter potest virtutes morales etiam sunt virtutes quae ad bonum homini requiruntur."[53] The text concludes in exactly the same manner as Paris B.N. 15901.

There are some peculiarities to be noted: frequently, the scribe use "y" for "i," even in the case of such a word as "rei" which is written "rey." Concerning the manner of corrections in the Berlin manuscript, Seleman makes the following observation: "Whereas the other six manuscripts (Louvain, Vatican, Paris, Vienna, Saint-

Omer and Erlangen) demonstrate word corrections by deletion of the incorrect word through broken underlining or crossing out of the incorrect word and subsequent insertion into the text of the correct word, Berlin leaves the incorrect word, entirely intact and inserts the correct word directly above the incorrect word."[54]

The Berlin manuscript does not seem to share the same lineage with any of the other manuscripts used for our edition of the *Summa*. Frequently, the Berlin does seem to indicate a relation to Erlangen, Louvain and Vatican manuscripts. On the other hand, it also seems to share similarities with Paris, Saint-Omer and Vienna. More strikingly, however, there are a great number of variant readings in the Berlin electoral 446, which do not appear in any other manuscript. Our only conclusion is that this manuscript is the sole survivor representing a tradition shared by no other extant manuscript. It is for this reason, that we have, in agreement with Daguillon[55] and Izzo,[56] incorporated the Berlin manuscript in our edition.

6. *ERLANGEN UNIVERSITATSBIBLIOTHEK MSS. 619, 819, "E"*:

The Erlangen manuscript is contained in two separate volumes. *Erlangen 619* contains Books I-IV, while *Erlangen 819* contains the remaining two Books (V and VI) of the *Summa de Bono*.

Erlangen Ms. 619: This manuscript is described by Johann Irmischer in his *Handschriftenkatalog der Königlichen Universitäts-Bibliotehek zu Erlangen* as follows: "N° 619, Liber de Summo Bono, cujus primus liber est de laude sacrae scripturae. Tractatus I, de modis deveniendi in cognitionem. Cod. mixtus, 370 Bill. in F. 4u 41 z, a. ganz. stand, a. d. 15 Jh. Einb. von Holz mit braunem Leder und Gespere (H. ch. 36, Cc III, 11)."[57] This manuscript (as well as *Erlangen 819*) is also described by Grabmann[58] and Baeumker.[59]

Ms. 619, which is 375 folios in length, is written on paper and parchment, one column of 41 lines per page. The title of the work appears on each verso, while the following recto contains the Book, Tractate and Chapter numbers. The handwriting, which is fifteenth-century, is very legible and clearly formed. It would seem that the same scribe wrote both volumes of the Erlangen manuscript.

Many of the initial letters at the beginning of chapters have sketched faces, both humorous and glum, which, according to Teasdale, attest to the scribe's propensity for humor.[60]

The fly-leaf of Ms. 619 contains the following inscription: "Liber sanctae Mariae in Heilsprun, cc. III, II . . . Liber beatae Mariae Virginis mons fontis salutis" and in the right hand corner, the scribe's note gives us this information: "Incepi 19 Julii, primus et secundus habentur."[61]

As the note indicates, this manuscript belonged to the Abbey of Heilsbronn.

Erlangen Ms. 819: Irmischer's Catalogue describes this manuscript: "N° 819: Ulrici Argentinensis, de Summo bono liber quintus et sextus. Pap. in Fol. 250B11. a. ganz str. zu 41z.a.d. 15 Jh. Am Ende."[62]

This manuscript, which is 254 folios in length is written on paper and on the fly-leaf of this volume, there appears the following note in ancient handwriting: "Liber beatae Mariae Virginis in Fonte salutis". On folio 5r, we read, "Incipit quintus liber Ulrici Argentinensis de Summo Bono."[63] There is also a table of contents, which is preceded by the following: "Incipiunt capitula secundae partis Summae de Bono fratris Ulrici, ordinis Praedicatorum." The words "secundae partis" would indicate the existence of a "prima pars" which, without doubt, is *Ms. Erlangen* 619.

The text of this manuscript ends with the same words as those in Paris Ms. 15901: "Et ideo de his habitibus specialiter restat prosequi."[64]

The scribe's note is appended at the end of the work:

> Actubus explevit opus hoc Marcus Nicolai. Explicit liber sextus Ulrici Argentinensis, fratris ordinis Praedicatorum, quem ego Nicolaus Pjeylsmid de Tzwigtauria scripsi de mandato reverendi patris magistri Nicolai de Fonte Salutis, sacrae theologiae professoris in Sacro Concilio Basiliensi Deo Gratias.[65]

The two Erlangen manuscripts contain a number of passages which are not found in our basic (Paris 15900) manuscript and their text contains fewer lacunae than the Munich manuscript which, according to Daguillon, forms the Erlangen-Munich-Louvain tradition. For these reasons, we have retained the Erlangen manuscripts in the edition of our text.

7. *LOUVAIN, BIBLIOTHEQUE UNIVERSITAIRE, D. 320, "L"*: The history of the Louvain manuscript(s) is both compli-

cated and involved, as well as tragic and sad. We shall try to touch on its highlights.

According to Sander,[66] Alva y Astorga,[67] Echard[68] and Fabricius,[69] Belgium did own a copy of Ulrich's *Summa de Bono* (in two volumes), which belonged to the Abbey of Corsendonck. Since the seventeenth century, however, there has been no evidence of its existence. Namur, for example, lists no Belgian manuscript of the *Summa* in his *Histoire des Bibliothèques*.[70]

In 1905, however, Postina described in the *Römische Quartalsschrift* a manuscript which had been discovered in the University of Louvain Library. He wrote:

> Unter Kodex zählt 306 unpagierte Blätter, die durch starke, mit gepresstem Schweinsleder überzogene Holzdeckel geschützt sind . . . Auf dem letzten Blatt "b" . . . steht ein Vermerk aus neuerer Zeit: Monasterii Carthusianorum Ruremondensis . . . Liber iste qui intitulatur liber Ulrici de Argentina de summo bono, dividitur in octo libros partiales sicut patet inspicienti prologum sequentem. Et quilibet liber partialis dividitur in tractatus speciales; et tractatus communiter per capitula distinguuntur.[71]

The previous year, Pfleger made reference to this discovery in an article in *Zeitschrift*.[72]

Nine years later, the University of Louvain Library was bombed out during the First World War (August 25, 1914). Both Grabmann[73] and Martin[74] reported that Ulrich's *Summa* was destroyed in this holocaust.

In 1928, Daguillon was in the process of establishing the location of all the extant manuscripts of Ulrich's *Summa*. She made repeated inquiries at the Strasbourg Library, on the premise that the home-town of the famous Dominican scholar should possess at least one copy of his *opus magnum*. None could be found.[75]

What did turn up, however, was Louvain Ms. D. 320, which had been loaned by the Louvain Library to Strasbourg and thus escaped destruction. In Daguillon's own words:

> C'était bien aussi le manuscrit-fantome de Strasbourg, le manuscrit prêté à Strasbourg à la veille de la guerre; et c'st à cette circonstance qu'il dut d'échapper à l'incendie qui anéantit la Bibliothèque de Louvain.[76]

71

The borrowed life, which Louvain Ms. D. 320 was accorded by a twist of fate, proved to be of short duration. What the Kaiser's armies did not accomplish in World War I, Hitler's stormtroopers successfully carried out some thirty years later. World War II brought with it the complete destruction of the Louvain manuscript.

There is, however, a phoenix-like sequel to this tragic saga. Providentially, through the foresight and wisdom of Professor Etienne Gilson and the Reverend Professor J. Reginald O'Donnell, there exists today, in the Archives of the Pontifical Institute of Mediaeval Studies in Toronto, the only microfilm copy in the world of Louvain Ms. D. 320. The author is indebted to his two former professors for making this priceless copy available to him.

To our mind, this incident of Louvain Ms. D. 320 is a striking example of the absolute necessity of microfilming the hundreds of thousands of manuscripts which are located in the great libraries of Europe. This was Etienne Gilson's over-riding reason for establishing the first great Institute of Mediaeval Studies in North America (the Pontifical Institute of Mediaeval Studies in Toronto). Gilson was convinced that, in order to preserve the priceless treasures for posterity, centers outside of Europe should be established, where microfilm copies of manuscripts would be *safely* stored for future research.

As a result, with the cooperation of the dedicated Basilian Fathers who maintain and administer the Toronto Institute, Etienne Gilson was able to establish the GORDON TAYLOR JR. MICROFILM COLLECTION. To our knowledge, it was the first of its kind in North America, because of the highly specialized nature of Mediaevalia which it contained.

It is especially gratifying to note that Gilson's foresight and example brought about the establishment of the great AMBROSIANA COLLECTION at Notre Dame University, under the direction of Gilson's close friend, Canon Astrik Gabriel, and the KNIGHTS OF COLUMBUS VATICAN MANUSCRIPT COLLECTION in the Pius XII Library of St. Louis University. Professor Julian LaPlante of the HILL MONASTIC LIBRARY of St. John's University, Collegeville, Minnesota is also in the process of microfilming hundreds of mediaeval manuscripts throughout Germany.

*   *   *   *

Louvain Ms. D. 320 was written on paper in two columns of 46 lines each. There are 320 folios, containing the first four books of Ulrich's *Summa de Bono*. The first and last folios carry the stamp of the University (Bibliotheca Universitatis Lovaniensis). On the verso of each folio, appears the word "Liber-Tractatus" and the recto contains the corresponding number of Book and Tractate.

The writing is in a very fine and clear hand and, as O'Hara points out, "the manuscript is relatively easy to read, its symbols and abbreviations, conforming to standard usage, with few deletions and corrections."[77] The handwriting is that of the fifteenth-century. In fact, the scribe left us the exact date on the last folio of the manuscript. We read:

> Laus Deo Patri, beataeque Genitrici totique cu-
> riae coelesti finitum per Henricum Weert, anno
> Domini M° CCC L XX°.[78]

As Daguillon argues, this manuscript (Louvain D. 320) is not the one from the Abbey of Corsendonck (in two volumes), which Sander, Fabricius and Echard described. Rather, it comes from the Carthusian Monastery of Ruremonde. (The note on fol. 320v reads: "Monasterii Carthusianorum Ruremondensi.") Nothing is known about the fate of the Corsendonck manuscript; we must presume that it, also, has perished.[79]

Louvain Ms. D. 320 is a very reliable manuscript, belonging to the EML tradition. If it were not for the fact that this manuscript contains only four Books of the *Summa*, it could have been a very strong contender for the role of a basic text in the establishment of a critical edition of Ulrich's *Summa de Bono*.[80]

TRACTATUS DE ANIMA

Louvain Ms. D. 320 contains a very interesting treatise *On the Soul*, which does not appear in any of the other extant manuscripts of the *Summa de Bono*. A cursory glance at the chapter headings below indicates at once that it is a veritable commentary on the *De Anima* of Aristotle:

> TRACTATUS QUARTUS QUARTI LIBRI: QUI
> EST DE ANIMA POTISSIMA HUMANA,
> QUAE QUIA CONTINET VEGETATIVUM ET
> SENSITIVUM DE ILLIS ETIAM TRACTATUR.

73

Capitulum Quintum:	De separabilitate animae rationalis.[99]
Capitulum Sextum:	Quomodo in hac vita contigit habere intellectum purum sine reflectione ad sensum et phantasmata.[100]
Capitulum Septimum:	De operationibus intellectus.[101]
TRACTATUS SEXTUS:	DE POTENTIIS MOTIS
Capitulum Primum:	De distinctione potentiarum.[102]
Capitulum Secundum:	De voluntate.[103]
Capitulum Tertium:	De libero arbitrio.[104]
Capitulum Quartum:	De synderesi et conscientia. In quo est de conscientiae errore.[105]

The question is, therefore, whether this might possibly be the commentary on the *De Anima,* which John Trithemius attributes to Ulrich in his *De Scriptoribus Ecclesiasticis,* when he enumerates the latter's works as, "Super Sententias, De Anima, Summam Theologiae et multa alia."[106] A marginal note found at the beginning of this tractate in the Louvain manuscript seems to indicate the contrary:

> Hoc complementum ab hinc usque in finem hujus quarti non posuit Ulricus, sed universalis magister Johannes de Mechellinia, doctor eximius sacrae theologiae Coloniensis. Illud complevit sub nomine tamen et typo Ulrici praedicti. Haec habeo ex M. Henrico Horst, qui ad hoc ut mihi retulit aliquando compilatori in adjutorium fuit.[107]

And yet, the announcement of a Fourth Tractate of the Fourth Book in the Saint-Omer manuscript, which we noted and the accompanying blank folios, would seem to indicate that the scribe intended to supply a treatise "qui est de natura et substantia animae."[108] It is hardly conceivable that he intended to interject an acknowledged work of some other writer within the framework of Ulrich's *Summa.* The similar announcement in the Vienna manuscript as "Ulrici primus, secundus, tertius completi, quartus incompletus"[109] would also point to the fact that such a psychological treatise was considered to be part of the Fourth Book. Perhaps

Ulrich himself intended to incorporate the separate commentary on the *De Anima* in his *Summa.*

In the second chapter of the First Tractate of Book Four, we have found the following interesting reference. In a discussion devoted to the various types of intellect and their progressive elimination in favor of the universally agent intellect, which alone can be predicated of the First Principle, Ulrich says, "Quod autem non sit sicut intellectus adeptus per se, patet quia ille intellectus antequam fit adeptus, est in potentia et per adeptionem sui proprii actus, efficitur in actu, *sicut suo loco exponemus.*"[110] Now such a consideration of the *intellectus adeptus* would obviously be contained only in a tractate on psychology. An examination of all the subsequent chapter headings of the six extant books of Ulrich's Summa does not reveal any clue to such a possible psychological treatise. Neither can it be argued that the last two books — whether Ulrich did have the time to complete them before his death or not — were destined to receive such a treatment. The titles of these as announced by Ulrich himself in the Prologue would seem to preclude such a possibility. "Septimus est De Sacramentis qui sunt Summi Boni medicinalia vasa" and "Octavus est de Beatitudine quae est participatio Summi Boni inquantum est Summum Bonum et finis ultimus."[111]

A cursory examination of Ulrich's *Treatise on the Soul,* however, does reveal at least two specific passages, which deal with the *intellectus adeptus.* The first is found in Chapter V of the Fifth Tractate, fol. 314ra:

> Hinc dicit Averroes super *tertio de Anima* quod intellectus agens et possibilis sunt incorporales et immateriales. Et *intellectus adeptus,* qui ex agente sit in possibili, de necessitate incorporalis est, quia quod ex agente incorporali in possibili incorporali est, genitum est incorruptibile."

The second section which refers to the *intellectus adeptus* is found in Chapter VII of the Fifth Tractate, fol. 315va:

> . . . et convenit jam de istis operationibus dicere postquam de *intellectu adepto,* quo secundum seipsum adipiscitur et seipsum invenit et cognoscit diximus, quoniam anima intellectiva in prima operatione non invenit se sicut in secunda.

Further, in Chapter II of the First Tractate of Book VI of the *Summa de Bono,* which is entitled "De perfectione hominis per scientiam et virtutes in statu innocentiae per gratiam gratum facientem," Ulrich makes specific reference to his examination of the *intellectus adeptus* in the Treatise *De Homine,* fol. 69ra, B.N. 15901. We read:

> Seipsum etiam cognoscit secundum id quod est homo ex specie, id est secundum *quod est solus intellectus per adeptionem proprii intellectus sicut supra quarto exposuimus.*

There are eight other specific citations in the *Tractatus de Homine* that refer the reader to subject matter which Ulrich has already treated (as in Book I) or doctrine which he intends to develop in subsequent books of the *Summa.* We cite the following:

I. Tr. IV, cap. 2, fol. 295rb.

> Et quoniam perfecta Dei sunt opera, ipsam (animam) in toto conjuncto producit, conservat tamen eam post dissolutionem, tandem finaliter eam conjungens, in resurrectione reparans ea quae morte destruxit, *ut videbitur in octavo libro.*[112]

II. Tr. V, cap. 1, fol. 310ra.

> . . . quae vero supra se sunt et neutram scientiam excedunt non comprehendit sed alias quodam modo attingit, *sicut in primo libro de cognitione divinorum a nobis dictum est.*

This refers to Chapters II-VIII of the First Tractate of Book I. The Tractate is entitled "De modis deveniendi in cognitionem divinam" and Chapter II reads, "De naturali cognitione Dei, in quo ostenditur quod Deus sit cognoscibilis, et quid de ipso sicut cognoscibile, ut sciatur necessitas sacrae scripturae."[113]

III. Tr. V, cap. 2, fol. 311ra.

> Et quoniam in statu originalis justitiae stabat intellectus humanus, conversus ad suum prototypum, replebatur plenitudine formarum proportionatarum ideis artis divinae secundum quod

dicuntur plenae formis, non indigent tali abstractione, *nisi quo ad cognitionem experimentalem, sicut infra dicemus in libro sexto.*

IV. Tr. V, cap. 2, fol. 311rb.

Et hoc lumine agentis intellectus et reflectione ejus super sensum et imaginationem et tandem conversione ad seipsum, generantur diversi habitus ipsius intellectus possibilis, *de quibus erit sermo in sexto libro cum ad habitus intellectuales perveniremus.*

The Fifth Tractate of Book VI of the *Summa* reads, "De virtutibus intellectualibus." The only chapter Ulrich apparently wrote is the first, which is entitled, "De virtutibus intellectualibus in communi" and the text ends abruptly on fol. 261.

V. Tr. V, cap. 3, fol. 312vb.

Haec autem dicta sunt de intellectu speculativo, secundum quod dicitur ab actu speculandi rem intelligibilem, secundum formam speciei intelligibilis . . . de differentia autem ejus (i.e. intellectus speculativi) a practico et habitibus utriusque, *intelligendae latior expectetur determinatio libro sexto.*

VI. Tr. VI, cap. 2, fol. 317va.

Secundum Augustinum in *libro Retractationum* dicitur esse potentia qua peccatur et vivitur quamvis aliae potentiae rationales tam per essentiam quam per participationem absque virtute et vitio non sunt. *Unde plenius in sexto libro dicendum erit . . .* vivit secundum quod de hoc *amplius dicemus cum de moralibus tractabimus.*

VII. Tr. VI, cap. 3, fol. 318ra.

Haec autem potentia ad voluntatem potissime pertinet secundum quod est libera motrix omnium virtutum, quae ut sic est quoddam totum . . . a qua dicitur voluntarium, de quo Philosophus loquitur *tertio Ethicorum et postea de hoc dicemus in sexto libro.*

VIII.   Tr. VI, cap. 4, 320rb.

Et per gratiam suam gratificantem in nobis sibi
faciat paratum manifestationem, de cujus inhabi-
tatione virtutum *posterius in libro sexto dicemus.*

The last reference is obviously to Book VI, Tractate I, Chapter I: "De perfectione hominis per scientiam et virtutes in statu
innocentiae et per gratiam gratum facientem."[114]

In addition to the eleven passages cited above, there are four
more specific references to the Treatise *De Homine.* All are found
in the Sixth Book of Ulrich's *Summa.* They follow:

> *I.   SB, Lib. VI, Tr. I, cap. 3, fol. 69va.*

Haec autem sunt humidum naturale et propor-
tionatur sibi calor naturalis ut dicit Aristoteles
in libro *De Vita et Morte* et *nos supra libro quarto hoc ipsum exposuimus.*

As A. Fries points out in his perceptive article, *Die Abhandlung De Anima des Ulrich Engelberti, O.P.,* this very subject matter
is examined in Bk. IV, Tr. IV, cap. 3 (Louvain D. 320, fol. 295rb),
under the heading of *De Potentiis Animae in genere et in specie
descenditur ad animam vegetativam.*[115]

> *II.   SB, Lib. VI, Tr. I, cap. 4, fol. 75vb.*

In hoc ergo loco primi parentes carnaliter con-
venissent, quia Dominus praeceperat, 'Crescite et
multiplicate . . . haec enim semine permixto necessaria est ad omnem generationem perfector-
um animalium *ut ostendimus supra libro quarto.*

In the First Chapter of the Fourth Tractate in the *Treatise,*
we read the following:

Nunc autem secundum ordinem propagationis
naturae seminaliter producitur corpus et forma-
tur intus organisationis et formationis comple-
mento anima creando infunditur et infundendo
creatur.[116]

> *III.   SB, Lib. VI, Tr. I, cap. 5, fol. 77vb.*

Dicitur etiam interdum quod anima . . . inficitur
ex contagione carnis quod non est intelligendum

79

sive per contactum vel per unionem . . . sed quia
Deus creat animam operando in natura qua etiam
operatur ad animae productionem *modo exposito
supra libro quarto.*

IV. *SB, Lib. VI, Tr. III, cap. 23, fol. 165rb.*
Sciendum tamen quod haec passio (ira) numquam est passio solius animae sed semper est con-
juncti ut *supra quarto libro ostendimus.*

In all, there are at least 15 specific citations in the *Summa*
and the *Treatise,* which corroborate the position that Ulrich is, in
fact, the author of the *De Homine.* (This enumeration is by no
means exhaustive. B. Shaw is preparing a complete list of pertinent passages.)

It is likewise unreasonable to suppose that another writer, at
a much later date, would incorporate such specific citations and
would insist on referring to them repeatedly in the first person,
"sicut infra dicemus . . . cum ad habitus intellectuales perveniremus
. . . cum de moralibus tractabimus . . . postea de hoc dicemus."

Further, how is one to explain Ulrich's specific references in
Book VI of the *Summa* to passages which are contained in the
Treatise? He refers to these as to his own work which has been developed previously in the *Summa,* e.g., "et nos supra libro quarto
exposuimus . . . ut ostendimus supra libro quarto . . . ut supra quarto libro ostendimus."[117]

Returning to the note which attributes the commentary on the
De Anima to John of Malines, we find that there was a John of
Malines, who was rector of the University of Cologne and professor
of theology in 1451 ("Jean de Malines, recteur de l'Université de
Cologne, mag. in theol. licent. en 1438 . . . Theol. prof. en 1451.")[118]
There is a manuscript of Bâle (A X 130), entitled, "Collatio ad re-
ligiosos," which definitely indicates its author to be a Carthusian,
"Collatio magistri Joannis de Mechilinia, ordinis Carthusiensis in
die omnium sanctorum."[119] The question is whether this John of
Malines, rector of the University of Cologne, was also a Carthusian.

To add somewhat more to this mystery, the Catalogue of the
Phillipps (Middlehill) Library lists a manuscript as item #507,
Joannes de Maglinia de dictis Alberti Magni."[120] The *Summa* of
Ulrich was written between 1262 and 1272 and Albertus Magnus
died in 1280. There is, as Daguillon points out, at least a striking

coincidence between the title of this work and the fact that Ulrich was a disciple of Albert.[121]

In his article, *The De Homine of Ulrich of Strasbourg*, L. Kennedy argues for the authorship of John of Malines, rather than that of Ulrich.[122] He appeals to the scribe's note, which we have seen above, as the basis for his position. Yet there are several questions which must be asked: 1. What is the credibility of the marginal note? The handwriting in the note is much more cursive than that of the text; the author of the note used a sharper and finer pen. Obviously, we are dealing with two different hands. As Shaw points out, "This may well be a gloss added by someone other than the scribe."[123] 2. What are the credentials of Henricus Horst? Was this a personal judgment made by one individual or was he voicing a "tradition" concerning the Louvain manuscript? How qualified was Horst to render such an evaluation? 3. How many years or even decades had elapsed between the writing of the *Treatise* and the marginal note? To add even more doubt to the question of the note's validity, as Shaw and Teasdale point out,[124] lines have been drawn through the words, as if to delete them. Kennedy fails to mention this important fact.

Furthermore, Shaw states that even if it could be established that John of Malines did write a commentary on the *De Anima*, "there could hardly be anything significant in that, since almost every theologian and philosopher of the Middle Ages did, at one time or another, write such a commentary."[125] Finally, Shaw maintains that the sentence structure, as well as the use of neo-Platonic terminology indicates "a similarity in style and thought, when a comparison is made between the first three capitula of the *Tractatus De Anima* and the *Summa* itself."[126]

Finally, O. Lottin has discovered that the definitions of the soul contained in the *Treatise* come directly from the *Summa de Creaturis*, pars secunda, de Homine, quaestiones 2-4 of Albertus Magnus. Even more strikingly, fol. 318r. is a literal transcription (with some additions) of Albert's description of *liberum arbitrium* in *Summa*, I, q. 70 (Borgnet, vol. 35, p. 575.). The entire section on synderesis (fol. 319v) is a faithful resumé of Quaestio 71 of Albert's *Summa de Creaturis*.[127]

We have already seen that the first two Books of the *Summa* evidence a striking dependence on Albert's Commentary on the *De Divinis Nominibus* of Pseudo-Dionysius. The First Tractate of Book IV again betrays the same type of literal borrowings from the

Master. The identical *modus operandi* is now evident in the *Treatise,* attesting to the fact that the author of the *Summa* and the *Treatise* is, in fact, one and the same person, namely Ulrich of Strasbourg.

Conclusion

In view of all the above data, we disagree with Daguillon's hesitancy in attributing the *Treatise* to Ulrich and we categorically reject Kennedy's position that John of Malines and not Ulrich of Strasbourg authored the *Tractatus de Homine.* It is our considered judgment that the numerous references in the *Treatise* and in Book IV of the *Summa* constitute incontestable proof for the Ulrichian authorship of the *Treatise.* Shaw's forthcoming text and study should put to rest the problem of the *Treatise's* authenticity, which has vexed scholars for well over a century.

NOTES

1. Daguillon, *op. cit.,* pp. 32*-135*.
2. Heinrich Weisweiler, "Eine neue Ueberlieferung aus der Summa de Bono Ulrichs von Strassburg und andere Handschriften in Innsbruck," *Zeitschrift für katolische Theologie,* (1935), 59, 442-446. Weisweiler writes, "Schon vor einigen Jahren, als ich die Handschriften der Innsbrucker Universitätsbibliothek für die Frühscholastik durcharbeitete, konnte ich Cod. 209 einsehen. Est ist das eine Papierhandschrift des 14./15. Jahrhunderts, die 30x21 cm misst. Schon das Incipit auf fol. 1 liess aufachten. Denn es lautet: *Incipit liber quartus, qui est de deo patre secundum appropriatam sibi rationem primi principii.* Das ist aber nichts anderes als der 4. Buches der Summa de bono Ulrichs von Strassburg." -. 442.
3. Daguillon, *op. cit.,* pp. 34*-35*.
4. Cf. above, note 2.
5. "Les deux premiers Livres de la *Summa de Bono* sont contenus dans onze manuscrits. Neuf de ces manuscrits ont été collationés: P, D, Q, B, E, M, V, L, R (L'examen de ces manuscrits n'a pas seulement porte sur les deux premiers livres . . . de nombreux sondages ont été effectués dans le autres livres . . . qui nous ont amené a des conclusions identiques." — Daguillon, *op. cit.,* p. 129*
6. Fagin, *op. cit.,* p. (6). "Le manuscrit de Dole, apparenté au group E M L. s'est révélé trop defectueux pour être conservé comme temoin utile pour l'édition de la *Summa de Bono.*" — Daguillon, *op. cit.,* p. 139*.
7. "Le groupe de manuscrits representant la meilleure tradition est le groupe P O V. Nous avons conservé les trois manuscrits de ce groupe: Paris, Saint-Omer et Vienne pour notre édition. Dans le second groupe E M L, nous conservons les manuscrits d'Erlangen et de Louvain . . . C'est encore à ce même groupe E M L que se rattache le manuscrit de Rome, que nous conservons aussi

. . . Enfin, le manuscrit de Berlin, qu'on ne peut rattacher à aucun des groupes précités, offre, lui aussi, des variantes interessantes." — Daguillon, *op. cit.,* p. 130*.

8. *Ibid.*
9. *Ibid.,* pp. 36*-44*.
10. *Ibid.,* pp. 48*-53*.
11. *Ibid.,* pp. 76*-81*.
12. *Ibid.,* pp. 92*-94*.
13. *Ibid.,* pp. 53*-57*.
14. *Ibid.,* pp. 64*-68*.
15. *Ibid.,* pp. 83*-92*.
16. *Ibid.,* pp. 32*-135*.
17. Quetif-Echard, *op. cit.,* I, p. 346, col. 2.
18. Grandidier, *op. cit.,* p. 161.
19. Hauréau, *op. cit.,* XXVI, p. 575.
20. Grabmann, *Studien über Ulrich von Strassburg,* II, pp. 318-320; ————, *Mittelalterliches Geistesleben, pp.* 171-173.
21. Delisle, *Inventaire des Manuscrits de la Sorbonne* (Paris, 1870), p. 28.
22. Delisle, *Inventaire des Manuscrits de la Bibliothèque Nationale* (Paris, 1863-1871), p. 28.
23. Paris, Bibliothèque Nationale lat. 15900, first folio (not numbered).
24. *Ibid.,* The notes in Vol. II (B.N. 15901) are almost identical. They read: "Iste liber est pauperum magistrorum et scholarium Colegii Sorbonae, in theologica facultate studentium ex legato magistri Johannis Tinctoris doctoris in theologia Coloniensis, et socii praedictae domus de Sorbona, qui obiit et in suo obitu hoc volumen cum praecedente legavit, anno Domini 1469." The note below it, in modern handwriting follows: "Ce manuscrit sur papier et sur vélin du 15e siecle a été légué (blank) par M. Jean Tinctor, docteur de Cologne, mort en 1469, de (blank). Ce Ms. contient les ouvrages d'Ulric de Strasbourg: 1e sur la théologie 2o sur les vertus intellectuelles."
25. Daguillon, *op. cit.,* p. 130*.
26. Fagin, *The Doctrine of the Divine Ideas* (Ph.D. Thesis), pp. (3)-(4).
27. O'Hara, *op. cit.,* pp. 5-6.
28. Geoghegan, *op. cit.,* pp. 18-19.
29. Looby, *op. cit.,* pp. 50ff.
30. Seleman, *op. cit.,* pp. 16-17.
31. Izzo, *op. cit.,* pp. 15-16.
32. Teasdale, *op. cit.,* p. 18 and note 45.
33. Daguillon, *op. cit.,* p. 42* (B.N. lat. 15901, last folio).
34. *Ibid.,* pp. 42*-43*. "Il rest que nous n'avons à Strasbourg, aucune trace d'un tel manuscrit, et que si à Cologne la *Summa De Bono* se trouve représentée, ce n'est que de façon bien incomplète: dans ce manuscrit 170 qui contient seulement le Livre VI (celui-ci s'achevant sur les mêmes mots que le manuscrit de Paris), et dans les fragments du manuscrit G B 4, 31."
35. Daguillon accepts the validity of the note in Louvain Ms. D. 320 concerning the authorship of the *Treatise on the Soul.* We disagree because we are convinced that B. Shaw's arguments point to Ulrich and not John of Malines as the author. For a further discussion, cf. pp. 73ff. Concerning the existence of

Book VIII (at least through the last chapter of the First Tractate), Daguillon writes: "Dans ces deux textes de Jean de Malines et de Jean de Torquemada, il est réellement question du huitième livre de la *Summa de* Bono, dans lequel Ulrich devait traiter, comme il nous le dit lui-même dans son prologue, de la *Béatitude éternelle*. La référence donnée par Torquemada (cap. ultimo primi tractatus) nous permet de supposer que ce huitième livre se composait au moins de deux traites." — p. 107*.

36. Michelaut et Duchet, *Catalogue de la Bibliothèque de Saint-Omer* (Paris, 1861), p. 69.
37. Daguillon, *op. cit.,* p. 50*.
38. *Ibid.,* pp. 110*, 130*; Geoghehan, *op. cit.,* p. 23.
39. Michelaut et Duchet, *op. cit.,* 83.
40. Cf. below, pp. 73ff.
41. M. Denis, *Codices manuscripti theologici bibliothecae Vindobonensis* latini, 1793, I, col. 1220, CCCXI. This manuscript is also listed more recently in *Tabulae codicum manuscriptorum praeter graecos et orientales in bibliotheca palatina Vindobonensis* (Vienna, 1869), III, Cod. 3501-5000.
42. Cf. below, pp. 73ff.
43. M. Vattasso et Carusi, *Codices Vaticani latini* (Romae, 1914), p. 198.
44. Montfaucon, *Bibliotheca bibliothecarum manuscriptorum nova,* 1739, fol. vol. 1, 101b.
45. Grabmann, *Studien über Ulrich von Strassburg,* p. 318; —————, *Mittelalterliches Geistesleben,* p. 171.
46. Daguillon, *op. cit.,* p. 93*.
47. Eugene Müntz and Paul Fabre, *La Bibliothèque du Vatican au XVᵉ siècle, d'après des documents inédits. Contributions pour servir à l'histoire de l'humanisme.* (Bibliothèque des Écoles françaises d'Athènes et de Rome, fasc. 48) Paris: Thorin, 1887, in 8º, p. 167.
48. Cf. Ms. Vaticanus 1311, Lib. VI, Tr. III, Cap. 17, 12, 22, 23; fols. 173v, 179r, 182v, 183r.
49. Ms. Vaticanus 1311, fol. 215v.
50. "Nous conservons le manuscrit de Rome . . . à cause de ses particularités, corrigeant, en certain points, les leçons des autres manuscrits." — Daguillon, op. cit., pp. 129*-130*.
51. Francis Collingwood, *"Summa De Bono* of Ulrich of Strasbourg: Liber II: Tractatus 2, Cap. I, II, III; Tractatus 3, Cap. I, II" in *Nine Mediaeval Thinkers: A Collection of Hitherto Unedited Texts,* ed. J. Reginald O'Donnell (Toronto: Pontifical Institute of Mediaeval Studies, 1955), p. 294.
52. Valentine Rose, *Die Handschriften-Verzeichnisse der Königlichen Bibliothek zu Berlin, Bd. XIII: Verzeichnis der lateinischen Handschriften.* II Bd, I Abt. Berlin, A. Asher und Cº, 1901, Codices latini electorales, pp. 295-297.
53. Berlin, electoral 446, fol. 283r.
54. Seleman, *op. cit.,* p. 23.
55. Daguillon, *op. cit.,* p. 129*.
56. Izzo, *op. cit.,* p.
57. Johann Irmischer, *Handschriftenkatalog der Königlichen Universitäts-Bibliothek zu Erlangen* (Frankfurt a. M. und Erlangen: Heyder und Zimmer, 1852), p. 179.
58. Grabmann, *Studien,* pp. 171-172.
59. Bauemker, *op. cit.,* p. 44.

60. Teasdale, *op. cit.*, p. 24.
61. Daguillon, *op. cit.*, p. 65*.
62. Irmischer, *op. cit.*, p. 179.
63. Erlangen Ms. 819, fol. 5r.
64. Paris, Ms. 15901, fol. 249r.
65. Erlangen Ms. 819, fol. 254r; Daguillon, *ibid.*
66. Sanderus, *Bibliotheca Belgica, Elenchus cod. Mss. Belg.*, 1641, II, p. 71.
67. Alva y Astorga, *op. cit.*, p. 173.
68. Echard, *op. cit.*, I, 357^2.
69. Fabricius, *op. cit.*, p. 304, col. 1.
70. P. Namur, *Histoire des bibliothèques publiques de la Belgique* (T.I: *Histoire des bibliothèques publiques de Bruxelles. T.II: Histoire de la bibliothèque publique de Louvain*). Bruxelles et Leipzig: C. Muquardt, 1841, 8°.
71. A. Postina, "Kleinere Mitteilungen" in *Römische Quartalschrift für christliche Altertumskunde und zur Kirchengeschichte,* 1905, 88-89.
72. L. Pfleger. *"Hugo von Strassburg und das Compendium theologicae veritatis"* in *Zeitschrift für katolische Theologie,* XXVIII, 1904, 435.
73. M. Grabmann was under the impression that Postina had discovered the Corsendonck manuscript, which Sander had described in 1641. He wrote: "Auf der Löwener Bibliothek hat unlängst der elsassische Gelehrte A. Postina sein Handschrift von Ulrichs Summa entdeckt. Vielleicht ist dieser Löwener Kodex identish mit der Vorhanderns entwähnter Pergament von Ulrichs Summa." — *Studien,* II, p. 319, no. 2.
74. P. Martin, *Revue d'Histoire ecclésiastique,* Jan. 1927, p. 150.
75. Daguillon, *op. cit.*, pp. 83*-85*.
76. *Ibid.*, p. 85*.
77. O'Hara, *op. cit.*, p. 5.
78. Louvain Ms. D. 320, fol. 320r.
79. Daguillon, *op. cit.*, pp. 84*-88*.
80. Unfortunately, Ms. Louvain D. 320 ends with Book IV and the fact that it is now only on microfilm precludes its being seriously considered as a possible basic manuscript for the edition of the *Summa.* All in all, in both Book III and Book IV, we have found it to be an excellent manuscript.
81. Louvain, D. 320, fol. 293vb.
82. *Ibid.*, fol. 295ra.
83. *Ibid.*, fol. 295vb.
84. *Ibid.*, fol. 297ra.
85. *Ibid.*, fol. 297vb.
86. *Ibid.*, fol. 299va.
87. *Ibid.*, fol. 300vb.
88. *Ibid.*, fol. 303rb.
89. *Ibid.*, fol. 304vb.
90. *Ibid.*, fol. 304vb.
91. *Ibid.*, fol. 305rb.
92. *Ibid.*, fol. 306rb.
93. *Ibid.*, fol. 307ra.
94. *Ibid.*, fol. 308rb.
95. *Ibid.*, fol. 309ra.
96. *Ibid.*, fol. 310ra.

97. *Ibid.*, fol. 312ra.
98. *Ibid.*, fol. 312vb.
99. *Ibid.*, fol. 313va.
100. *Ibid.*, fol. 314rb.
101. *Ibid.*, fol. 315va.
102. *Ibid.*, fol. 316ra.
103. *Ibid.*, fol. 317ra.
104. *Ibid.*, fol. 317vb.
105. *Ibid.*, fol. 319va.
106. Joannis Trithemii, *De Scriptoribus Ecclesiasticis* (Coloniae, 1546), p. 200; quoted in Grabmann, *Studien*, p. 158.
107. Louvain Ms. D. 320, Lib. IV, Tr. IV, fol. 293v.
108. Cf. above, p. 66.
109. *Ibid.*
110. Lib. IV, Tr. I, c. 2, p. 164.
111. Cf. above, p. 13.
112. Daguillon refers to this passage as an argument in favor of Ulrich's having written — or at least begun — Book VIII of the *Summa*. To our mind, this reference does not necessarily prove that Ulrich did write the Eighth Book of his opus. The use of the future tense "ut videbitur in VIII° libro" may mean that Ulrich is merely stating that he INTENDS to treat this matter in Book VIII. On the other hand, believing as we do, that Ulrich and not John of Malines, is the author of the *Treatise,* we contend that this reference, along with others, corroborates our position. Ulrich is announcing that he intends to consider the question of the beatitude of man in the last book of his *Summa.* Cf. Daguillon, *op. cit.*, p. 107*.
113. SB, Lib. I, Tr. I, cap. 2, ed. Daguillon, pp. 6-26.
114. B.N. lat. 15901, fol. 67ra.
115. Albert Fries, "Die Abhandlung *De Anima* des Ulrich Engelberti O.P. in *Récherches de Théologie ancienne et médiévale,* 17, 1950 328-331. He writes, "Damit steht also fest, dass Ulrich sein Vorhaben, eine Darlegung über die Seele zu bieten, tatsächlich ausgeführt hat und dass sie uns in der, Löwener Hs erhaltenen Abhandlung vorliegt und dass sie einen Bestandteil seines Werkes *De Summo Bono* bildet."
116. SB, Lib. IV, Tr. IV, cap. 1, ed. Shaw, p. (3).
117. O. Lottin, Review of Daguillon's work in *Récherches de Théologie ancienne et médiévale,* 1930, 224-225, states, "Ce Jean de Malines, aurait-il pu parler de la sorte, et à la première personne?"
118. Bianco, *Die alte Universität Köln,* Band I (Cologne, 1885), pp. 824-825. Cf. "Die theologischen Disputationen und Promotionen an der Universität Köln im ausgehenden 15 Jh." in *Quellen und Forschungen,* 1926, 26.
119. Binz, *Die deutschen Handschriften der öffentlichen Bibliothek der Universität Basel,* Band I, *Die Handschriften der Abteilung A,* p. 206.
120. *Catalogus librorum manuscriptorum in bibliotheca D. Thomae Phillipps,* 1837.
121. The above references cited in Daguillon, *op. cit.*, p. 92*.
122. Leonard Kennedy, "De Homine of Ulrich of Strasbourg" in Mediaeval Studies, XXVII, 1965, 344-347.
123. Shaw, *op. cit.*, p. 12.

124. Shaw, *op. cit.*, p. 15; Teasdale, *op. cit.*, p. 30. The note appears on fol. 293 (Louvain D. 320).
125. Shaw, *op. cit.*, pp. 14-15.
126. *Ibid.*, p. 16. The entire text of the treatise will be ready for the printer next year.
127. "Le début du traité sur les définitions de l'âme est apparenté avec Albert le Grand . . . Nous sommes donc invités à placer l'auteur du traité à l'époque même d'Ulrich. Et pourquoi ne serait ce pas Ulrich lui-même? Nous pensons que l'auteur est du xiiie siècle. Et ne faut-il pas sacrifier cette note marginale du xve siècle (Jean de Malines) et restituer à Ulrich un traité qui d'ailleurs s'impose après le traité des anges?" — Lottin, *op. cit.*, p. 25.
Fries, judgment is as follows: "Zur Abfassungszeit lässt sich sagen, dass die Abhandlung *De Anima* zu jenem Teil des Gesamtwerkes gehört, der sicher nach 1262 geschrieben wurde, dass heisst, zu einer Zeit, da Albert d. Gr. die Leitung der Diozese Regensburg niedergelegt hatte. Denn als 'episcopus quondam Ratisponensis' erscheint Albert *De summo bono* 1.4, tr. 3, c. 9. Durch einen futurischen Hinweis aus diesem Abschnitt auf die Anthropologie wird diese als damals noch ausstehend gekennzeiohnet. Im übrigen liegt sie mit dem ganzen 4. Buch hinter den drei ersten Büchern, aber vor dem 6. und dem 8. Buch, falls dieses letzte (wie auch Buch 7) überhaupt geschrieben worden sind" — *op. cit.*, p. 331.

THE DOCTRINE, SETTING, AND SOURCES OF SUMMA DE BONO, IV, I

A. *General Characterization and Location of The Tractate*

The *Summa de Bono* of Ulrich of Strasbourg has been characterized by Grabmann,[1] Théry,[2] Gilson,[3] and Daguillon[4] as a neo-platonic work which contains in its first two books some very striking mystical notions. The neo-platonism is due to the Pseudo-Dionysian influence which we have noted above,[5] and which Ulrich consciously avows.[6] This fact is further borne out by an examination of the works which our author deliberately chose as the inspiration for his *Summa*. The first two books are patterned, as we have seen,[7] on the *De Divinis Nominibus* of the Pseudo-Areopagite — an undeniably neo-platonic work. The First Tractate of the Fourth Book looks to another neo-platonic source for its inspiration, namely, the *Liber de Causis*.[8] For a long time this latter writing had been attributed to Aristotle, but Thomas Aquinas definitively proved that it was derived from the *Elementatio Theologica* of Proclus, another work in the same neo-platonic tradition.[9]

It is true that Ulrich found his more immediate source in the Albertinian commentaries on the above two works, but the deliberate choice of this strongly neo-platonic material is a definite indication of the direction followed by the author of the *Summa de Bono*. As we shall see, the high priests of neo-platonism, the Pseudo-Dionysius, Proclus, and Avicenna, (the latter of whom Ulrich numbers among the "meliores peripateticorum",[10] account for the unity of his thought.

This decidedly neo-platonic proclivity has prompted Hauck to say, in his *Kirchengeschicte Deutschlands,* that he sees in Ulrich "die Bedeutung für die Entwicklung der Mitteralterlichen Theologie in Deutschland . . . dass mit ihm die Renaissance des Neuplatonismus begann."[11] Baeumker[12] likewise refuses to relegate Ulrich to the role of a mere compiler or encyclopedist of Albertinianism. Rather, he considers him as the direct inspiration of the deeply religious and spiritual doctrine of Dietrich of Fribourg[13] and even of the deep mysticism of Meister Eckhart.[14] In his *Tomizm w Polsce na przelomie XV i XVI wieku,* Konstanty Michalski also points to Ulrich as an exponent and continuator of neo-platonic thought. Michalski establishes the continued influence of neo-platonism through Albertus Magnus in Cologne in the thirteenth century and then, through the works of Dietrich of Fribourg and Berthold of Mosburg down to the fifteenth-century work, *Compendium divinorum* of Heimericus of Campo. Heimericus, who was a friend of Nicolaus of Cusa, also wrote the *Problemata inter Albertum Magnum et sanctum Thomam* (1423) in which he quotes Ulrich of Strasbourg.[15]

In this connection, it is interesting to note that Muller-Thym[16] has shown in his analysis of Eckhart's doctrine that Albert was the founder of the neo-platonic method followed by this German mystic. Muller-Thym's contention is that Eckhart modelled his conception of the relation between God and the world on the Albertinian conception of the relation between the soul and the body.[17] The doctrine that God is to the world as the soul is to the body is already found in the thirteenth century in the *De Universo* and the *De Trinitate* of William of Auvergne. Now Albert certainly could have seen these works of William at Paris, and perhaps they were the primary source of the teaching which was ultimately condemned as the heterodoxy of Meister Eckhart in the fourteenth century. If Baeumker's thesis can be substantiated — and this again depends on the edition of the entire *Summa de Bono* of Ulrich — it may be that Ulrich of Strasbourg was the most immediate source for this heterodox mysticism, which finds its beginnings in the thirteenth century, beyond Albert, in William of Auvergne. This is, however, a doctrinal history that has still to be written.[18]

The neo-platonic character of Ulrich's *Summa de Bono* cannot be questioned. We find in it all the favorite themes of illumination,[19] hierarchical processions,[20] and the identification of the *esse* and *forma*.[21] But every one of these elements, as Gilson[22] points out, is to be found in the writings of Albertus Magnus himself. Now this avowed dependence of Ulrich upon his master creates further complications. For if Albert's most faithful disciple must be characterized as a neo-platonist, precisely what position does the *magister* himself occupy as a philosophical thinker? How can Albert be called, as he has been, by two eminent historians of philosophy, Mandonnet[23] and Van Steenberghen,[24] "a veritable founder of Christian Aristotelianism and of the Aristotelian-Thomistic synthesis"? Ueberweg-Geyer[25] has also said that "Albert was the first to raise aloft the banner of Aristotelianism in the thirteenth century." Evidently we must be dealing with two different Alberts and the apparently irreconcilable position must be explained by a reappraisal of Albertinianism in general. It is well to say that Albert first raised aloft this Aristotelian banner, but as Gilson has nicely observed, "Le drapeau que dresse Albert porte à peu près tous les noms possibles."[26] And Pegis,[27] in his examination of the Albertinian notion of the soul concludes, ". . . when Albert, along with Avicenna admits the doctrine of the plurality of forms, it becomes very much a question whether he understood or accepted the Aristotelian doctrine of the soul as the substantial form of the body."[28]

It would seem, therefore, that the same Albert has given rise to two opposing currents of thought, which find their expression in his two pupils, Thomas Aquinas and Ulrich of Strasbourg. No doubt Albert can be regarded in a way as the immediate inspiration for the Thomistic synthesis, but as Gilson[29] points out, it took a Thomas Aquinas to accomplish this synthesis via a thorough reorganization of Albertinian doctrine. For indeed, the vast Albertinian corpus contained within itself all the material that would lend itself to either a Christian Aristotelianism of Thomas Aquinas or a neo-platonism of Ulrich of Strasbourg (which latter expression, we might point out, was more faithful to Albert's own position). Certainly Thomas Aquinas could never have hoped to accomplish the great work of synthesis that he did, if it were not for the tools placed at his disposal by the master of Cologne.[30] But to accomplish this work, he was forced to eradicate the neo-platonism which formed an integral part of Albert's doctrine. The famous Albertinian definition of the soul is a classic example. Pegis[31] and Gilson[32] both show how Thomas was compelled, on Aristotelian grounds, to abandon this Avicennian doctrine which Albert somehow believed to be truly Aristotelian.[33]

It is interesting to note that the young Aquinas once did agree with his master that the neo-platonism of the Pseudo-Areopagite was a correct interpretation of Aristotle. This is indicated in one of his earliest works, the Commentary on the *Sentences* of Peter Lombard, written between 1254 and 1256. We read here the following strangely "non-Thomistic" observation: "Dionysius fere ubique sequitur Aristotelem ut patet diligenter inspicienti libros, ejus."[34] But with the appearance of the new translation of Proclus' *Elementatio Theologica* by William of Moerbeke, Thomas abandons his former position and writes in his *Quaestio Disputata De Malo* (written about 1268), "Dionysius in plurimis fuit sectator sententiae platonicae."[35] This same translation by Moerbeke enabled him to prove conclusively that the *Liber De Causis* (which Ulrich used so extensively in the First Tractate of the Fourth Book of the *Summa*) and which was generally conceded by all mediaeval thinkers to be a genuine Aristotelian work, was actually derived from the same neo-platonic *Elementatio Theologica* of Proclus.[36] Perhaps a striking symbol of the difference between Aquinas and Albert is borne out by the fact that though Albert well knew of this discovery by his former pupil, he still persisted in quoting Aristotle as the author of the *Liber De Causis*.[37]

The true Albert appears, therefore, to the historian of philosophy as a neo-platonic and Avicennian Aristotelian. Primarily a theologian,[38] he nevertheless rendered his followers a tremendous service in making available to them an inchoate Christian version of the Greek and Arabian philosophical scripts. In his own mind, Albert considered himself to be a faithful Aristotelian, but he spoke in strangely non-Aristotelian terms which traced their origin to the neo-platonism of Proclus and Avicenna.[39] One of his pupils, Thomas Aquinas, clearly saw the concessions which his master had made and, with the insight of a genius, set about to purify this doctrine into an acceptable Christian philosophy in much the same way as he had reconstructed Aristotle himself. The result was the Thomistic synthesis.

The other pupil, Ulrich of Strasbourg, was attracted strongly to the Neo-platonism which had so won over his master. In that sense, he may well be characterized as the "faithful disciple" of Albertus Magnus.

*   *   *   *   *   *

The First Tractate of the Fourth Book of the *Summa de Bono* of Ulrich of Strasbourg is, as we have pointed out above,[40] a veritable compendium of metaphysics, cosmogony, and a theory of knowledge and the intellect. Standing as it does, about midway in the *Summa,* it serves as a sort of transition from the various theological doctrines which Ulrich had been considering in the preceding books, to those of a more specifically philosophical nature. This tractate will introduce a lengthy discussion of over seven hundred pages, devoted to a consideration of such metaphysical notions as substance and accident,[41] matter and form,[42] potency and act[43] and finally a detailed commentary on each one of the Aristotelian categories.[44] A brief summary or compendium of Ulrich's main philosophical positions is therefore quite necessary at this point, in order to introduce the reader to the setting of Ulrich's thought.

After the study of the Trinity,[45] Ulrich begins his philosophical inquiry with an examination of the notion of the First Principle: "Primus tractatus est de conditionibus hujus (primi) principii et de primo et proprio opere ejus quod est creare."[46] It is this fundamental conception of the First Principle which gives unity to the subsequent metaphysical, psychological and cosmogonic developments contained in the First Tractate of the Fourth Book.

The entire treatise, as we shall have occasion to point out, is a rather curious mixture of Aristotelianism and Pseudo-Dionysian and Avicennian neo-platonism. If we were to judge merely from the number of citations which Ulrich gives in support of his various points of doctrine, we should be tempted to say peremptorily that Aristotle is the philosopher par excellence whom Ulrich professes to follow. He quotes accurately and profusely from a great number of Aristotelian works, as for example, the *Physics,*[47] *Metaphysics,*[48] *De Anima,*[49] *Posterior Analytics,*[50] *De Coelo et Mundo,*[51] *Ethics,*[52] *De Generatione et Corruptione,*[53] *Politics*[54] and even from the *De Animalibus.*[55] He likewise attributes to Aristotle such works as Cicero's *De Natura Deorum*[56] and the pseudo-aristotelian *De-Proprietatibus Elementorum*[57] and *Epistola de Principio Universi.*[58] His obvious sources for the mistaken authorship of the *De Natura Deorum* is, as we have seen,[59] Albert's Commentary on the Aristotelian *Physics.*

The immediate source for the other two works is not known, although Albert does refer in his *Summa Theologiae* to ". . . Aristotelis in quadam Epistola quam fecit de principio universi esse."[60]

In spite of this seemingly faithful verbal adherence to the "Philosophus" and an almost deliberate effort to render a doctrine compatible with the teaching of the Stagirite, a careful doctrinal analysis of the First Tractate of the Fourth Book admits of only one possible conclusion: the orientation of Ulrich's thought in this particular treatise is indubitably neo-platonic. Such strikingly Avicennian and Dionysian terminology as the *esse in effectu*,[61] the *possibilis esse*,[62] *prima forma rei est esse*,[63] the light similes comparing the universally agent intellect of the First Principle to a single point of illumination, from which radiate all the beings of the universe like so many rays of light;[64] the processions of all things from the First Principle as "a primo fonte,"[65] and the descriptions of the hierarchical order of things in the universe,[66] — all these traits unmistakably point to the neo-platonic character of Ulrich's thought. Though Aristotle would seem to be his teacher and model (Ulrich quotes him more frequently than he does any other authority), yet it is the neo-platonism of the Pseudo-Dionysius, Proclus and Avicenna which in the end triumphs as the definitive Ulrichian doctrine.

Perhaps this particular orientation was inevitable if we recall that Ulrich's immediate source for the greater portion of the First Tractate of the Fourth Book was the Albertinian *Liber de Causis et Processu Universitatis*.[67] That Albert believed this to be a genuinely Aristotelian work, we are definitely sure; we have even noticed his seeming obstinacy in quoting it as a work of the "Philosopher" after Thomas Aquinas had proved conclusively that its origins stemmed from the neo-platonic composition of Proclus' *Elementatio Theologica*.[68] And yet it is a significant fact that although Ulrich quotes the *Liber de Causis*,[69] he does not attribute it to Aristotle. He merely says "ut dicitur in Libro de Causis."[70] This is all the more striking when we recall that he has always been most anxious to identify the authority of the Stagirite's name with every one of his genuine (and even spurious) works which he quotes. Whether Ulrich therefore believed that he was rendering a faithful form of Aristotelian doctrine, or that perhaps Albertus had purified his own *Liber de Causis et Processu Universitatis* of the neo-platonic elements which formed the basic structure of the anonymous *Liber de Causis,* is a point of conjecture. The fact remains that the First Tractate of the Fourth Book of the *Summa de Bono* must be regarded as a typical example of thirteenth century neo-platonism, which persistently quotes Aristotle as its authority for what turns out to be distinctly anti-aristotelian doctrine.

We must now try to make the above general characterizations

93

more explicit by a systematic examination of the chief philosophical questions which Ulrich considers in this portion of the *Summa*. The discussions will comprise five broad divisions. First, we shall consider the metaphysics of the First Principle, which will include an examination of the necessity of such a principle from the four-fold notion of causality,[71] the relation of the *quod est* and the *esse* in reference to the First Cause and the caused,[72] and finally the properties which are exclusive to the *Primum Principium* alone.[73] Our second division will be an examination of the Ulrichian psychology of knowing,[74] the use of light similes in his description of the human and divine modes of cognizing.[75] The third section will be a study of the characteristically neo-platonic doctrine of procession of all things from the First Principle,[76] which Ulrich calls the *dator formarum* in true neo-platonic tradition,[77] the fluxus of all forms from this primary source,[78] and finally, the enumeration of the tenfold hierarchical division which cuts across all reality, beginning with the universally agent First Principle, the intelligences and the soul, of the heavens and ending with fortune and chance.[79] Fourthly, we shall consider the main points of Ulrich's cosmogony and cosmology, the refutation of the peripatetic arguments for the eternity of the world,[80] of motion,[81] and of time,[82] and the true Christian conception of a *creatio ex nihilo*.[83] The fifth section will be a conclusion in the nature of an evaluation of Ulrich's doctrine contained in the First Tractate of the Fourth Book, his good and bad relations to Platonism and the influence which this thirteenth century Dominican had in the continuation of neo-platonism among such German mystics as Dietrich of Fribourg and Meister Eckhart.

II A

1. Grabmann, "Studien" in *Zeitschrift*, 82-107; —————, "Studien" in *Mittelalterliches Geistesleben*, p. 189; —————, *Abhandlung De Pulchro*, p. 27, "Seine neuplatonische Einstellung bringt unser Scholastiker am Schlusse des Prologus wo er seinen innigen Anschluss an dem Pseudo-Areopagiten programmatisch kundgibt, deutlich zum Ausdruck."
2. Théry, *op. cit.*, pp. 376 ff.
3. "On retrouve ici le mélange de tous les thèmes néoplatoniciens s'appelant une fois de plus les uns les autres; procession hiérachique universelle par mode de connaissance, illumination, identification de l'être et de la forme." — Etienne Gilson, *La Philosophie au Moyen Age*, pp. 518-519.
4. "Il tient cette orientation néo-platonicienne qui caracterise *la Summa de Bono*. Du néo-platonisme il utilise et commente tout le matériel doctrinal, depuis le

Liber de Causis jusqu'à la *Metaphysique* d'Avicenne.' — Daguillon, *op. cit.*, Introd. p. 30*.

5. Cf. above, Part I, Sec. C, pp. 40ff.
6. *Summa,* Lib. I, Tr. I, Prol. ed. Daguillon, p. 5, "Aliorum autem sententias sequamur quantum fides vel ratio expostulat et ideo verbis eorum librum hunc diffundamus nec discussionibus opiniorum sed magnum ducem divinum Dionysium imitabimur qui dicit in epistola ad Polycarpum; sufficere arbitror . . ."
7. Cf. above, Part I, Sec. C, pp. 40ff.
8. *Ibid.* Cf. Grabmann, "Studien" in *Mittelalterliches Geistesleben,* p. 202; R. Klibansky, *The Continuity of the Platonic Tradition During the Middle Ages* (London, 1939), pp. 17-18.
9. For a scholarly exposition of the historical and doctrinal aspects of the *Liber de Causis,* cf. H. D. Saffrey, *Sancti Thomae Aquinatis Super Librum De Causis Expositio,* Fribourg: Societé Philosophique; Louvain: E. Nauwelaerts, 1954) Prooemium, Introduction: Partie historique et doctrinale, pp. XV-LXXIII.
   Saffrey writes, "Saint Thomas trouva pourtant la clé du mystère. Ce ne fut par hassard, ce fut le fruit mûr d'une vie tout entièr consacrée à la recherche de la verité. Il se mit à l'étude ardue de l'un des textes les plus difficiles qu'il dû rencontrer tout au long de sa carrière, l'*Elementatio theologica* de Proclus dans la traduction de Guillaume Moerbeke." — p. xxiv.
   In the Prooemium, St. Thomas himself writes, "Et in graeco quidem invenitur sic traditus liber PROCLI PLATONICI, continens ccxi propositiones, qui intitulatur *Elementatio theologica;* in arabico vero invenitur hic liber qui apud Latinos *De causis* dicitur, quem constat de arabico esse translatum et in graeco penitus non haberi; unde videtur ab aliquo philosophorum arabum ex praedicto libro PROCLI excerptus, praesertim quia omnia quae in hoc libro continentur, multo plenius et diffusius continentur in illo." — p. 3.
10. *Summa,* Lib. IV, Tr. I, c. 4, p. 185: "Propter quod etiam Avicenna et alii meliores Peripateticorum dicunt primum esse largissimum secundum illam speciem largitatis quae est magnificentia, quia semper fluit optimis et non deficit eo quod sibi sufficit in omnbus aliis."
11. Hauck, *op. cit.,* pp. 253-259, esp. p. 256.
12. Baeumker, *op. cit.,* pp. 21-26, 44, 48-50.
13. *Ibid.,* pp. 27 ff. "It would seem that Albert's German disciples, Hugh of Strassburg, Ulrich of Strassburg, John of Freiburg, John of Lichtenberg and Giles of Lessines, were more impressed with Albert's Platonism than with his solid Aristotelianism. Their attitudes were transmitted through Theodoric of Freiburg and Berthold of Mosburg to Meister Eckhart and other fourteenth century mystics, especially John Tauler, Henry Suso and Jan van Ruysbroeck" — James Weisheipl, *Friar Thomas D'Aquino* (New York, Doubleday and Co., 1974), p. 43. Cf. Frederick Roensch, *Early Thomistic School* (Dubuque: The Priory Press, 1964), p. 2.
14. ". . . dass Ulrichs Geistesrichtung eine Fortsetzung bei seinem in Süddeutschland wirkenden Ordensgenossen Dietrich von Freiburg findet und nioht minder stark in den zuerst von Denifle angezogenen scholastischen Schriften Meister Eckhart zu tage tritt." — Grabmann, *Abhandlung De Pulchro,* p. 27.
15. Konstanty Michalski, *Tomizm w Polsce na przelomie XI i XVI Wieku.* La philosophie thomistique en Pologne à la fin du XVe et au commencement du XVIe siècle in *Bulletin international* de l'Academie des sciences de Cracovie,

classe de Philosophie, classe d'histoire de philosophie. Nos 1-7, janvier-juillet 1916. (Cracovie: Imprimerie de l'Université, 1917), pp. 64-72. In this connection, Daguillon writes, "Quoi d'étonnant si les oeuvres d'Ulrich certainement conservées à Cologne — où on en trouve trace aujourd'hui — parvinrent jusqu'en Pologne." — p. 97* note 2.

16. B. Muller-Thym, *The Establishment of the University of Being in the Doctrine of Meister Eckhart of Hochheim* (New York, London), 1939.

17. "We can see with what relentlessness Eckhart made his theory of the university of being conform to the Albertinian model of the nature of the soul." — *Ibid.*, pp. 108-109.

18. Grabmann, *Abhandlung De Pulchro*, p. 27.

19. *Summa*, Lib. IV, Tr. I, c. 2-3, pp. 161ff.

20. *Summa*, Lib. IV, Tr. I, c. 5, pp. 190ff.

21. *Summa*, Lib. IV, Tr. I, c. 1, pp. 145ff; Tr. II, c. 1, fol. 204r; cf. Grabmann, "Studien" in *Mittelalterliches Geistesleben*, p. 203; Gilson, *La Philosophie au Moyen Age*, pp. 518-1519.

22. "Il n'est pas un de ces thèmes dont on ne retrouverait l'equivalent chez Albert le Grand." — Gilson, *op. cit.*, p. 519.

23. P. Mandonnet, *Siger de Brabant et l'averroisme latin au XIIIe siècle*. (Louvain, 1911), p. 116. "Mandonnet and other Dominicans . . . endeavoured to show that Albert was also the first consistent Aristotelian, not only the master of Thomas, but the co-creator with him of what was somewhat ponderously called the Albertino-Thomist synthesis. This, it has been said with justice, is to give Albert both more and less than his due." — David Knowles, *The Evolution of Medieval Thought* (New York: Random House, 1962), Vintage Book, p. 252.

24. F. Van Steenberghen, *Siger dans l'histoire de l'aristotélisme* (Louvain, 1942), Vol. II, p. 478.

25. Ueberweg-Geyer, *Grundriss der Geschichte der Philosophie*, Vol. II, *Die Patristische und Scholastische Zeit* (Berlin, 1928), p. 409. "Der Kölner Dominikaner erscheint in seinen philosophischen Schriften als erste hochragende Bannertrager des Aristotelismus in dreizehnten Jahrhundert. Mit ihm beginnt im christlichen Abendland die energische Vertiefung in die gesamte Philosophie des Stagiriten." — *ibid.*

26. Gilson, *op. cit.*, p. 515.

27. Anton Pegis, *Saint Thomas and the Problem of the Soul in the Thirteenth Century* (Toronto: Pontifical Institute of Mediaeval Studies, 1934), esp. "Saint Albert the Great and the Problem of the Soul as Form and Substance," pp. 77-120.

28. *Ibid.*, p. 120.

29. "On peut à bon droit soutenir que le thomisme y était préforme parmi les autres, mais, pour s'en apercevoir, il fallait être Saint Thomas d'Aquin. — Gilson, *op. cit.*, cf. ──────, "Pourquois Saint Thomas a critiqué Saint Augustin" in *Archives d'Histoire Doctrinale et Littéraire du Moyen Age* (Paris, J. Vrin, 1926-1927), I, esp. p. 121; A. Forest, *La Structure Metaphysique du Concret Selon Saint Thomas d'Aquin* (Paris, 1931), esp. "L'influence d'Albert Le Grand", pp. 199-205.

30. "Car il est vrai l'oeuvre d'Albert le Grand a préparé celle de Saint Thomas . . . Sans le formidable et fecond labeur de son maître, le lucide ordinnateurd'

idées que fut le disciple aurait du consacrer à son tour la plus grande partie de ses efforts à les rechercher." — Gilson, *op. cit.,* p. 503.

31. "There is a much more serious objection, however, to St. Albert's doctrine. In fact, to think of the soul as present only in the heart *secundum suam essentiam* is, according to St. Thomas, to think of the soul as occupying the body spatially, as if it were only the *motor* and not the *forma* of the body." — Pegis, *op. cit.,* pp. 143-144. "(While) . . . Albert was basically an Aristotelian in philosophy . . . he did not accept all the statements he himself made in his commentaries on Aristotle . . . in his theology, Albert had no hesitation in accepting many Platonic views expressed in Augustine, Pseudo-Dionysius, Avicenna and the *Liber de Causis.* In particular, it was the reputed antiquity of Pseudo-Dionysius that carried most weight." — Weisheipl, *op. cit.,* pp. 41-43.

32. "Ici encore la formule atteint directement Albert, et l'opposition ne fait que s'accuser lorsque Saint Thomas, suivant logiquement la route même de son adversaire, attague dans le même article ceux qui 'dicere voluerunt quod intellectus unitur corpori ut motor' . . . Bref, après plus encore qu'avant la *Somme Theologique* de son ancien élève, Saint Albert le Grand conserve et defend, sous les couleurs d'Aristote, le platonisme et l'avicennisme que Saint Thomas s'efforcait d'eliminer." — E. Gilson, "L'Âme Raisonnable Chez Albert le Grand" in *Archives d'Histoire Doctrinale et Littéraire du Moyen Age,* (18), 1943, pp. 28, 32.

33. "Albert le Grand n'a jamais été thomiste, ni avant, ni pendant, ni après Saint Thomas d'Aquin, dont la vie tient a l'intérieur des limites de la sienne; il ne l'a jamais été notamment, sur le point precis de la definition de l'ame et de la formation de notre connaissance." — Gilson, *Pourquois Saint Thomas a Critiqué Saint Augustin,* p. 121.

34. Thomas Aquinas, St., *Scriptum Super Libros Sententiarum,* Lib. II, Dist. 14, q. 1, a. 2.

35. Thomas Aquinas, St., *Quaestio Disputata de Malo,* q. 16, a. 1, ad 3.

36. Thomas Aquinas, St., *Expositio Super Librum De Causis,* lect. 1. Text quoted above, Part II, Sec. A, note 9.

37. Albert, St., *In I Summa Theologiae,* Tr. IV, q. 19, membr. 3, ed. Borgnet (Paris, 1895), vol. 31, p. 130, "Et hoc est quod dicit PHILOSOPHUS in *Libro De Causis,* quarta propositione, quod 'prima rerum creatarum est esse, et non est ante ipsum creatum aliud."; Tr. IV, q. 20, membr. 2, vol. 31, p. 137, ". . . quod est contra PHILOSOPHUM in *Libro De Causis,* propositione decima nona." Cf. Tr. IV, q. 23, membr. 1, a. 1, p. 163; q. 26, membr. 1, a. 2, partic. 2, p. 238; a. 3, partic. 2, p. 251.

38. "Il est significatif qu'Albert ne se sente personnellement engagé sur les thèses qu'il a soutenues *in theologicis* . . . Du commencement à la fin de sa carrière, Albert n'a cessé de placer la théologie au premier plan de ses préoccupations intellectuelles. Son oeuvre est avant tout telle d'un theologien" — Gilson, *L'Ame Raisonnable Chez Albert le Grand,* p. 59.

39. "Namentlich hatte er, wie dies auch bei Thomas in seinen jüngeren Jahren sich zeigt, grosse Vorliebe für Avicenna . . . Sein noch ungedruckter Kommentar zu *De Divinis Nominibus* wie auch sein Kommentar zum *Liber de Causis* lassen uns diese neuplatonische Richtung noch deutlicher erscheinen. Neuplatonische Gedanken flossen Albert aus dem von ihm kommentierten pseudo-areopagitischen

Schriftenkreis, aus dem *Liber de Causis,* später von 1268 ab, auch aus der von Wilhelm von Moerbeke übersetzen Στοιχείωσις θεολογική des Proclus aus der arabischen Philosophie, vor allem Avicenna zu." — Martin Grabmann, *Der Einfluss Alberts des Grossen auf des Mittelalterliches Geistesleben* (Innsbruck, 1928), p. 21. Cf. Gilson, *La Philosophie au Moyen Age,* pp. 515-516. "From all these writers (Albert) gathered material for his vast encylopedia of knowledge without, however, fully harmonizing and unifying his different sources. Aristotle holds the first place in his estimation, but he generally saw Aristotle through the eyes of Avicenna and Averroes. The result was a genial, if not always coherent, synthesis of Aristotelianism and Neo-Platonism." — Armand Maurer, *Medieval Philosophy* (New York: Random House, 1962), pp. 155-156.

40. Cf. above, Introd. Part I, Sec. D, p. 49.

41. *Summa de Bono,* Lib. IV, Tr. II, fol. 205r; 252c ff.

42. *Ibid.,* fol. 207r. - 222v.

43. *Ibid.,* fol. 239r - 241v.

44. *Ibid.,* fol. 252v - 271v.

45. *Ibid.,* Tract, I-V; B.M. lat. 15900 fol. 122r-188v. Concerning the forthcoming edition of this section, cf. above Part I, Sec. C, pp. 37-38 and notes 28-33.

46. *Summa de Bono,* IV, i, p. 1. Unless otherwise indicated, references to the *Summa de Bono* will be to the First Tractate of the Fourth Book. To obviate unnecessary repetitions, the Book will be designated by the Roman capital numeral (e.g., IV), the Tractate by the small Roman number, e.g., i), and the Capitulum by the arabic (e.g., 2). Thus, IV, i, 8 = Book IV, Tractate I, Capitulum 8.

47. *Summa de Bono,* IV, i, 8, p. 224, line 17; p. 227, line 17; p. 230, line 19; p. 237, line 3.

48. IV, i, 2, p. 165, line 13; p. 167, line 8; p. 169, line 5, to cite only a few *loca.*

49. IV, i, 2, p. 164, lines 7, 13; p. 166, line 5; IV, i, 3, p. 179, line 16; p. 180, line 15.

50. IV, i, 2, p. 162, line 2.

51. IV, i, 8, p. 229, line 2; p. 230, line 21.

52. IV, i, 3, p. 174, line 12; IV, i, 7, p. 206, line 7.

53. IV, i, 1, p. 159, line 3.

54. IV, i, 6, p. 203, line 15; p. 204, line 2.

55. IV, i, 7, p. 220, line 20.

56. IV, i, 7, p. 209, line 18; IV, i, 8, p. 221, line 4; p. 226, line 13.

57. IV, i, 8, p. 229, line 10; cf. G. Lacombe, *Aristoteles Latinus* Praefatio; Aristoteles Pseudepigraphus (Roma, 1939), pp. 91-92.

58. *Summa de Bono,* IV, i, 8, p. 226, line 14.

59. Cf. above, Introd., Part I, Sec. C, p. 59, note 60.

60. Albert, St., *In I Summae Theologiae,* Tr. III, q. 18, membr. 1, ed. Borgnet, vol. 31, p. 120; cf. Tr. IV, q. 19, membr. 3, p. 130, ". . . trahuntur ab Aristotele in quadam epistola de principio universi esse."

61. *Summa de Bono,* IV, i, 1, p. 153, "Ex hoc enim . . ."

62. *Ibid.*

63. Iv, i, 3, p. 181, "Scientia illius . . ."

64. IV, i, 5, p. 197, "Et sicut . . ."

65. IV, i, 5, p. 191, "Fluxus autem est . . ."

66. IV, i, 6, p. 204, "Secundum rationem vere . . ."

67. Cf. above, Part I, Sec. C, pp. 40ff.
68. Cf. above, Part II, Sec. A, p. 88.
69. *Summa de Bono,* IV, i, 7, p. 217, ". . . sic dicitur in *Libro de Causis*"; IV, i, 8, p. 230.
70. *Ibid.,* "Non potest tantum . . ."
71. IV, i, 1, pp. 147-150.
72. IV, i, 1, pp. 152-154.
73. IV, i, 1, pp. 154-160; IV, i, 4, pp. 183-189.
74. IV, i, 2-3, pp. 161-182.
75. IV, i, 3, p. 177, "Sicut etiam multa . . ."; 181, "Sed cum . . ."
76. IV, i, 5-6, pp. 190-205.
77. IV, i, 5, p. 190, "Fons autem hujus . . ."
78. IV, i, 5, pp. 190-200.
79. IV, i, 6, pp. 201-205.
80. IV, i, 8, pp. 229ff.
81. IV, i, 8, pp. 233ff.
82. IV, i, 8, pp. 229ff.
83. IV, i, pp. 206-222; IV, i, 8, pp. 223ff.

B. *The Metaphysics of the First Principle*

In the metaphysical section of the First Tractate of the Fourth Book of his *Summa de Bono,* Ulrich undertakes to prove first the necessity and primacy of the First Principle. Secondly, because the Uncaused Cause is prime, He must necessarily be free. Thirdly, because He is a free agent, He must have a will. Our analysis of the First Principle will therefore follow the general outline set down by the author of the *Summa de Bono.*

Ulrich begins his metaphysical treatise with a consideration of the absolute necessity of a First Principle because in any series of caused causes, a *regressus ad infinitum* is impossible. His proof is modelled upon the second chapter of the Second Book of the Aristotelian *Metaphysics,* where the Stagirite points out that "evidently there is a First Principle and the causes of things are neither an infinite series nor infinitely various in kind."[1]

In any examination of the First Principle as a necessary being, Ulrich contends that we must arrive at a notion of the cause and the caused, of which the cause will be prior and the caused will be subsequent, or posterior. Such an examination cannot proceed *ad infinitum,* and, because an infinite regress in the order of caused causes is impossible, we must necessarily arrive at a first uncaused cause and an ultimate caused cause.[2] Otherwise, if the caused causes

99

were infinite in respect to their beginning and end, it would follow that what is infinite in respect to its beginning and end, and thus without a beginning and end, would, being composite, necessarily have to resolve itself into a beginning prior to it and an end subsequent to it. Since this cannot happen according to the supposition of an infinite regress, there must be a first efficient uncaused cause and a final caused cause.[3]

A similar consideration from the standpoint of formal causality reveals that there must be a first moving agent and something which is formed.[4] Viewed from the standpoint of finality, there must be an ultimate end which itself refers to nothing beyond it and to which all other ends are directed. The same applies to that which, from the standpoint of material causality, is the subject of all enmattered things, namely matter itself.[5]

Having disengaged the notion of a First Principle, Ulrich then proceeds to examine how the First Principle is a principle. Now a principle may be understood either a) as a beginning of a thing, so that it is actually a part of this thing, and thus it cannot be properly called its cause, or b) it can be a principle in the sense that it is the source or cause of something else caused. The First Principle can be correctly understood only in the latter sense, i.e., as the source or cause of its effects.[6] Such a cause, which is strictly termed a principle, cannot have a cause in respect either to its *esse* of its *id quod est*.

Ulrich immediately rules out the claims of either form or matter to the prerogative of acting in the role of a principle. Although some philosophers do hold that form does not have any cause with respect to its *id quod est*, they nevertheless concede that with regard to its *esse in effectu*, form must have an efficient cause; and according as it is grounded in *esse*, it has a cause, namely, matter. Matter likewise needs an efficient cause for, although some thinkers hold that matter has no cause when viewed from the standpoint of its *id quod est*, they admit that in order to exist "in effectu", it must have a form as its cause, in order to be actualized (ut fiat in effectu), it needs an efficient cause, and in order to be moved to the *esse*, it has need of a final cause.[7]

The First Principle alone is therefore a true cause because He is dependent on no other cause. He is an efficient cause in the sense that He is separate from and depends on nothing else whereas everything else depends on Him, in the same way that an artisan is distinct from his works which must all look to him for their very existence. The First Principle is also the final cause of all things because it is for His sake that all things act and are moved; He is thus the ultimate end of all things.[8]

But the First Principle cannot be said to be a formal cause which would be distinct from the other causes because He would then be a form caused by the efficient cause and grounded in matter. This is naturally repugnant to the notion of the First Principle who is an uncaused cause.[9] Rather, He is a form in the sense that the *primum efficiens,* in order that He might be *efficiens,* must act through His form in the same manner that the final end could not be desired unless it itself were a form. Consequently, there can be no separation between the *ratio* of formal causality and that of final or efficient causality.[10]

The First Principle is called "first," i.e., that to which there is nothing prior, not because there is no order present in relation to something else, but because there is a total absence of order. This is so because the First Principle has nothing antecedent to Himself in respect to His own *esse,* either privatively — because He does not proceed from a privation of His *esse* — or negatively, because His *esse* can never be denied, or potentially — because His *esse* cannot be resolved in something prior to Himself.[11]

If we did affirm the existence of an order, then the First Principle would be preceded by nothing and would necessarily have to proceed from it. But this, Ulrich reminds us, is impossible because everything that comes from nothing in respect to its *esse* must depend on another cause, since of itself it is non-being.[12] If a being could in some way arise from itself, it would necessarily be according to an "esse in potentia", which potency would have to be rooted in something prior to itself. And because there is nothing prior to the First Principle, this potency would have to be grounded in nothing. But obviously this is false, for nothing can be the cause of nothing as Aristotle[13] points out, and for this reason the First Principle would have to have His *esse* from another cause, in which case the First Principle could not be first.[14] There can therefore be no order affirmed in respect to the First Principle because all beings are reduced to Him with regard to their *esse,* and He alone has nothing prior to Himself.[15]

Following the classical text of Boethius,[16] Ulrich identifies the *quod est* and the *esse* in the First Principle alone; in all other beings, these two are separate and distinct. Because the First Principle has nothing prior to Himself either by way of negation, privation or potentiality, His *esse* cannot be from another but must be identical with its *quod est*.[17] And because each thing has its *id quod est* from itself, and this applies in a preeminent way to the First Principle, the *Primum* cannot be reduced to another either in respect to His *id quod est* or His *esse*.

All things below the First Principle have their *id quod est* from themselves, just as negation has its cause in the affirmation. Thus, when we say "man is not an ass," the reason for this statement is that man is man. This is true whether man exists or not because the statement concerns the *id quod est,* which is referred to itself and not through something else supervenient upon it. Ulrich therefore concludes that every *id quod est* has its *quod est* from itself, but its *esse* must be derived from another.[18]

Every being, therefore, which has its *esse* from another is a possible, i.e., to be or not to be. Such an *esse* will differ from the *id quod est* and will not be substantial to it in the way that the *esse* of the First Principle is identical with His *quod est*. Rather, it will come to it accidently, i.e., from another,[19] and thus become an *esse in effectu*. Because every accidental being is in the last analysis reducible to an essential being, each thing with regard to its *esse* is reducible to the First Principle as to its cause. The First Principle alone is therefore a simple and necessary being and in no way can be considered to be possible. All other contingent and possible beings depend upon Him for their very existence. Without Him, they would be nothing.[20]

The terminology which Ulrich employs in his description of the relation of the *id quod est* and the *esse* in both the First Principle and the created beings is another indication of the strong Avicennian influence which we have previously noted in his *Summa de Bono*. The characterization of an actual being as an *esse in effectu* is a distinctly Avicennian term, which is used in contradistinction to the *possibile esse*.[21] Although Ulrich uses the term *esse in effectu* a number of times, it does not seem that he subscribes to its necessary correlative, i.e., the *possibile esse*. Where he uses the term, he seems to indicate rather the contingent character of a caused being in distinction to the necessary being of the First Principle. For Avicenna, on the other hand, the *possibile esse* is a *possibile per se* and a *necesse esse per aliud,* so much so that at some time or other it must be actualized and thus become an *esse in effectu,* otherwise it would be an *impossibile esse*.[23] Hence the presence of such Avicennian possibles is a sort of anomaly confronting the creative activity of the First Principle. He is faced with these possibles and is forced, as it were, to give them actual existence, i.e., the *esse in effectu*. Such a doctrine obviously involves a certain demeaning of the liberty of the First Principle.[24] The Christian conception, on the other hand, subscribes to a completely free act of creation on the part of God. There are no Avicennian possibles making mandatory their actualization by the First Principle. Ulrich seems to have suppressed the necessitarian background of Avicenna's doctrine of the possibles and thus formulated a theory which is compatible with the Christian conception of creation. He was well aware that the neo-platonism of Avicenna on this particular point was absolutely irreconcilable with the freedom of the Christian God and hence made his choice in favor of a First Principle who would enjoy all the prerogatives of a free Creator.[25] In spite of these doctrinal changes, Ulrich nevertheless betrays the influence of the Avicennianism which he inherited from St. Albert's Commentary on the *Liber de Causis*.[26]

Continuing his examination of the metaphysic of the First Principle, Ulrich finds that the Uncaused Cause must be absolutely simple because if He were composite, He would necessarily have component parts prior to Himself on which He would then depend. And if one of these parts were lacking, then the composite could not possibly exist. The First Principle is therefore absolutely simple.[27]

Further, He alone is necessary by a real necessity because He has neither an extrinsic dependence, since He depends on no cause external to Himself; nor is He intrinsically dependent, for He is contingent upon no part of a composite. Because He is a necessary Principle, He must therefore be and cannot possibly not be. In other words, there is no possibility towards non-existence in the First Principle. He necessarily exists and so necessary is His existence that if we should posit His non-existence, all other beings would *ipso facto* be annihilated because they derive their very *esse* from the First Principle as from their source.[28]

Ulrich next posits a number of properties which are peculiar to the First Principle alone. We shall enumerate them briefly.

The First Principle can neither be matter nor form. He cannot be matter because anything material depends on form for its actuality. But the First Principle depends on nothing. He is therefore immaterial because He is immobile, and consequently indivisible and without extension. Now everything that lacks extension is immaterial.[29] Neither can He be a form because a form can exercise its *esse in effectu* only by being grounded in matter which serves as its *fundamentum*.[30] But the necessary being depends on nothing and hence is neither matter nor form.[31]

The First Being is neither a body nor a magnitude. He is consequently indivisible because, according to Aristotle,[32] every body and magnitude is divisible into parts of its quantity, which parts are either actually or *in intellectu* prior to it and on which the magnitude depends. If this is so, then if the parts did not exist, the magnitude cannot exist either. But the First Principle exists necessarily.[33]

The Necessary Being can neither be an accident nor a corporeal power. He cannot be the former because an accident depends upon its subject for existence. He cannot be a corporeal power or faculty like sight or hearing because these depend on the body for their operation. If the body becomes debilitated or even suffers corruption and annihilation, the faculty likewise experiences the same fate. But the First Principle depends on nothing.[34]

The First Principle depends on nothing else for His existence. Rather, all things depend on Him, since He is the first absolutely.[35] He does not depend upon any other being in the way that all others depend on Him because the real relation existing between the necessary and contingent beings demands motion and consequently change in those beings which are acted upon when they receive their *esse*. But the First Principle is immovable and unchangeable.[36]

Goodness, wisdom and the like are not something added to the Necessary Being, for an addition implies an effect either by the Principle Himself or by some extrinsic agent. But the Principle cannot be both agent and patient because these are found only in composite beings. Neither can it be due to an extrinsic cause because then the Uncaused Cause would be dependent upon some other cause.[37]

The First Principle is immovable and unchangeable, as we have pointed out above,[38] because He is not a body and also because a change in respect to form would imply the coming into being of a new form and thus of something which is not the First Principle itself.[39]

The First Principle who cannot be an accident is likewise above the genus of substance[40] and hence cannot be defined, because all definition is by way of genus and specific difference or by way of act and potency.[41]

Lastly, all things necessarily derive from the First Principle because every being below the Necessary Being must be from another. Hence every created contingent being comes from the first Necessary Being.[42]

Having established the primacy and necessity of the First Principle, Ulrich next proceeds to prove that He is eminently free and therefore possesses a will. The First Principle is free because He enjoys a four-fold freedom from obligation, coaction, inevitability and necessity.[43] He is free from the obligation which is imposed by matter on a human being who must necessarily eat, sleep and the like. But the First Principle is immaterial and therefore free from this obligation.[44] He is free from coaction which is due to the efficient cause. For example, a man who is chained cannot walk. But the First Principle cannot be acted upon by any external agent and hence retains His freedom in this respect.[45]

He is also free from inevitability which is due to the formal cause, as for example a man necessarily performs human actions because of the form of humanity which he possesses. The First Principle is free because His very essence is freedom and because He acts through His own essence and not as all other created beings do, i.e., through the essence of their form.[46] He is also free from the necessity which is imposed by the final cause, as for example a sick man must take the prescribed remedies if he desires to be cured.[47]

Because the First Principle depends on no other cause, He is manifestly most free to act or not to act, so that He is not constrained to either one. But He does act and in fact must do so because He is an all-loving Father whom it befits to diffuse and communicate His goodness to all rather than jealously to guard and retain it within Himself.[48]

Along with this platonic characterization of the First Principle, Ulrich includes the testimony of one of the "better peripatetics", Avicenna,[49] who says that the First Principle is most generous and bountiful because His goodness is ever-sufficient, communicating itself to all its creatures and never itself being depleted. And because Aristotle says that a free being is one which is for the sake of itself,[50] Ulrich asserts that the First Principle is free in a preeminent degree because He has domain over all His acts and is their very source.[51]

Because the First Principle is prime and uncaused and therefore free, Ulrich now shows that He must necessarily have a will.

This can be seen in the following way: In any operation or action of a created being, three principles are to be considered, namely, *nature, intellect* and *appetite*. Of these, only the appetite of the will is a free principle, for nature acts always through necessity, and the intellect is compelled by the force of syllogistic reasoning to give assent. The will alone is in no way constrained, and hence the First Principle, who is most free, must have a will.[52]

The *voluntas* may be defined in a three-fold manner: It may either be a deliberative appetite founded on reason for a thing which is absent to us. Such an appetite cannot be predicated of the First Principle and Ulrich cites a number of philosophers[53] who correctly denied it of Him. Secondly, the will can be defined as a tranquil possession and enjoyment of an end. Thirdly, it can be considered from the standpoint of self-possession which each free being has and by which it has complete mastery over its actions. In this respect, the will acts as the free mover of the soul, not as a special faculty but as a general nature consequent upon some incorporeal power. And so it is either the intellect or the will properly so called, through which there is freedom in the acts which are commanded or elicited by other faculties. In this way, we are accustomed to say, "I understand because I will," etc. This is the manner in which the First Principle is free, for His freedom extends to each and every one of His acts. And because that being is free which can act according to its own choice and free election, the First Principle is most free.[54]

Not only is He free but He is also omnipotent, suffering no limitations or restrictions in relation to His acts. This is true because He is the principle of all things and, consequently, all things in respect to their *esse* are rooted in Him as in their source.[55] His infinite power is restricted by neither time nor place nor intellectual conception. Neither is He extensively limited in such a way that His power should be exercised upon a limited number of objects or acts, nor is He intensively limited in the sense that something should exhaust His power.[56]

Although the First Principle is absolutely infinite in Himself, nevertheless in respect to His goodness according to which He is desired by this or that movable object — for it is as an object desired that He is the first mover of the world[57] — He is finite because every mover has a potency proportionate to the movable object. This holds true whether He moves as an efficient cause or as a desired object moves the one desiring, which is the way in which the first mover moves the world. Now no one desires something which he cannot hope to attain. But all beings have a natural desire to attain the First Principle because He is their ultimate end. Hence whatever has a proportion to something finite, must itself be finite, for there can be no proportion between the finite and the infinite. Ulrich therefore concludes that in this respect, the First Principle must be considered to be finite.[58]

Lastly, there is no admixture of potentiality present in the omnipotence af the First Principle. Everything is within His power and He can do all things in whatever way He desires[59] and nothing can resist His power. Hence such privations as death, the necessities due to matter, such as eating, sleeping and the like, and evils like unjust actions which denote a privation of good, are excluded from the First Principle. He is therefore free and omnipotent because He can act on all beings, for secondary principles or causes are capable of producing their effects only in virtue of the power which they receive from the First Principle Himself.[60]

NOTES

1. Aristotle, *Metaph.*, II, 2, (994a 1); cf. Ralph McInerny, "The Continuing Significance of St. Bonaventure and St. Thomas" in *Bonaventure and Aquinas: Enduring Philosophers,* Robert Shahan and Francis Kovach eds., (University of Oklahoma Press, 1976) pp. 126 ff.
2. *Summa de Bono,* IV, i, 1, p. 147, "In omni enim genere . . ."
3. IV, i, 1, p. 148, "Quod cum falsum . . ."
4. *Ibid.,* "Similiter in genere . . ."
5. IV, i, 1, 149, "De materia similiter . . ."
6. *Ibid.,* "Et cum principium . . ."
7. IV, i, 1, pp. 149-150, "Inter genere quoque . . ."
8. IV, i, 1, p. 149, "Ergo illud quod solum . . .". Gilson describes St. Albert's position, "Since the good alone is self-diffusing, or to use the language of Denis, since its essentially 'ecstatic' nature does not allow the good to stay in itself, but urges it to communicate itself, God is the final cause of all that is. For the final cause of a being is always its good." — *History of Christian Philosophy in the Middle Ages,* (New York: Random House, pp. 292-293; cf. Frederick Copleston, *Thomas Aquinas* (New York: Barnes and Noble, 1976), pp. 202ff.
9. IV, i, 1, p. 150, "Diximus autem ipsum . . ."
10. *Ibid.*
11. IV, i, 1, p. 151, "Vocatur etiam hoc principium . . ."
12. *Ibid.,* "Si enim ordo . . ."
13. Aristotle, *Metaph.,* IV, 5 (1009a 30); IX, 6 (1025b 25).
14. *Summa de Bono,* IV, i, 1, p. 151, "Si enim aliquo . . ."
15. *Ibid.*

107

16. Boethius, *De Hedom.*, PL 64, 1311; cf. *De Trinit.*, II, PL 64, 1250.
17. *Summa de Bono*, IV, i, 1, p. 152, "Cum ergo quaelibet . . ."
18. *Ibid.*
19. IV, i, 1, p. 153, "Esse autem suum . . ."
20. *Ibid.*, "Cum ergo omne . . ."
21. A-M. Goichon, *Lexique de la langue philosophique d'Ibn Sina* (Paris, 1938), no. 754, p. 422.
22. "Ejus autém quod est possibile esse jam manifesta est ex hoc proprietas, scilicet quia ipsum necessaria eget alio quod faciat illud esse in effectu; quicquid enim est possibile esse respectu sui, semper est possibile esse, sed fortassis accidet ei necessario esse per aliud a se." — Avicenna, *Metaph.*, I, 8 (Venice, 1508), p. 74ra; cf. *Metaph.*, I, 7, p. 73rb. "Omne enim quod incipit esse antequam sit, necesse est ut sit possibile in se. Si enim fuerit non possibile in se, illud non erit ullo modo. Non est autem possibilitas sui esse eo quod agens sit potens supra illud cum ipsum non fuerit possibile." — *Ibid.*, IV, 2, p.
   "Thus, the world of Avicenna is caused by a necessary being which necessarily wills all that which can possibly be, because all being is good inasmuch as it is being. Hence the ceaseless actualization of all possible beings (*possibilia per se*) by the Supreme Necessary, which is God." — Gilson, *op. cit.*, p. 213.
23. "Quicquid autem est necesse-esse per aliud est quidem possibile esse in se. Ratio est, quia quicquid est necesse-esse per aliud, ipsiusmet essendi necessitas sequitur profecto habitudinem quandam vel relationem . . . Admitti autem nequit, essentiam in se consideratam requirere impossibilitatem essendi: nam quicquid cujus esse est impossibile per se, numquam erit neque per aliud . . . Relinquitur ergo rem istam, secundum suam essentiam consideratam, possibilem esse; consideratam vero secundum actuationem suae habitudinis ad illud aliud, necesse esse; consideratam autem cum remotione illius habitudinis ad aliud, impossibilem esse. Considerata autem rei essentia in seipsa absque ulla consideratione, ipsa est possibilis per se." — Avicenna, *Metaphysices Compendium*, I, ii, Tr. I, c. 2, ed. Nematallah Carame (Rome, 1926), pp. 68-69.
24. "Pour Avicenne cette liberalité consiste simplement dans l'acquiescement de Dieu à ce mouvement qui deduit les creatures du Premier Etre; pour Saint Thomas, la liberalité divine marque l'action de l'Art suprême et de la Sagesse qui donne les natures a elles-mêmes aver toutes les perfections qui leur permettront d'atteindre leur fin dans un univers multiple et hierarchisé." — A. Forest, *op. cit.*, p. 161. Cf. Gilson, *Le Thomisme*, pp. 214 ff.
   "Thus God's willing the possible into existence is a consent to a pre-established state of affairs by which his consent is bound. One may say that God's consent is an acquiescence to the possible's existence; it is neither a willing of the possible to be possible (*that* the possible is in itself), nor is it a free willing of the possible to exist. God wills the possible to exist necessarily though cheerfully." — G. Smith, "Avicenna and the Possibles" in *Essays in Modern Scholasticism* (Westminster, 1944), p. 123.
   "En un sens, tout être existe nécessairement, car s'il n'y avait pas une nécessité qu'il existât, rien ne le ferait sortir de l'état de possibilité . . . Par elle même, cette nature n'est que possible; elle ne 'merite' que le non-être; seule, le conjonction avec se causa lui vaut d'exister necessairement." — J. De Finance, *Etre et Agir* (Paris, 1945), p. 87.

"The unrealized possibility seems here to survive its actual realization and, so to speak, to receive from its very negation some sort of vague reality." — Etienne Gilson, *Being and Some Philosophers* (Toronto: Pontifical Institute of Mediaeval Studies, 1949), p. 58; cf. also, p. 78.

25. SB, IV, i, 1, p. 153, "Patet ergo . . ." Cf. IV, i, 7, pp. 206ff.

26. Albert, St., *Liber de Causis et Processu Universitatis*, I, Tr. I, Cap. 7, ed. Borgnet, vol. 10, pp. 376-377.

27. SB, IV, i, 1, pp. 153-154, "Cum ergo omne . . ."

28. IV, i, 1, p. 154, "Est etiam solum necessarium . . ."

29. IV, i, 1, p. 155, "Primum autem nulli . . ."

30. "Omnis forma ad subsistentiam suam opus habet materia quae sustinet eam et quia quantitas forma est substantiae, et pars quantitatis quantitas est; necesse fuit ut etiam pars ejus sit forma substantiae . . . Materia differt a forma in eo quod altera est sustinens et altera sustentatum . . . ergo descriptio materiae primae, quae sumpta est ex ejus proprietate, haec est, scilicet quod est substantia existens per se, sustentatrix diversitatis, una numero; et iterum describitur sic, quod est substantia receptibilis omnium formarum." — Avicebron, *Fons Vitae*, ed. Cl. Baeumker in *Beiträge zur Geschichte der Philosophie und Theologie des Mittelalters*, Band I, 2-4 (Münster, Aschendorff, 1892-1895), II, 19, p. 59; V, 2, p. 259; V, 22, p. 298; V, 23, p. 299.

31. SB, IV, i, 1, p. 155, "Omne autem tale est . . ."

32. Aristotle, *Physic.*, VIII, 10 (267b 17 ff.).

33. SB, IV, i, 1, p. 155, "Secunda proprietas est . . ."

34. IV, i, 1, p. 156, "Tertia est quod . . ."

35. IV, i, 1, p. 157, "Sexta est quod . . ."

36. *Ibid.*, "Relatio enim realis . . ."

37. IV, i, 1, p. 157, "Septima est quod . . ."

38. Cf. above, Part II, Sec. B, p. 104.

39. SB, IV, i, 1, p. 158, "Octava est quod ipsum . . ."

40. IV, i, 1, p. 159, "Decima est quod sicut . . ."

41. *Ibid.*, "Ex hoc autem . . ."

42. IV, i, 1, *Ibid.*, "Undecima est quod . . ."

43. Although Ulrich considers the question of divine will, liberty, and omnipotence in a separate chapter, viz., "Capitulum Quartum: De Primi Principii voluntate, libertate et omnipotentia," we feel that a more unified treatment can be given it here under the general heading of the "Metaphysic of the First Principle." SB, IV, i, 4, p. 183, "In se quidem . . ."

44. *Ibid.*, "Est enim libertas . . ."

45. IV, i, 4, p. 183, "Alia est libertas . . ."

46. IV, i, 4, p. 184, "Tertia libertas est . . ."

47. *Ibid.*, "Quarta libertas est . . ."

48. IV, i, 4, p. 184, "Cum tamen liber . . ."

49. *Ibid.*, "Propter quod etiam Avicenna et alii meliores Peripateticorum dicunt primum esse largissimum . . ." Cf. Avicenna, *Metaph.*, IX, 4, 104va; VIII, 6, 100ra.

50. Aristotle, *Metaph.*, I, 2, (982b 26).

51. SB, IV, i, 4, p. 184, "Cum ergo primum . . ."

52. IV, i, 4, p. 185, "Cum enim tantum . . ."

53. *Ibid.,* "Hoc tamen negant . . ."
54. IV, i, 4, p. 197, "Tertio modo dicta voluntas . . ."
55. *Ibid.,* "Omnipotentiam quoque primi . . ."
56. *Ibid.,* "Tertius modus est . . ."
57. IV, i, 4, p. 188, "Secundum tamen . . ." Cf. Aristotle, *Metaph.,* XII, 7 (1072a 26).
58. IV, i, 4, p. 189, "Quod autem habet . . ."
59. *Ibid.,* "Quartus modus est . . ."
60. *Ibid.,* "Propter quod nihil potest . . ."

C. *The Intellect Of The First Principle And Knowledge*

Ulrich begins his psychological treatise with a consideration of the various types of intellect which can be predicated of the First Principle. He examines, in order, the speculative or contemplative intellect, the practical or operative intellect, the *intellectus adeptus,* the possible intellect and the formal and the agent intellect.[1]

The First Principle cannot be a speculative or contemplative intellect because the latter is dependent for the material of its speculation upon the senses, which gather the data from external objects. But Ulrich had proved in the section on the Metaphysic of the First Principle[2] that the Necessary Being is absolutely immaterial, being neither a body[3] nor a corporeal faculty.[4] Hence His knowledge cannot come *via* any senses. The knowledge which the First Principle has can be neither universal nor particular, nor can it be actual or potential because all of these types of knowledge are caused by things, whereas the knowledge possessed by the First Principle is simple and is the very cause of the things themselves.[5] This of course does not mean that the Necessary Being has no knowledge of Himself or of other things, but rather that His mode of knowing differs from that of creatures.[6]

The First Principle cannot be characterized as a practical intellect because His intellect is neither a faculty nor a power residing in the body, nor is it a power such as the artisan exercises by means of an acquired art.[7]

He cannot be called an *intellectus adeptus* because such an intellect is first in potency and becomes actual only by the exercise of its own acts. But the First Principle is always in act.[8] This use of the term *intellectus adeptus* is another indication of the Avicennian neo-platonic influence so prominently displayed in the *Summa de Bono* of Ulrich of Strasbourg. As Gilson[9] and Théry[10] have pointed out, the *intellectus adeptus* is a distinctly Arabian and Avicennian contribution which arose from a misunderstanding

110

and consequent mistranslation of the tripartite division of the intellect by Alexander of Aphrodisias.[11] In commenting on the psychology of the Stagirite, Alexander enumerates the following three divisions of the intellect: (1) *intellectus materialis,* which denotes the intellect in its pure potentiality as capable of exercising an act of intellection; (2) the *intellectus qui intelligit et habet habitum,* signifying the intellect as already exercising the act of knowing, which it was formerly only potentially capable of doing; (3) *intelligentia agens,* which is an active principle effecting the union between the intelligible and the intellect.[12] Alexander describes this latter intellect as being "separate and distinct" from the soul; it is an "extrinsic agent" which confers intelligibility upon the forms and our intellect.[13]

But the Arabian translators made of Alexander's *intelligentia agens* an *intellectus adeptus agens,* the "adeptus" (which actually means "acquired") was given as the translation of the Greek "extrinsic" or "from the outside."[14] Hence the original *intelligentia agens* of Alexander of Aphrodisias became two separate entities, viz., the *intellectus adeptus* and the *intellectus agens.* As Gilson points out,[15] this separation stems from Alfarabi and forms the basis of the doctrine of Avicenna, in whom we find the famous separate agent intellect with which all men strive to establish a close union and communication in order to have knowledge.[16] The use of this peculiarly Arabian and Avicennian term is yet another indication of the parentage of Ulrich's philosophical thought.

Having ruled out the *intellectus adeptus* as inapplicable to the First Principle, Ulrich also finds that the possible intellect does not qualify, because its function is precisely opposite to that of the intellect which the Necessary Being possesses. Neither can we say that He is a formal intellect because the latter resides in another and is dependent upon another for its being and activity.[17]

The First Principle can therefore be only a universally agent intellect, for just as art is related to all its products and is their source, not by being the form but the very substance of the artisan, and as the sun is related to all visible things, so the First Principle is the source of each and every being.[18] The term *intellectus agens* as applied to the Necessary Being is not univocal with an ordinary created agent intellect, for the latter does not act by its own right but only in virtue of the illumination which it receives from the first intellect. Nor can we say that the first intellect is

111

within the genus of agent intellects; rather, it is "extra genus," illuminating everything that is and having nothing antecedent to it.[19]

Because Aristotle says that the act of the intellect is life,[20] Ulrich points out that every being performing an intellectual operation is a living being. This is so because life is a continuous act, and so it must belong to an agent which is the source of life itself rather than to nature whose act is merely *esse*. But such a principle is the pure intellect itself. Consequently, the act of the intellect, which is *to know,* is life, just as the act of perception is the life of a sentient or perceptive being.[21] The universally agent intellect is therefore living not through some other cause or being but essentially and through Himself.[22] His life is most perfect and noble and replete with joy. He enjoys a most perfect life because all things are most perfect in Him; since the life of living things is their existence,[23] this is preeminently true of the First Principle because His very essence is existence and life. Such a life is most perfect because it is constant and ever the same, free from all admixture of anything foreign to it and not subject to change, such as is found in all other beings whose *quod est* is not identical with life. And because the First Principle is the source of life in all other beings which participate on lower levels in the life of the Necessary Being, it follows that His life must be most perfect because it is the first analogue.[24]

The life of the first agent intellect is most noble because it is not subject to any of the debilitating effects of matter. He therefore exercises His life perfectly free from any impediment just like a source of pure light which sends forth its rays continuously and without any hindrance or obstruction.[25]

His life is most joyful because the proper and natural end of any being, which is the possession of the First Principle, is most pleasing to Him. Nature, on the other hand, reaches the First Principle by participating in His goodness only through the encumbering and hindering conditions of matter and privation. And although it is moved towards its end, it nevertheless does not rejoice in it because it does not perceive its joy intellectually.[26] The human intellect, however, does attain the First Principle through contemplation, which is the greatest joy a soul can experience while it is still joined to the body. But this joy is at best very imperfect, for man's knowledge of this joy is very short-lived and only partial because of its dependence upon a mortal body.[27]

112

The life of the First Principle, on the other hand, is most complete and unending since His end is Himself. The perfect good which is the ultimate end of all things is conjoined in a most intimate and essential manner with the first intellect and is understood by Him most perfectly. This is why Aristotle[28] says that God enjoys this perfect life continuously and endlessly, while creatures are allowed only fleeting and intermittent glimpses of it. His life is therefore most happy both because it is a most perfect activity and because happiness, which is the state of complete possession of each and every good,[29] is found most truly in the First Principle since He is the very source of all goods.[30]

Ulrich next states that because the essence of the First Principle is the universally agent intellect, all creatures are caused by this intellect in much the same way that corporeal light is the cause of all colors and art is the formal principle of all artificial objects.[31] He therefore agrees with Boethius that all beings are from the First Being, all knowledge is from the first intellect and all goods proceed from the first good.[32]

Three things are necessary for the production of an effect by any agent, namely, the intellect, will and potency or power (*potentia*). This holds true in the case of the production of creatures by the First Principle.[33] Of these three, it would seem that the intellect is principal, for both the will and the potency operate according to the determination of the intellect. The latter thus gives the form and *ratio* to the effect produced and the light of the universally agent intellect is its form.[34]

We next come to an examination of the manner in which the First Principle knows objects. Because He is an agent intellect, one might ask how can the First Principle know? He certainly does not seem to possess the species of sensible things, both because the species are quiddities existing in things and are abstracted from them, and because the First Principle, being only an agent intellect, has no possible intellect wherein these species might be contained.[35]

Ulrich finds his solution in Aristotle's[36] description of our intellect as scientific rather than sensible, which is only opinionative, because knowledge by means of a similitude receives a species not completely divested of the conditions of matter and consequently cannot be science but only opinion. But a scientific intellect, according to Ulrich, is elevated above matter and takes on a species like to itself, i.e., completely freed from the encumbrance of matter

113

and thus is the source of positive and definite knowledge which is properly called science.[37] And because the first intellect is most completely removed from matter, having no admixture of potentiality within it, and is pure act whose essential light is the first form of which the forms of things are but images and reflections, this universally agent intellect must be preeminently scientific and possessing all knowledge.[38]

The species therefore do not have to be contained in the possible intellect as in a subject because, just as matter receives the form not according to what the matter is in itself (non secundum id quod est), but according as it contains within itself the action of the efficient and moving principle and is thus made operative according to this form; so, too, the possible intellect, according as it contains within itself the act of the agent intellect, receives the sensible species and is made actually operative.[39] In this way, the form becomes acting and operative in physical and natural things by the act of the efficient principle, just as the species is activated by the light and the act of its agent and produces knowledge. And because the First Principle possesses these species in the agent intellect, He therefore has knowledge which is eternally actual and not merely potential or habitual.[40]

While the determination of abstractive knowledge is by relation to matter, the active knowledge of the First Principle is determined by the fact that His causal power reaches out to all created beings and terminates in them. Through this power, the first intellect knows each and every being to which He extends His causality, i.e., He knows genera and species and all individual substances and accidents.[41] All things are thus present to the first intellect through his light which is the species of all things and which enters into and penetrates each one of them because of its inherent simplicity. He is present to all things more intimately than even the most immediate principles of each individual being. This is so because all the other principles can be proximate to a being only in virtue of the penetrating action of the First Principle; the efficient, formal, final and material principles can constitute a thing only by the power they receive from the universally agent intellect.[42]

It follows therefore that the First Principle knows material things in an immaterial manner, mobile things in an immobile way, and contingent things in a necessary way. He nevertheless knows them in the way that they exist because otherwise, He would not

114

know the workings of His own causality which reaches down to each one of them. He therefore knows possible things in the way that they are present in Him, for these could not exist unless their species were present in the first agent intellect. And since these species have the same relation to finite as to infinite things, and because an infinite number of beings are in potency, He knows an infinite number of things by an act of a knower who himself is nowise in potency.[43]

Ulrich next shows that the first intellect knows all things by a single act, just like a single point of light which sends forth an infinite number of rays, all of which are of identical character because they are all part of the same point of light. So too, the intellect knows all the different beings by one and the same act because they all issue from the same common source and are in reality but parts of it. The First Principle thus knows all things and His knowledge is not multiplied according to the diversity of the objects known, for such multiplication takes place only in the case of things which are known through their proximate principles, that are not the same for all things.[44]

For this reason, divine and human knowledge cannot be univocal because the species which is the cause of all things and which is the object of the First Principle's knowledge is different from the species that is the object of our human knowledge.[45]

Just as the First Principle knows all things, so too, He knows Himself perfectly; for, as Aristotle[46] says, just as every perceptive or sentient being knows that it perceives, so too, every intelligent being knows that it is knowing. The First Intellect knows Himself perfectly, both as He is in Himself and as He is the principle or source of all beings.[47] This perfection of His knowledge is due to the fact that the knower is the perfect measure and *ratio* of things to be known, and that which is fully identified with the *ratio* of the knower, and that by which it is known (quo) represents what is in the knower. All these three are therefore identical in the First Principle because His *quod est* and *esse* are the same. The knower, i.e., the universally agent intellect, the *means* of knowing, i.e., the light of the intellect, and the *object* which is known are identical, both according to the *esse* and the *quod est* and produce, thereby, the most perfect kind of knowledge possible.[48]

Further, the First Principle's knowledge is the cause of the *esse* of all things, since it is the *esse* which is their very *fundamentum* and is received prior to any other effect. This caused *esse* must come from an antecedent cause which is the universally agent intellect or the First Principle.[49] And since the latter is an active intellect, He produces His effects through an operative knowledge, whose work is the dissemination of the intellectual lights which are the principles of individual things. It is therefore this active or operative knowledge of the First Principle which is the cause of the *esse* of all things.[50]

This knowledge is also the cause of the order in the universe, for there are only two effective principles of order, i.e., nature and intellect. Nature, however, applies to only one single thing and obviously there can be no order in respect to one thing only. Consequently, it is the intellect which produces many things and operates according to wisdom and is responsible for this order, for "sapientis est ordinare."[51] The First Intellect, which is knowledge and wisdom itself, causes all things according to wisdom, and His knowledge is the cause of the order of things which it produces.[52]

NOTES

1. SB, IV, i, 2, p. 161, "Aut ergo est . . ." Cf. Thomas Aquinas, St., ST, I, q. 14, a. 1-16. Textus editionis Leoninae cum adnotationibus fontium . . . ex editione altera Candiensi Ottawa 1953. Romae: Alba, Editiones Paulinae, 1962, pp. 72-86. This is the best one-volume text of the *Summa* available.
2. IV, i, 1, pp. 147ff. "Principium hoc unum . . ."
3. IV, i, 1, p. 155, "Secunda proprietas est quod . . ."
4. IV, i, 1, p. 156, "Tertia est quod . . ."
5. IV, i, 2, p. 162, "Et ideo secundum . . ."
6. *Ibid.*, "Scientia autem primi . . ."
7. IV, i, 2, p. 163, "Item non potest dici . . ."
8. IV, i, 2, p. 164, "Quod autem non sit . . ."
9. Etienne Gilson, "Les sources gréco-arabes de l'Augustinisme Avicennisant" in *Archives d'Histoire Doctrinale et Littéraire du Moyen Age* (Paris, 1929), 5-149.
10. P. Théry, *Autour du Decret de* 1210; *II-Alexandre d'Aphrodise. Aperçu sur l'influence de sa noétique.* (Le Saulchoir, Kain, 1926), pp. 69-74.
11. Gilson, *op. cit.,* pp. 15-20.
12. Théry, *op. cit.,* pp. 74-76 of the *De Intellectu et Intellecto,* which is actually a translation of a section of the περι ψυχης of Alexander of Aphrodisias. Cf. p. 20 of Théry's study.
13. "Intelligentia enim in effectu, semper est intellecta; haec igitur est intelligibilis de natura sua, quae est intelligentia in effectu, que cum sit causa intellectui materiali ad abstrahendum et intelligendum et imaginandum singulas formas materiales, et fiunt intellectum in effectu secundum illas formas, dicitur de ea quod ipsa est intellectus adeptus agens, qui nec est pars nec virtus animae in

116

nobis sed fit in nobis ab extrinsecus, scilicet cum nos intelligimus per illam." — Alexander, *De Intellectu et Intellecto,* ed. Théry, *op. cit.,* p. 77.

14. "En outre, il semble clair que l'*intellectus adeptus,* qui, dans la traduction d'Alexandre, venait s'appliquer sur le νοῦς Θύραθεν avec une telle gaucherie qu'on ne reussissait pas à lui trouver en sens, reçoit ici une signification définite. L'*intellectus adeptus* est en effet pour Alkindi la forme intelligible, donc immatérielle et libre de phantasmes qui est acquise à l'âme par l'intelligence agente . . . Ici encore on est en droit de penser que cet *intellectus adeptus* une fois constitué par les arabes aura reflué sur le texte d'Alexandre; voulant lui trouver une place dans la doctrine du philosophe grec, ou il n'a que faire, un traducteur ou glossateur aura dédoublé l'intellect agent. Nous avons vu que ce dernier jouissait chez Alexandre de deux épithètes ἔξωθεν et Θύραθεν; lui laissant en proper la première on aura fait de la seconde un deuxieme intellect en la traduisant par *acquis."* — Gilson, *op. cit.,* p. 26.

15. Gilson, *op. cit.,* pp. 21, 27-38.
16. Avicenna, *De Anima,* P.V.5, 25rb; *Metaph.,* IX, 3, 104rb.
17. SB, IV, i, 2, p. 164, "Similiter patet quod non . . ."
18. *Ibid.,* "Est ergo sicut . . ."
19. IV, i, 2, p. 165, "Cum autem primum . . ."
20. Aristotle, *Metaph.,* XII, 7, (1072b 27).
21. Aristotle, *De Anima,* II, 4, (415b 13); *Metaph.* XII, 7, (1072b 27).
22. SB, IV, i, 2, p. 165, "Amplius omne operans . . ."
23. IV, i, 2, p. 166, "Est quidem vita . . ."
24. IV, i, 2, p. 167, "In comparatione vero . . ."
25. *Ibid.,* "Vivit etiam vita . . ."
26. IV, i, 2, p. 168, "Delectabilissima vero est . . ."
27. *Ibid.,* "Sed haec sunt . . ."
28. Aristotle, *Metaph.,* XII, 9 (1075a 7).
29. Boethius, *De Consolat. Philos.,* III, prosa 2, PL 63, 724. Compare Etienne Gilson, *The Christian Philosophy of Saint Thomas Aquinas* (New York: Random House, 1956), pp. 351-356; ——————, *The Spirit of Thomism* (New York: P. J. Kennedy and Sons, 1964), pp. 46 ff.
30. SB, IV, i, 2, p. 169, "Felicissima etiam est haec vita . . ."
31. IV, i, 3, p. 170, "Prima etiam consideratio . . ."
32. Boethius, *De Hebdom.,* PL 64, 1313.
33. SB, IV, i, 3, p. 172, "Si vero consideretur . . ."
34. *Ibid.,* "Lumen autem intellectus . . ."
35. IV, i, 3, p. 174, "Dubitabit autem aliquis . . ."
36. Aristotle, *Ethic. Nicom.,* VI, 1, (1139a 10).
37. SB, IV, i, 3, p. 174, "Sed ad haec et his similia . . ."
38. IV, i, 3, p. 175, "Cum ergo primus . . ."
39. *Ibid.,* "Nec oportet quod . . ."
40. IV, i, 3, p. 176, "Ergo habens species . . ." Cf. Copleston, *Aquinas,* pp. 133-141.
41. IV, i, 3, p. 176, "Determinatio autem scientiae . . ."
42. IV, i, 3, p. 177, "Alia autem principia . . ."
43. *Ibid.,* "Sequitur etiam quod . . ."
44. *Ibid.,* "Sicut etiam multa . . ."
45. IV, i, 3, p. 178, "Ex his constat scientiam primi . . ." Cf. Anton Pegis, *Introduction*

to Saint Thomas Aquinas (New York: Modern Library, 1948), Introduction, pp. xxv-xxvii.

46. Aristotle, *De Anima,* III, 3, (427a 20).
47. SB, IV, i, 3, p. 179, "Ipsum autem primum . . ."
48. IV, i, 3, p. 180, "Perfectio autem scientiae . . ."
49. IV, i, 3, p. 181, "Scientia illius primi principii . . ." Cf. "Prima rerum creatarum est esse, et non est ante ipsum creatum aliud. Quod est quia esse est supra sensum et supra animam et supra intelligentiam; et non est post causam primam latius neque prius causatum ipso." — *Liber de Causis,* IV, ed. Bardenhewer, p. 166. Cf. Albert, St., *Liber de Causis et Processu Universitatis,* I, Tr. II, c. 8, ed. Borgnet, vol. 10, p. 398.
50. SB, IV, i, 3, p. 181, "Sed cum ipsum . . ."
51. Aristotle, *Metaph.,* I, 2, (982a 18).
52. SB, I, i, 3, p. 182, "Est etiam ipsa scientia . . ."

D. *The Neo-Platonic Procession Of All Things From The First Principle*

The neo-platonic character of Ulrich's philosophy is especially evident in his description of the procession of all things from the First Principle. He devotes two chapters in the First Tractate of the Fourth Book to a description of the manner in which all things flow from the *dator formarum,* namely the First Principle, whom he calls in good neo-platonic tradition the "primus fons qui est prima origo formarum."[1]

True procession or emanation of things from the light of the universally agent intellect is not to be confused with their passage from the potency of matter. It is rather the simple emanation of forms from the First Principle. This procession likewise differs from equivocal causality, which implies a different form in both giver and receiver, and from univocal causality, which denotes an alteration in the subject of the action. The emanation of forms from the *dator formarum* on the other hand, is the simple procession of a form from its source, so that the form in the giver and the receiver are the same.[2] Any chance alteration in the subject receiving the form is due to the change of its matter by principles extrinsic to the essential nature of the principle of procession.[3]

The cause of this flow or emanation of forms is given on the authority of the Pseudo-Dionysius as the goodness of the First Principle, which in characteristically platonic terms reminiscent of the *Timaeus,*[4] diffuses itself throughout the whole universe.[5] This communicability of the goodness of the First Principle by which

118

it suffices not only to itself but to all of its "participators", is always in act because if it were in potency or in "habitu", some other agent or principle would be necessary to educe it into act.[6] It follows therefore that because to be, to live and to know are processions constantly flowing from the first font of all things, all of these activities would be completely annihilated if their primary source were to withdraw its activity even momentarily, in much the same way that a total eclipse of the sun would plunge the whole world into darkness. For just as the sun is the single source of all light in the world, so too, the First Principle is the font of all being, life and knowing.[7]

Every being below the First Principle is therefore susceptible and open to this *fluxus* from the primary source of all being because it cannot give its *esse* to itself but must necessarily look to the Uncaused Cause for its very existence. Before the reception of the *esse*, it has a possibility for being, which is actualized only upon the *fluxus* of its form which is its *esse*. It follows, therefore, that if there is any being below the First Principle which might be the cause of subsequent emanations on a lower level of being, it can do this only in virtue of the power which it receives from the single primary source of all emanations, the First Principle Himself.[8]

The hierarchical procession of things can proceed in only one direction, i.e., an inferior being can come from a superior or higher one but never vice versa, and the annihilation or suppression of a superior being will automatically destroy all subsequent inferior emanations. At the top of this graded hierarchy is the First Principle who is the universal source of all emanations, while the subsequent principles exhibit a progressively narrower and more restricted area of influence, proportionate to their distance from this primary source of all being.[9] It follows therefore that everything that emanates or flows from being or principles below the First, is contained in Him in a most perfect and eminent manner.[10] It is contained in Him in the most simple manner because it does not enter into any composition with the receiver; it is most noble because any distance from the first source involves a corresponding diminution of its nobility. It is present in Him most truly and really because it suffers no admixture with an extraneous nature.[11]

The processions from the First Principle represent, we have intimated above, successively less perfect participations in the

119

light of the universally agent intellect, in direct proportion to their distance from the primary source of all being. Thus, for example, the first level or stratum below the universally agent intellect represents the conferring of an intelligence or intellectual nature, whether it pertains to the very constitution of this nature or the bestowal of a further and more complete illumination of an already constituted one. The next level represents the influence of the light of the pure intellect in its role of establishing the soul, which because of its natural affinity to the corporeal body in its present state, suffers a certain darkening and weakening of intellectual light.[12] The third stage, which confers a material form on a material body, participates in no intellectual light of the universally agent intellect because it is the furthest removed from the First Principle.[13]

The First Principle is thus the source of all the emanations and processions in the whole universe. All the inferior beings receive their *esse* from the font of all being because of the inherent communicability of the goodness of the First Principle, who by His very nature desires to share it with all. The only condition on the part of the receiver to share in this munificence is passive receptivity.[14] This all-pervading activity of the First Principle translating itself into the multitudinous hierarchical emanations is much like the dazzling brilliance of a single source of light which is reflected by the infinite number of beings, each of whom has this light only to the extent that it has received it from the primary source. These subsequent beings are capable of communicating the same light to their inferiors, so that they act as causal agents. But because they are causes which themselves are caused, their influence is strictly limited only to their immediate subordinates, so that the first is causal to the second and the second is causal to the third and so on.[15]

This limitation or constriction upon the causality of all the other lesser principles below the First, holds true from the point of efficiency, formality, finality and materiality. Thus, in the case of efficient causality, the intelligence is limited within its own definite sphere of activity. The soul can exercise its influence only insofar as the body with which it is conjoined allows it. The mover can act only on the movables which are proportionate to its moving potency.[16] From the point of formal causality, life, sensation and intellection can proceed only within their own neatly defined limits.

The final end, to which all other ends are subordinated, influences every other subsidiary end, for whose sake they are all performed. Matter, however, plays no active part in the universal scheme of processions, except accidentally, in virtue of some agent in which it inheres. The First Principle alone exercises a universal, unrestricted and absolute causality over all things. He is the very source of their being and light by virtue of which they exist and can exercise their secondary causalities upon their inferiors.[17]

The hierarchical order of the emanations or processions of all beings is caused by the knowledge present in the universally agent intellect. Not only is the individual good of each individual taken into account here but also the over-all good of the whole universe which is the good of the ultimate end.[18] The relative position of each being flowing from the "primus fons" is determined by its relative distance from the First Principle. The further it is removed from the source of all being, the greater diminution it suffers of the light of the universally agent intellect, as Isaac Israeli has pointed out in his *Liber de Diffinitionibus.*[19]

Ulrich closes his description of neo-platonic emanations and processions and the hierarchical divisions in the universe by comparing the world of beings to the famous Aristotelian three-fold division of the family, which comprises the children, slaves and beasts of burden.[20] The desires and wishes of the father are the uitimate end of all three groups, but each group obeys the master's wishes from a less perfect motive and in a less perfect way than the one preceding it. The children, for example, obey their father's commands because of their filial love for him and their desire to carry out his wishes, which for them, are their ultimate end. The slaves obey only because they are constrained to do so by the children; they do not act from a perfect and complete understanding of their final end. Lastly, the beasts of burden have no appreciation of their purpose in life and carry out their work only when they are forced to do so by the children and the slaves.[21]

Using the triple division found in the Eleventh Book of the Metaphysics, Ulrich enumerates the following ten-fold hierarchical division of the universe: The First is the universally agent intellect which is the source of the being and existence of all below him. Next comes the intelligence according to all of its divisions and degrees.[22] The third includes the soul which Ulrich observes is called by certain philosophers "the soul of the heavens." He promises to determine further on in the *Summa* whether this characterization is true or false. The fourth division includes the heavens with all its spheres. The fifth, sixth and seventh respectively are the rectilinear mobile, which is the simple element; nature, both animate and inanimate; and causal action which is due to the will. The last three include art, such as is manifest in the intricate and highly specialized activities of the bees and other animals; fortune which is regarded as the natural potency or impotency of those things which pertain to human life; and finally chance.[23]

These hierarchical subdivisions of the universe and all things contained in it are obviously neo-platonic and specifically Avicennian in inspiration. It is regrettable, however, that Ulrich does no more than merely mention this stratification of the universe, with a promise — at least in the case of the soul of the heavens — to state his own views in regard to the degree of truth or error contained in these statements.[24]

NOTES

1. SB, IV, i, 5, p. 190; cf. Avicenna, *Metaph.* IX, 4 (fol. 102va); Plotinus, *Enneads,* V, 2, 4, ed. Bréhier, vol. V, pp. 33, 80 (*The Enneads,* tr. S. MacKenna, pp. 380-400); Thomas Aquinas, St., *Tractatus de Substantiis Separatis,* ed. Lescoe, nos. 53-59, esp. 53-54, "Haec igitur . . . alii considerantes asserunt quidem omnia essendi originem trahere a primo et summa rerum principium . . . non immediate sed ordine quidam . . . et sic per ordinem usque ad ultima corpora rerum processum a primo principio determinant. Et haec est positio Avicennae quae videtur supponi in *Libro de Causis,*" p. 92-93.

   Cf. A.-M. Goichon, *La distinction de l'essence et de l'existence d'après Ibn Sina (Avicenne),* Bk. II, Cap. II, A, B, pp. 201-243; 367; ————, *Lexique de la langue philosophique d'Ibn Sina (Avicenne),* p. 421, par. 754; p. 20, par. 45; p. 327, par. 604; pp. 228-231, par. 439, nos. 3, 8; p. 239, par. 450, p. 41, par. 91. What Frederick Copleston says of Albert applies equally to his pupil Ulrich, "When it comes to describing the creation of the world, Albert interprets Aristotle according to the dotcrine of the *Peripatetici,* that is to say, according to what are in reality, neo-Platonic interpretations. Thus he uses the words *fluxus* and *emanatio* (Fluxus est emanatio formae a primo fonte qui omnium formarum est fons et origo) and maintains that the first principle, *intellectus universaliter agens* is the source whence flows the second intelligence, the latter source whence flows the third intelligence, and so on." — Copleston, *History of Philosophy,* vol. II, Pt. 2; p. 15. Cf. Gilson, *History of Christian Philosophly in the Middle Ages,* pp. 187-216.
2. SB, IV, i, 5, p. 191, "Fluxus autem est . . ."

3. *Ibid.*, "Fluxus autem tantum dicit . . ."
4. Plato, *Timaeus*, 30A.
5. SB, IV, i, 5, p. 192, "Faciens autem fluere . . .". cf. Dionysius, *De Div. Nomin.*, IV, 4, PG, 3, 698.
6. SB, IV, i, 5, p. 192, "Haec enim communicabilitas . . ."
7. *Ibid.*, "Ex hoc sequitur . . ."; "St. Thomas also employs the classical image of the sun and its rays, a Dionysian image par excellence, illustrating and supporting the notion of participation, but also calling for a rigorous distinguishing as to the way the image can be understood," — M. D. Chenu, *Toward Understanding Saint Thomas,* tr. A-M Landry and D. Hughes (Chicago : Henry Regnery, 1964), p. 171.
8. SB, IV, i, 5, p. 195, "Influere autem est . . ." Gilson writes, "The universe in which his (Ulrich's) thought moves is the universe that Albert the Great had inherited from the Arabs. All forms are imprinted in things by the motive Intelligences of the celestial spheres; these Intelligences themselves owe their instrumental causality to the fact that they are 'informed' by the light of the primary Cause, to whom they are indebted for being and for being causes." — *History of Christian Philosophy in the Middle Ages,* p. 432.
9. SB, IV, i, 5, p. 195, "Secundum est quod . . ."
10. *Ibid.*, "Quartum est quod . . ."
11. *Ibid.*
12. IV, i, 5, p. 196, "Influat autem cadens . . ."
13. *Ibid.*, "Influit etiam occumbens . . ."
14. IV, i, 5, p. 197, "In hoc ergo fluxu . . ."
15. *Ibid.*, "Secunda est etiam . . ."
16. IV, i, 5, p. 198, "Ideo quanto habet . . ."
17. IV, i, 5, p. 199, "Materia autem proprie . . ."
18. IV, i, 6, p. 201, "Est enim iste ordo . . ."
19. Isaac Israeli, *Liber de Diffinitionibus,* ed. J. Muckle in *Archives d'Histoire Doctrinale et Litteraire du Moyen Age* (Paris: J. Vrin, 1938), vol. 13, 313.
20. Aristotle, *Metaph.,* XII, (1075a 20).
21. SB, IV, i, 6, p. 203, "Cum ergo iste ordo . . .; Aristotle, *Polit.,* I, 4, (1254a 12); (1255a 1); I, 5, (1254b 20).
22. Ulrich does not seem to refer here to the separate Avicennian Agent Intellect, but rather to the intellect in general: "Secundo vero intelligentiam secundum omnes gradus intelligentiarum . . ." IV, i, 6, p. 204.
23. *Ibid.*, "Secundum rationem vero . . ." Cf. Thomas Aquinas, St., *Tractatus de Substantiis separatis,* ed. Lescoe, Chap. I, no. 6 and note 3.
24. The references which Ulrich makes to the "gradus intelligentiarum, *de quibus infra dicemus"* and "ponunt animam quam coelorum animam esse dicunt et *infra dicemus quid veritatis vel falsitatis in his dictis sit* would seem to indicate that it would be precisely in a TREATISE ON PSYCHOLOGY such as is contained in the Louvain manuscript (D.320) that Ulrich would deal with the various types of intellects. In the face of a total absence of any such tractate within the *Summa de Bono* itself, it seems highly probable that the so-called psychological *supplementum* is in reality the particular section of the *Liber de Summa Bono* to which Ulrich here refers. Cf. above, Part I, Sec. D, pp. 73-82, notes 81-122, esp. 118-121.

E. *The Beginning Of Time And The World*

However decisive the Avicennian influences might have been in the formation of Ulrich's metaphysical and psychological doctrine, his treatise on the beginning of time and of the world represents a clear-cut separation from the Arabian theologian and philosopher. Following the example of William of Auvergne, the Bishop of Paris, Ulrich vindicates the prerogative of creation as belonging exclusively to the First Principle.[1] Whereas the Avicennian God was only one among a number of lesser intelligences who pretended to be creators, Ulrich's conception of the "creatio ex nihilo" marks a sharp dividing line between God and creature, as well as between the First Uncaused Cause and the contingent created beings below Him.[2]

True creation, which is the work of the First Principle alone, denotes the making of something out of nothing, i.e., the bringing forth of being out of non-being. It is therefore the Uncaused Cause itself which can truly be said to create.[3] Man, on the other hand, can make something out of preexisting matter. Along with this, he must labor with his hands; he must fashion and mold according to a plan which he has in his mind.[4] The First Principle creates by merely willing the existence of a being out of nothing. True creation is thus the result of a free act of the will on the part of God.[5]

Ulrich takes occasion here to condemn the teaching of Peter Lombard, although he does not mention him by name, who held that angels were also creators of substances.[6] On the authority of St. John Damascene, he points out that no created being can act in the capacity of a creator because it itself is determinate, i.e., it comes after that which is an *esse* that is simple, common and without determination.[7] That which creates, therefore, is the cause of *esse* without any qualifications, being the cause of the whole *esse* of a thing. Since only an uncreated being is capable of conferring such a total being or *esse* on another, the First Principle alone can be a creator in the true sense of the word.[8]

Creatio ex nihilo strictly considered has for its object the actualization of a substance by conferring *esse* upon it.

Accidents in themselves cannot, therefore, be objects of creation because they are not absolute essences. The *esse* which they enjoy is a vicarious one, i.e., their *esse* is that of the substance in which they inhere; and hence, they are more correctly said to be concreated with the substance which is their subject or substratum.[9]

124

By the same token, neither can the principles of substance, or for example act and potency or matter and form be called the objects of creation because the *esse*, which is the result of creation, belongs to the complete substance. Insofar as these principles belong to it, they are said to be concreated with that substance.[10]

True *creatio ex nihilo* denotes, therefore, an operation proper to the universally agent intellect alone. From the point of its object, it implies the bringing into existence of a being from nothing. On the part of its subject, i.e., the First Principle, it denotes a divine power which is always in act, a knowledge which is both active and operative and ever constant, and a will which has decreed from all eternity, that this or that being should become an actuality at the particular moment in time when its *esse* shall be conferred upon it.[11]

Ulrich rejects the argument of Averroes who held that if God creates a finite world in time, He Himself must necessarily suffer a change as a result of this activity.[12] A distinction must be made here, he points out, between generation and creation. Generation is an act which implies an inherent change in the subject because it is of the substance of the genitor himself. Creation, on the other hand, is not from one substance to another but "ex nihilo"; it is the result of a free act of the will.[13] For this reason, the First Principle cannot be called a creator from all eternity but only from time, because the effects of His creative act take place in time. Further, He is called a creator, not so much from the standpoint of his relation to the creature but rather from the standpoint of the creature's relation to Him.[14]

Averroes further erred when he said that it would not be derogatory to divine omnipotence to say that God cannot do what cannot be made (*non posse fieri*), i. e., created.[15] His argument was that since all philosophers agree that nothing can come from nothing, it is impossible that something should come from nothing. Ulrich points out that Averroes is guilty of equivocation in the use of the word *fieri* (*to become* or *to be made*). In one sense, it can mean a natural change which is generation, and in this respect, Averroes' contention is correct. But *fieri* can also mean the creation of an *esse* from a *non-esse*, which is quite different from generation, and which demands the exercise of the creative power of the First Principle. This bringing forth of the *esse* is accomplished without the intervention of any other cause save the First because, otherwise, the First Principle could not be the first.[16]

The creation of the world is said to have taken place in the beginning of time, i.e., in the first "now." This "now" does not refer to the act of creation itself, which is synonymous with the eternal substance of the First Principle. It refers, rather, to the particular moment at which the appearance of *esse* after *non-esse* took place, i.e., the creation of all things. The first "now" of time does not mean a particular moment or instant of some measure extrinsic to creation itself, but it denotes, rather, the simultaneity of the creation of things and the beginning of time itself, for time is but the measure of the first movable insofar as it is movable.[17] Time, therefore, began at this particular instant but not as in that which would be the measure of its beginning; for the measure itself had just begun. Nor does it have a measure of its beginning which is other than itself, otherwise before the first "now" of time, there would have been some other time. Since this is manifestly impossible, time began at that single instant as something, which is successive in its nature, begins in its first or initial part.[18]

Ulrich next attempts a peculiar christianization of Aristotle by attributing to him the authorship of Cicero's *De Natura Deorum*.[19] As a result, we find him quoting some strangely non-aristotelian doctrines, as for example, that the creation of the world by God is a self-evident fact to one who observes its order and movement.[20] The Stagirite is further quoted as saying that anyone who examines the order and movement in the universe is instantly convinced that this world has been created by the Necessary Being.[21] Ulrich corroborates these statements with the further testimony attributed to Cleantes in the *De Natura Deorum* to the effect that the order and harmony in the world bespeak an omnipotent creator.[22]

Now the author of the *Summa de Bono* is quite conscious of the fact that in all of his other works, the Stagirite speaks of an eternal world, which certainly precludes any Christian conception of a *creatio ex nihilo*.[23] The reason why the Philosopher does not say explicitly in his other works that the world was created by the First Principle, Ulrich explains, is because he always started his philosophical investigations from the principles of an already created being. This approach, the Dominican contends, does not allow for a rational proof of a *creatio ex nihilo*, and hence Aristotle never did arrive in these works at a true conception of the creation of all things by the First Principle.[24]

But confronted as he is with the *De Natura Deorum* and the *Epistola de Principio Universi,* both of which are attributed to Aristotle, Ulrich finds the Stagirite subscribing to a very orthodox Christian notion of creation. The characterization of the *De Natura Deorum* as an Aristotelian work, Ulrich no doubt found in Albert's Commentary on the Aristotelian *Physics.*[25] The *De Principio Universi,* another pseudo-Aristotelian work, is likewise attributed to the Philosopher in Albert's *Summa Theologiae.*[26] Ulrich is convinced of the Aristotelian authorship of these two works and the result is a very bizarre attempt at a reconciliation between the Aristotle of the *Metaphysics,* who would speak of forty-seven or even fifty-five first movers[27] and of an eternal world which shrinks from any intimation of a creation by a single First Principle, and the same Greek Philosopher, who speaks in the *De Natura Deórum* of a truly Christian *creatio ex nihilo.*[28]

Whether Ulrich was a victim of a universal misconception among the scholars of his age or whether we must attribute his error to his blind adherence to the *littera* of Magister Albert, (*vir in omni scientia adeo divinus ut nostri temporis stupor et miraculum congrue vocari possit*) is problematical.[29] At any rate, we are faced here with a valiant and most unusual effort to reconcile two obviously conflicting positions which, at least to Ulrich's mind, were held by the same Philosopher.[30]

With Avicenna, the author of the *Summa de Bono* parts company in a more specific manner on the question of cosmogony. He reiterates his complaint against those philosophers who did indeed arrive at a notion of God but who refused to reserve the prerogative of creation to Him alone.[31] Rather than making it the exclusive activity of the First Principle, they posited a whole host of creators, for each intelligence in the Avicennian hierarchy was considered to be the creator of its own sphere and of the intelligence below it.[32] The fact that the Necessary Being was forced to share His exclusive creative activity with inferior and caused beings was demeaning enough. But these philosophers went even further, for they restricted His power to the creation of only one single being, namely, the first intelligence.[33]

We are thus in the very midst of a very old Greek dilemma, the opposition between the one and the many. This is the great Plotinian problem in which the One cannot even be a being since being is many. And because being is necessarily many, the One

127

must be above being, and the immediate effect of the One is a unitary effect and contains a maximum of unity.[34] Avicenna likewise reserves the activity of the First to the creation of only one effect, i.e., the first intelligence.[35] So really all the subsequent intelligences, as Ulrich points out,[36] who are enjoying the creative role which they have usurped from the One, are more "divine" than the First Principle, because, whereas the latter's power is restricted to the creation of only one effect, the lesser intelligences can create a plurality of beings.

Ulrich proceeds to refute this creative power of the intelligences by an appeal to the dictum found in the *Physics*,[37] "in majori mundo est sicut in minori." Just as in the case of the smaller world, so too in the larger one, the mover, i.e., that mover of some body to which it is joined, cannot cause the movable precisely because he is not separated from it. This is so because a truly efficient cause must be separate and distinct from its effect. But all these philosophers, who posit the creating intelligences as the efficient causes of their respective spheres, also hold that each intelligence is intimately joined with its own sphere, to which it gives both movement and *esse*.[38] Obviously, such an intimate union immediately disqualifies the intelligence as the efficient cause of its immediate sphere. Ulrich therefore concludes that both the intelligences and their respective spheres have been caused, i.e., created, by the First Principle *ex nihilo*.[39]

Further, if there actually exists such a gradation and hierarchy among the intelligences, as Avicenna would have us believe, then clearly, the subsequent moving intelligences will be inferior to the prior ones, just as the effect is always less noble than the cause. Consequently, the movable being caused by one of the lower intelligences will be inferior to a superior movable. But this is false because Ptolemy[40] had proved by means of equations that the sun has fewer movements than any of the higher planets, namely, Saturn, Jupiter and Mars, for the sun has put two movements, while some of the higher planets have eight. In true neo-platonic tradition, Ulrich reminds us that the being which is closer to the First Good and acquires its goodness through fewer operations, is more noble than the one which is more distant from the primary source of goodness and needs a greater number of operations to be receptive of this goodness.[41] Ulrich further corroborates this conclusion with a citation from the Pseudo-Aristotelian *De Proprietatibus Elementorum*,[42] to the effect that the sun is the source of the light of all the stars and hence must be considered as superior and more noble than all the other celestial bodies.[43]

The world therefore cannot be eternal but was created in time. It necessarily had a beginning because the First Principle precedes it in such a way that there is no common measure between them. He is prior, but not in the sense that the world is subsequent on the same scale. The relation between the First Necessary Being and the world is one of the anteriority of a cause to its effects.[44] They cannot be of the same nature because their relation is that of a cause and a caused; the First Principle is necessary, while the world is only contingent. Hence there can be no participation on the part of the world in the nature of its creator. Neither can there be a common *ratio* shared by both, for the world is mutable while the First Principle is immutability itself.[45] The measure of the duration of the world is time, which, as Boethius[46] points out, is caused by eternity which in turn is the measure of the divine *esse*. Thus the measure of the duration of the divine *esse*, viz., eternity, precedes the duration of the world which is related to it as an effect to its cause.[47]

Ulrich attempts another reconciliation between the Christian notion of creation, and hence the beginning of the world in time, with the Aristotelian arguments for the eternity of time. Actually, he insists, the Christian teaching concerning a contingent world is not contrary to the Stagirite's position, for Aristotle has explained in his *De Coelo et Mundo*[48] the precise manner in which he understands the word "eternity." For he cites with approval the definition which the early philosophers gave of this word, namely as "that which is ultimate", i.e., the measure of the duration of the first movable, insofar as it is movable. In relation to us, this ultimate is the supreme *esse* which endures from all eternity and from which flows the duration of the *esse* of all subsequent inferior beings. Hence the duration of the ultimate or supreme *esse* is superior to, and excells the duration of each living being and, in relation to them, is as of a whole to its parts.[49]

This time or duration which precedes the duration of all inferior beings is itself something supernatural and divine, for it is the eternity of the first movable and its motion, whose duration is the measure of all natural durations.[50] From this Ulrich concludes that the eternal duration of the heavens is the ultimate measure of all durations and always perseveres with time. To say, therefore, that the world is eternal in the sense that there was no time before

129

the world, nor will there be any future time after it, but that the world always was and will be with time — and to say that time began in its first "now" and the world began with it so that there should be nothing prior to it in time, except the simple and indivisible "now" of eternity — involves no contradiction whatsoever.[51] Both of these positions are true.

It is likewise true to say that the world did not begin through motion and change in time, as in a measure exceeding the *esse* of the world and that the world began with the first "now" of time, without movement and change through the simple activity of the first Cause, which precedes both the world and time by its simple duration of eternity.[52]

Ulrich further finds the Aristotelian demonstrations for the eternity of time and the world so easily susceptible of refutation that he is inclined to doubt that Aristotle was their author. "It is ridiculous," he points out "to believe that so great a philosopher could have offered such weak arguments concerning such vital and sublime questions."[53] To prove his point, Ulrich presents and refutes these arguments in the following manner: The first argument states that because time is nothing but the "now", if time began, it necessarily must have begun in the "now". But this "now" which is the measure of the movable insofar as it is movable, does not refer to movement as it is contained in the whole which is moved, but only as it is caused in one part of it. This single movement cannot be perceived or reckoned (non possit accipi) at any particular point in the whole of a circular motion, unless we posit a new starting point (renovatio situs).[54] And because time precedes it, follows it and flows simultaneously with it, the "now", which is its numbering, cannot be perceived except as the end of a past time, which is the numbering of a prior starting point, and as the beginning of a future time, which is the numbering of a posterior starting point. And if time should have a beginning or end, there would necessarily be a time prior to the first "now" of time and after the last "nunc."[55] But this is impossible.

And because time is the number and proper quality or accident of movement, so much so that it cannot exist without this movement, and because there can be no movement apart from the mover and the movable, neither time nor movement can have a beginning or an end.[56]

Ulrich's answer to this argument is that the "dextrum coeli" from which motion comes, was not moving prior to the beginning of time, but both the mover and the movable began simultaneously. It was at this particular "tunc," therefore, and not before, that the circular movement began and its cause was the influence of the mover upon the right part of the movable. Before this, there was no motion of any kind. Time, therefore, began with this particular movement in its first "now", which was simultaneously created with that part of the heavens from which motion began.[57] Consequently, there was not time preceding the beginning of time nor an end of some past time, but only the beginning of a future one; because when time began, it necessarily had to begin in some first moment of itself.[58] Neither can any part of time be divisible because Aristotle has proved that the first part of a continuum is indivisible.[59] The first instant in which time began was therefore an indivisible of time, namely, the first "nunc."[60]

The second argument of the Stagirite follows thus: Anyone who posits the beginning of motion must necessarily reckon with the four impossible situations given below:

1. Since the movable is not eternal, it must have had a beginning and hence must have been brought into existence. And because everything which becomes (fit) must first be possible to become, the movable was reduced from potency to act, which is generation. But because all generation is a terminus of movement, there necessarily must have been a motion before the first motion; which is manifestly impossible.[61]

2. If the movable existed prior to the mover, then we are forced to admit the existence of potency before act, which contradicts the position that was arrived at in the Ninth Book of the *Metaphysics*.[62]

3. If neither mover nor movable was prior, we again arrive at an impasse, because both of them would have to be generated and we must posit a motion preceding the first motion, whose terminus would be this generation. Further, the movable rather than the mover would seem to be more susceptible to generation because it contains matter.[63]

4. If both mover and movable were already in existence and the mover began to move only after it had already existed (i.e., it did not move from the very first moment of its existence), then, because the order of nature demands that each thing always remain

constant and the same, if a change *did* take place, it must be due to one of the following reasons:

a. Either the movable, which has a tendency or disposition to remain in rest, must have this quality removed by the action of alteration upon it.[64] But in such a case, the first motion before the first local motion would be a movement of alteration, which is manifestly false, as has been proved in the Eighth Book of the *Physics*.[65]

b. Or, on the other hand, the change is due to the action of the mover himself, in which case he would suffer alteration. And because this is also impossible, there cannot be any beginning of movement.[66]

In answer to the Stagirite, Ulrich insists that motion had a beginning because both mover and movable began simultaneously, not through generation, but through creation. They therefore did not have to be prior to their beginning in a material potency, such as is necessary in the case of a natural or physical beginning. Rather, as Algazel points out, they are in the potency of the efficient cause which presupposes nothing for its causation and produces its effects without motion or change.[67] The apparent deception caused by these Aristotelian arguments results from the fact that they fail to perceive that the beginning of the existence of principles is of a totally different order than the beginning of the existence of a thing *from* these principles.[68]

Ulrich insists here that even the Philosopher himself did not consider his arguments for the eternity of motion, time and the world as apodictic and absolute, but based them only on a supposition of certain physical principles. He cites the following text from the *Topics,* in which Aristotle states that the question whether the universe is eternal or not[69] is a problem, "in regard to which we have no argument because (it is) so vast and we find it difficult to give our reasons."[70] And this is precisely the way in which Aristotle proves the eternity of motion, and consequently, the eternity of the world in future time.[71] For just as life is present[72] to all living things, so too, as long as motion perseveres, the world itself will continue to exist. But if motion can be destroyed, it will be due to the destruction of either one or both of its principles. Hence the cessation of motion will necessarily be followed by corruption. But because corruption itself is the terminus of motion, there will be motion after the last motion, which is manifestly impossible.[73] Or, on the other hand, the destruction of motion may be due to some untoward disposition of either one of its principles, even though they both exist, for it is impossible that a movable should at the same time cease from both its motion and its mobility and a mover should cease from both its act of producing motion and its aptitude to move. This untowardness or ineptness must therefore be due to some opposite disposition; otherwise, the difference would be without a cause. It was precisely in this respect that Anaxagoras and Empedocles[74] erred, because although they held that motion was at times present and at others absent, they failed to account for this difference.[75]

If we concede that the cessation of movement is due to some disposition, then this disposition itself must be either a movement or an effect of movement. We are thus brought to the first impossibility; namely, that there is movement after the last movement.[76]

To this argument Ulrich answers that neither the mover nor the movable is corrupted, but rather, the mover moves at some time and then the motion comes to an end. Nor is this a failure to adduce a reason for the change. Rather, it is the very essence (ratio) of divine wisdom which decrees that the heavens should cease their movement in much the same way as it had ordained that they should move as they do now. And neither is it strange that we should attribute the cessation of motion to the will of the First Principle, because Ulrich has shown above[77] that all things would *ipso facto* be annihilated if the Necessary Being should withdraw His providence from them for even a single moment.[78]

It is apparent from the above reasons, Ulrich continues, that not only did the world have to have a beginning but it also could not have existed without the beginning of duration. He admits, however, that his reasons are not demonstrative; but at the same time, he does believe that they are more probable than those of the Stagirite. As a matter of fact, Ulrich is of the opinion that neither position can be proved conclusively, i.e., neither for nor against the eternity of motion, time and the world.[79] To support this contention, he now proceeds to refute the so-called "conclusive" arguments against the Aristotelian position.

The first argument which is advanced against the Stagirite is as follows: If the duration of the world is from eternity, an infinite number of revolutions of heavens and consequently an infinite number of days preceded the present day. But this is obviously impossible. Hence, too, the premise from which it proceeds. But this argument, Ulrich believes, can be easily solved by stating

133

that only a certain part of the infinite is itself infinite, as Aristotle shows in the *Physics*.[80] To be sure, it is impossible to arrive at a certain part if one undertakes to count the parts of an infinite. But that part which does not include the whole but only the smaller portion is itself finite. And it is for this reason that Aristotle says in the Sixth Book of the *Physics*[81] that a part of the infinite is finite in only one of its parts. And hence it is possible to arrive at this part by enumeration. And because the heavenly revolutions and the days are of this nature, one can still arrive at this present day even though we posit an eternity of motion.[82]

Another argument advanced against the Aristotelian position holds that if we posit an eternal motion and time, there still will be an infinite number of beings in act, namely, an infinite number of revolutions of the heavens, an infinity of days and an infinite number of rational souls, because an infinite number of men have lived and died. And because these souls are immortal, they could not have perished with the corruption of the bodies, as the philosophers themselves agree.[83]

But Ulrich answers that the potentially and successively infinite are not impossible by nature, for both motion and time could by nature persevere in infinity, if they could not be terminated by the will of God.[84] The argument concerning an infinite number of souls is founded on two doubtful positions. The first of these is that many philosophers held that of all souls, there remained but only one intellect. Now the opponents to the Aristotelian positions have never proved demonstratively that the opposite view is true.[85] Hence we must still regard the question as to whether the separate souls are one or many as doubtful. The other weak point of the argument is that, granted that they have solved the above objection, there still remains to be proved that the actually infinite can be so only essentially and *per se*. Ulrich holds that the accidentally infinite is also possible and this is the precise manner in which the souls are infinite, for an essential and *per se* infinity of motion demands only a successive production of an infinite number of souls existing in the potency of succession. But because the incorruptibility of nature has been added to this effect, the souls are accidentally infinite in act.[86]

Ulrich therefore concludes with St. John Damascene[87] that it is not fitting for a being which has been brought forth from nothing to be coeternal with one which has no beginning and exists from all eternity. In spite of the distinctions which Avicenna drew between the priority of nature which befits a thing *ex se* and *ex alio,* they nevertheless represent two distinct and separate orders of reality.[88]

In closing his treatise on the beginning of time, motion, and the world, Ulrich states that neither the Aristotelian nor the Christian position on this question can be conclusively demonstrated because they both lack the necessary first principles. The Christian position is founded on faith in the act and work of creation, which cannot be subjected to our natural reason nor to any innate or naturally known principles. Hence the creation of the world cannot be demonstrated by natural reason alone.[89] The Aristotelian position, on the other hand, is likewise incapable of demonstrative proof, for, as Moses Maimonides has so well observed,[90] it must necessarily proceed according to the mode of the beginning of the principles of nature by way of the beginning of the natural principiates from these principles. And because there is no parity between things of a perfect and an imperfect nature, since they represent two totally different and disparate orders, we are caught between the two, unable to effect a passage from one to the other. Hence our proofs can be, at best, only probable and carry no demonstrative certainty capable of real conviction.[91]

NOTES

1. SB, IV, i, 7, pp. 206ff., "Actus proprius hujus primi principii . . ." Cf. William of Auvergne, *De Universo,* I, 1, c. 25, 27 (Paris, 1674), pp. 619b-620b, 630b; Joseph Owens, "Darkness of Ignorance in the Most Refined Notion of God" in Shahan and Kovach, *op. cit.,* pp. 69-86.
2. SB, IV, i, 7, p. 206, "Homo quidem nihil . . ."; IV, i, 8, p. 226, "Cum ergo philosophi . . ." Cf. Gilson, "Creation, which is the production of a being, consists in the act by which HE WHO IS, that is the pure act-of-being, causes finite acts-of-being . . . It is this we wish to express as best we can by saying that God has created the universe out of nothing, or again, that creation is the passage from non-being or nothingness to being." — *Christian Philosophy of Saint Thomas Aquinas,* p. 121; —————, *God and Philosophy* (New Haven: Yale University Press, 1941), pp. 52, 67; also in Anton Pegis, *A Gilson Reader* (New York: Doubleday and Co., 1957), pp. 199, 204; E. Gilson, *Elements of Christian Philosophy* (New York: Doubleday and Co., 1960), pp. 164-183; Anton Pegis, *Saint Thomas and Philosophy* (Milwaukee: Marquette University Press, 1964), pp. 62 ff; Paul Grenet, *Thomism* (New York, London: Harper and Row, 1967), pp. 106-109.
3. IV, i, 7, p. 207, "Deus autem volens . . ." For a description of Albert Magnus' position, cf. Gilson, "Considered as a cause of all that is, God is called creator.

135

This word points out the divine essence itself as the principle of beings which, taken in themselves, are not the cause of their own existence. A creature can be defined: *what is caused to be.*" — *History of Christian Philosophy in the Middle Ages,* p. 292.

4. IV, i, 7, p. 206, "Homo quidem nihil . . ." Frederick Copleston writes, "The true meaning of 'out of nothing' is not 'out of anything'. Creation in the sense here intended is not any kind of transmutation, implying a pre-existing material. We can, indeed, speak of a 'creative' artist; but creation in this context implies a pre-existing material and has not got the same meaning as it bears in the proposition affirming the creation of the world by God." — *Thomas Aquinas,* p. 142.

5. IV, i, 7, *loc. cit.;* cf. Etienne Gilson, *The Spirit of Thomism* (New York: P. J. Kennedy and Sons, 1964), pp. 69-71; —————, *Christian Philosophy of Saint Thomas Aquinas,* pp. 120 ff.

6. Peter Lombard, *Sentent. Lib. Quat.* IV, dist. 5, PL 192, 852: "Dicunt enim: Si hanc potestatem alicui dare potuit (i.e. dimittere peccata), potuit ei dare creaturas creare, quia non est majoris potentiae quam illud . . . Ita etiam posset Deus per aliquem creare aliqua, non per eum tanquam auctorem, sed ministrum cum quo et in quo operaretur, sicut in bonis operibus nostris ipse operatur, et nos; nec ipse tantum nec nos tantum sed ipse nobiscum et in nobis; et tamen in illis agendis ministri ejus sumus, non auctores." Cf. Thomas Aquinas, St., *Scriptum Super Libros Sentent.,* II, dist. 1, q. 1, a. 3: "Alii dixerunt creationem nulli creaturae communicatam esse, communicari tamen potuisse: quod Magister asserit in IV libro, dist. V." Thomas does not disagree with the Lombard here but in his *Quaest. Disput. De Potentia,* q. 3, a. 4, he writes, "Magister vero in *IV Sententiarum* ponit hoc esse communicabile creaturae non quidem ut propria virtute creet, quasi auctoritate, sed ministerio quasi instrumentum. Sed diligenter consideranti *apparet hoc esse impossibile.*" Cf. Forest, *La Structure métaphysique du Concret selon Saint Thomas d'Aquin,* c. II, pp. 65-66; De Finance, *op. cit.,* pp. 140-147 Gilson, *Le Thomisme,* pp. 177-178.

7. John Damascene, St., *De Fide Orthodoxa,* II, 3, PG 94, 874.

8. SB, IV, i, 7, p. 207, "Primo modo consequenter . . ."

9. IV, i, 7, p. 210, "Et cum in expositione . . ." Cf. Anton Pegis, "Saint Thomas and the Origin of Creation" in *Philosophy and the the Modern Mind,* ed. Francis Canfield (Detroit: Sacred Heart Seminary, 1961), pp. 49-62.

10. IV, i, 7, p. 210, "Nec etiam sumitur . . ."

11. IV, i, 7, p. 211, "Haec autem actio . . ."

12. *Ibid.,* "Et ideo patet quo nihil . . ."

13. *Ibid.*

14. IV, i, 7, p. 213, "Aliud quod importat . . ."

15. *Ibid.,* "Mentitur ergo quo dicit . . ." and note 149.

16. IV, i, 7, p. 214, "Ipse enim aequivocat fieri . . ."

17. IV, i, 7, p. 219, "Dicitur quoque haec creatio . . ." Cf. Francis Kovach, "The Question of the Eternity of the World in Saint Bonaventure and Saint Thomas — A Critical Analysis" in *Shahan and Kovach, op. cit.,* pp. 155-186.

18. IV, i, 7, p. 220, "In hoc quoque . . ."

19. *Ibid.,* "Ita etiam creatio . . ."; IV, i, 8, p. 226, "Patet quod totum universum . . ."

20. *Ibid.,* Cf. Cicero, *De Natura Deorum,* II, 37.
21. IV, i, 7, p. 221, "Et in Libro *De Natura Deorum . . ."*
22. *Ibid.,* "Cujus exemplum ponit . . ." Cf. Cicero, *De Natura Deorum,* III, 7.
23. SB, IV, i, 7. "With Aristotle, it is as final cause that the Thought that thinks itself puts all the rest in motion . . . if the First Mover makes causes to be causes, it is not by any kind of transitive action which would make these second causes at once to be and to be causes . . . the love that moves the heavens and the stars in Aristotle is the love of the heavens and the stars for God, but the love that moves them in St. Thomas and Dante is the love of God for the world; between these two motive causes there is all the difference between an efficient cause, on the one hand, and a final cause on the other." — Etienne Gilson, *Spirit of Mediaeval Philosophy* (New York: Charles Scribner's Sons, 1940), pp. 74-75.
24. IV, i, 8, p. 225, "Et in his tribus . . ." Gilson argues, "In a world like Aristotle's, all is given, the First Mover, the intermediary movers, the movement, and the beings generated by the movement . . . the idea of creation is wanting in Aristotle." — *op. cit.,* p. 76. "Saint Thomas distinguishes the problem of the temporal origin of the universe from that of its origin in being. He considers its ontological origin, or creation, rationally demonstrable, but not its origin in time. The eternity or non-eternity of the universe must remain an open question to the philosopher: only by faith do we know that it had a beginning." — Maurer, *Medieval Philosophy,* p. 174.
25. Albert, St., *Physic.* VIII, Tr. I, cap. 14, ed. Borgnet, vol. 3, p. 555.
26. Albert, St., *In I Summae Theologiae,* Tr. III, cap. 18, membr. 1, ed. Borgnet, vol. 31, p. 120; Tr. IV, q. 19, membr. 3, p. 130.
27. Aristotle, *Metaph.,* XII, 8 (1074a 12).
28. SB, IV, i, 8, p. 226, "Patet quod . . ."; cf. IV, i, 7, p. 220, "Ita etiam creatio . . ."
29. Cf. above, Part I, Sec. B, "Authenticity and date of the Summa", note 6.
30. SB, IV, i, 8, p. 226, "Patet quod totum . . ."
31. *Ibid.,* "Cum ergo philosophi . . ."
32. IV, i, 8, p. 227, "Cum sic creare . . ." Knowles describes a similar rejection by St. Thomas Aquinas, "Similarly, while taking over bodily from the Jewish Maimonides much of his natural theology, he takes only part (and that with cautious reservation) of his and others' Jewish and Neoplatonist teaching on the information of the heavenly spheres by intelligences or angels, and he firmly rejects the series of creative causes posited by Avicenna and the emanations of the Neoplatonists." — *op. cit.,* p. 265.
33. *Ibid.,* "(For Avicenna) God is the First Cause and Necessary Being. Because He is one by essence. He can create directly and immediately only one effect . . . This one effect is a superior kind of angel called Intelligence." — Maurer, *op. cit.,* p. 96.
34. Plotinus, *Enneads,* V, 2, 4, ed. Bréhier (Paris, 1931), vol. 5, p. 33; p. 80; cf. Etienne Gilson, *Being and Some Philosophers,* pp. 20-28.
35. Avicenna, *Metaph.,* IX, 3, 4, (ed. 1508), 104r, 104v; *Metaphysicae Compendium,* Tr. II, cap. 1 (Rome, 1926), pp. 194-195; cf. Forest, *op. cit.,* pp. 64-66; Gilson, *Le Thomisme,* pp. 178 ff.
36. SB, IV, i, 8, p. 227, "Cum sic creare non sit . . ."

37. Aristotle, *Physic.*, VIII, 2 (252b 25).
38. SB, IV, i, 8, p. 228, "Si ergo in majori . . ."
39. *Ibid.*
40. *Ibid.*, "Praeterea si talis . . ."; cf. Averroes, *De Coelo*, tx. c. 62, 140v; *Metaph.*, XII, tx. c. 45, 329v (Venice, 1562-1564).
41. SB, IV, i, 8, p. 228, "Nam sol non habet . . ."
42. *Ibid.*, cf. C. Lacombe, *Aristoteles Latinus*, Praefatio: Aristoteles Pseudepigraphus (Rome, 1939), pp. 91-92.
43. *Ibid.*
44. SB, IV, i, 8, p. 229, "Cum ergo probatum . . ."
45. IV, i, 8, p. 230, "Non potest tantum . . ."
46. Boethius, *De Consolat. Philos.*, II, met. 9, PL 63, 758.
47. SB, IV, i, 8, p. 230, "Sed mensura esse . . ."
48. Aristotle, *De Coelo et Mundo*, II, 1, (284a 3).
49. SB, IV, i, 8, p. 230, "Ergo primum principium . . ."
50. IV, i, 8, p. 231, ". . . non est tempus aliquid . . ." Pegis observes ". . . two elements pertain to the idea of creation. First, the causality of the creating cause extends to everything that is in the created thing, so that nothing of the creature pre-exists, or is presupposed by, the creative act. Second, for the creature not to be precedes or is prior to its being. This is not a priority of time or duration, says St. Thomas, as though at some moment the creature first is not and then later on comes to be. This rather is a priority of nature, 'such that the created thing, if left to itself, will achieve no more than non-being, since it has being only through the action of a higher cause.'" — *Saint Thomas and the Origin of the Idea of Creation*, pp. 57-58.
51. SB, IV, i, 8, p. 231, "Secundum hunc ergo modum dicimus . . ."
52. IV, i, 8, p. 232, "Similiter mundum non incepisse . . ." According to St. Thomas, a temporal creation cannot be demonstrated philosophically. "Time and duration, change and motion no more belong in the creature as creature than they do in the instantaneous creative act that causes the creature to be. That is why a temporal creation cannot be demonstrated. It is a fact that God created the world with a finite duration, but this is a fact that is not included within the essence of the creature as such, and therefore cannot be demonstrated from a consideration of a creature as creature. Creation, as St. Thomas has said, is the condition of total causal dependence for existence." — Pegis, *op. cit.*, p. 58.
53. *Ibid.*, ". . . rationes philosophi qui secundum aliam viam demonstratae sunt, adeo debiles sunt, quod ridiculum est credere tantum philosophum ex talibus rationibus in tam sublimi materia aliquid asserere voluisse . . ."
54. *Ibid.*, "Una enim est quod . . ."
55. IV, i, 8, p. 233, "Cum ergo illud in unum in tota circulatione . . ."
56. *Ibid.*, "Ergo cum tempus sit . . ."
57. *Ibid.*, "Nos enim non dicimus . . ."
58. IV, i, 8, p. 234, "Et ideo ante ipsum incepit, nihil fuit de tempore, nec fuit finis alicujus praeteriti, sed tantum initium futuri quia, cum tempus incepit, in aliquo primo sui incepit."
59. Aristotle, *Physic.*, VI, 3, (233b 32).
60. SB, IV, i, 8, p. 234, "Ergo primum in quo . . ."
61. *Ibid.*, "Alia ratio philosophi est . . ."

62. Aristotle, *Metaph.*, IX, 8 (1049b 4); SB, IV, i, 8, p. 00, "Vel est ideo quis mobili . . ."
63. SB, IV, i, 8, p. 235, "Vel est ideo quis neutrum horum fuit . . ."
64. *Ibid.*, "Vel quarto est ideo utroque existente . . ."
65. Aristotle, *Physic.*, VIII, 7 (260a 30 - 261a 25).
66. SB, IV, i, 8, p. 235, "Vel fuit ex parte motoris et tunc oporteret alteratum esse quod constat esse falsum."
67. Algazel, *Metaph.*, I, Tr. I, 6; I, Tr. II, 4-5, ed. Joseph Muckle (Toronto: Pontifical Institute of Mediaeval Studies, 1933), p. 40; pp. 53-54.
68. SB, IV, i, 8, p. 236, "Unde sicut optime . . ." Cf. Moses Maimonides, *Guide for the Perplexed,* transl. from the original Arabic by M. Friedlander (London, 1936), 2nd ed. II, c. 13, p. 171.
69. Aristotle, *Topic.*, I, 11, (104b 16).
70. SB, IV, i, 8, p. 236, "Unde etiam Aristoteles . . ."
71. SB, IV, i, 8, p. 237, "Simili modo probat Philosophus . . ."
72. Aristotle, *Metaph.*, XII, 6 (1071b 6); *Physic.*, VIII, 1 (231a 10 ff.); *De Coelo,* I, 3, (270a 13; 281b 26).
73. SB, IV, i, 8, p. 237, "Dicit ergo quod . . ."
74. Aristotle, *Physic.*, VIII, 1 (252a 3).
75. SB, IV, i, 8, p. 237, "Secundum hoc oportet . . ."
76. *Ibid.*, "Si ergo praedicto modo dicatur, tunc oportet quod illa dispositio vel sit motus vel consequens motum; et ita redit primum inconveniens, scilicet quod post ultimum motum sit motum."
77. SB, IV, i, 1, p. 155, "Cum ergo omne, quod est, sit causa vel causatum, patet quod, si ponatur primum necessarium non esse, nihil erit omnino."
78. IV, i, 8, p. 238, "Nec dicimus hoc esse sine ratione . . ."
79. *Ibid.*, "Ex praedictis patet . . ."
80. Aristotle, *Physic.*, III, 5 (204a 20).
81. Aristotle, *Physic.*, VI, 2 (233b 12).
82. SB, IV, i, 8, p. 239, "Sed ut videatur idem in parte illa . . ."
83. *Ibid.*, "Dicunt etiam quod sequitur . . ."
84. IV, i, 8, p. 240, "Sed hoc non habere vim . . ."
85. Ulrich here seems to be subscribing to the Averroistic teaching that there is one possible intellect for all men. Like Avicenna, Averroes held that there was only one separate Agent Intellect but he also maintained that the possible intellect was one and separate. The *intellectus passivus,* which he ascribes to each individual is no more than a material disposition to receive the intelligibles and which perishes with the death of the body.

The fact that Ulrich seems to hold that the Averroistic position has not been successfully and conclusively refuted — "Sed quod de animabus dicitur fortius omnibus est, sed non est demonstratio, quia super duo dubia fundatur. Unum est quod Abovizer Maurus et Averroes et plures philosophi dixerunt de omnibus animabus nihil manere praeter unum solum intellectum. Nec oppositum hujus adhuc isti demonstraverunt *et ideo dubium relinquitur quantum ad hoc: an plures sint animae separatae vel una tantum.*" (SB, IV, i, 8, pp. 00-00) — is a rather curious interpolation of Averroism in an otherwise orthodox Christian treatment of the beginning of the world. Cf. Averroes, *In De Anima,* III, comm. 5, (VI, 164r); Gilson, *La Philosophie Au Moyen Age,* pp. 365-366.

St. Thomas refutes this error in a number of his works. Cf. *Summa Contra Gentiles*, II, 59, ed. Leon. (Rome, 1934), pp. 155-157, where he reports the error of Averroes, "Ex his autem motus est Averroes et quidam antiqui, ut ipse dicit, ad ponendum intellectum possibilem quo intelligit anima, esse separatum secundum esse a corpore, et non esse formam corporis . . . Quod autem haec frivola sint et impossibilia, facile est videre." III, 43, pp. 269-271; *De Unitate Intellectus Contra Averroistas* is an entire opusculum against the above position. Cf. also, *Summa Theologiae*, I, Q. 76, 79.

86. SB, IV, i, 8, p. 240, "Sed quod de animabus . . ."
87. John Damascene, St., *De Fide Orthod.*, I, 8, PG 94, 814.
88. SB, IV, i, 8, p. 241, "Bene ergo dicit . . ."
89. IV, i, 8, p. 242, "Si autem quaeritur . . ." Gilson explains, "According to St. Thomas Aquinas himself, judging from the nature, structure and operations of natural beings, there is no necessary reason to think that this universe did have a beginning. In short, Thomas was of the opinion that, had not God revealed to us that the world was not created from all eternity, the notion would hardly have occurred to the mind of a philosopher." — *Elements of Christian Philosophy*, p. 196.
90. Moses Maimonides, *Guide for the Perplexed*, II, 16, p. 178.
91. SB, IV, i, 8, p. 242, "Si autem opinio philosophorum . . ." Gilson argues, "The metaphysical complex resulting from the combination of Avicenna's notion of efficient causality as origin of existences, with the Proclean universe described in the *Book on Causes*, will become very common about the end of the thirteenth century. The upshot will be a universe neoplatonic in structure but permeated throughout with the efficient causality proper to the creating God of the Old Testament." — *History of Christian Philosophy in the Middle Ages*, p. 211.

F. *Conclusion*

By way of conclusion, we may indicate that the theory of the First Principle which is found in the First Tractate of the Fourth Book of the *Summa de Bono* of Ulrich of Strasbourg, has served as an useful *point de départ* in our attempt to arrive at some appreciation of the philosophical position occupied by this thirteenth century thinker. Our findings have further corroborated the intimations of Grabmann,[1] Théry[2] and Fagin[3] that Ulrich's thought is deeply rooted in a Pseudo-Dionysian and Avicennian neo-Platonism, whose most immediate source is to be located in the commentaries of his teacher, Albertus Magnus. The very title of the work as the *Liber de Summo Bono*[4] and Ulrich's avowed dependence on the Pseudo-Areopagite[5] are in themselves strong indications of the type of doctrine one might reasonably expect to find in the *Summa*. The further fact that the very chapter headings of the first two books follow in a most faithful manner the divisions of the *De*

Divinis Nominibus of the Pseudo-Dionysius is another indication of the orientation of Ulrich's thought.[6]

The First Tractate of the Fourth Book, as we have already observed,[7] looks to another bible of neo-Platonism, namely the pseudo-aristotelian *Liber de Causis*. Ulrich's immediate dependence on the Albertinian commentary on the *Liber* is unquestionable. Perhaps the most striking aspect of this relation between pupil and master is the qualification which Albert makes at the end of this commentary; for there he says: "Eligat ergo unusquisque quod sibi placuerit: ea enim quae dicta sunt non assertionibus nostris inducta, sed assiduis postulationibus sociorum, ut Aristotelem explanamus, potius extorta quam impetrata."[8] While this statement of the Master of Cologne would seem to indicate a certain hesitancy in subscribing to all of the doctrine contained in his *Liber de Causis et Processu Universitatis,* it is, at the same time, most significant to observe that by far and large, Albert's general philosophical position seems to have gravitated towards the very neo-platonism which he seems to disavow here. Recall, for instance, his doctrine concerning the human soul and its relations with the body. As Gilson[9] and Pegis[10] have pointed out so persuasively, Albert follows in his psychology of knowing but one teacher, namely, Avicenna. A soul which further needs the special illumination of the light of the Holy Spirit in order to carry out its natural function of knowing, is suspiciously reminiscent of an Avicennian psychology, which demands that the human soul turn towards the light of the separate Agent Intellect, in order that it might know material things here below.[11] Whether Albert annexed this word of qualification to the end of his treatise on the *De Causis* as a precautionary measure or whether he firmly disagreed with the general doctrine he had outlined in the name of Aristotle is an open question. The fact remains that for the time being, (and the problem of Albert's precise position in mediaeval thought is by no means a settled problem) the *Magister* of Cologne appears to be more neo-platonic than Aristotelian in the philosophical positions which he espoused.[12]

His faithful disciple, Ulrich of Strasbourg, seems to be a witness to this view. As contrasted from Thomas Aquinas, who refused to subscribe to many Albertinian positions, Ulrich seems to have embodied in his *Summa* (i.e., in the parts which have been edited so far) a great number of characteristically Albertinian themes which betray a most remarkable fidelity to his master's doctrine. Nor is this surprising, for he had stated most clearly and un-

141

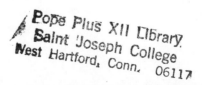
Pope Pius XII Library
Saint Joseph College
West Hartford, Conn. 06117

equivocally in the Fourth Book of his *Summa*[13] that his desire was to follow as faithfully as possible in the footsteps of the great *Magister* of Cologne.

It is particularly in this connection that an examination of the First Tractate of the Fourth Book has proved to be most rewarding. We find here, under the general consideration of the theory of the First Principle, the basic positions which Ulrich inevitably had to take in reference to such fundamental philosophical questions as the constitution of the infinite and finite being,[14] the formation of things by the First Principle,[15] the manner of their dependence on Him,[16] the problem of knowing in both divine and created intellects,[17] the origin and nature of motion, time and the world.[18] The answers which we found to these vital philosophical questions — except for his truly Christian conception of the *creatio ex nihilo* and an Averroistic doctrine of the soul which we have indicated above[19] — seem to indicate that we are dealing with a thoroughgoing neo-platonist who constantly cites Aristotle as his authority, but speaks the language and subscribes to the doctrine of Proclus, Avicenna, and the Pseudo-Dionysius.[20] Consider, for example, such favorite neo-platonic themes as emanation and procession,[21] the hierarchical division of the universe,[22] such striking Avicennian terminology like the *esse in effectu*,[23] the light similes used in connection with the universally agent intellect and human knowing,[24] the cardinal principle of the *De Causis* that *prima rerum creatarum est esse*,[25] and the description of the First Principle as the *primus fons omnium formarum*.[26] The neo-platonic parentage of each one of these doctrines and expressions is unmistakable. Ulrich seems to have gone the complete limit in his espousal of neo-platonism, i.e., as far as any Christian could possibly go and yet remain a Christian. This latter point is very evident in his rejection of the Aristotelian doctrines of the eternity of time, motion and the world.[27] His critique of the Eighth Book of the *Physics* and his position on the question of the demonstrability of creation seem to be in substantial agreement with those of Thomas Aquinas and there is reason to believe that the positions of both Ulrich and Aquinas ultimately stem from the *Guide for the Perplexed* of Moses Maimonides.[28]

His seeming Averroistic interpretation of the doctrine of the soul presents itself as an insoluble enigma within an otherwise thoroughly Christian cosmogony. As we have noted above,[29] Ulrich seems to subscribe to the existence of only one possible intellect which, much like the Avicennian and Averroistic Agent Intellect, is separate and distinct. According to such a teaching as Thomas Aquinas has pointed out,[30] man has no personal intellectual soul and therefore no future life after the corruption of the body takes place. How Ulrich ever hoped to reconcile such a glaringly antichristian notion of the soul with the rest of his doctrine presents a genuine puzzle to the historian of philosophy. Perhaps the unedited commentary on the *De Anima* appended to the Louvain manuscript will offer some clarification; perhaps, too, the ultimate problem that Ulrich is here facing concerns the value of philosophy in general rather than the validity of a particular philosophical doctrine. This, is, however, a question that must be left open for the time being.

Except for these qualifications which we have made, Ulrich's *Summa de Bono* seems to be a faithful embodiment of Albertinian neo-platonism. His work can therefore be rightly characterized as "a work which was destined to contribute to the rise of a Renaissance of neo-platonism in Germany" and "which found its further expression in the writings of Dietrich of Fribourg and Meister Eckhart."[31]

NOTES

1. Grabmann, *Mittelalterliches Geistesleben*, p. 189; ————, *Abhandlung De Pulchro*, pp. 34-73.
2. Théry, *Originalité du Plan de la Summa de Bono d'Ulrich de Strasbourg*, p. 392, note 1; p. 394 and note 1; p. 395, note 1.
3. Fagin, *Ulrich of Strasbourg* (Dissertation), pp. 18, 19.
4. SB, I, i, 1, ed. Daguillon, p. 1-5, "Incipit Liber de Summo Bono."
5. SB, I, i, 1, Prol. ed. Daguillon, pp. 4-5.
6. Cf. above, Part I, Section C, pp. 40ff.
7. Cf. above, Part I, Section D, pp. 49ff.
8. Albert, St., *Liber de Causis et rocessu Universitatis*, II, Tr. V, cap. 24, ed. Borgnet, vol. 10, p. 619.
9. Gilson, *La Philosophie Au Moyen Age*, pp. 510ff.
10. Pegis, *St. Thomas and the Problem of the Soul in the Thirteenth Century*, 'St. Albert the Great and the Problem of the Soul as Form and Substance', pp. 143-144.
11. Gilson, *op. cit.*, pp. 515-516. Gilson observes, "Bref, l'homme a besoin pour connaître d'une lumière plus abondante que la sienne propre: *ampliori lumine quam sit lumen agentis intellectus, sicut est radius divinus, vel radius revelationis angelicae* . . . L'attestation suprême de l'efficace et de la présence divine se fonde donc pour lui sur la doctrine augustinienne et dionysienne de l'illumination, philosophiquement confirmée par Alfarabi, Avicenne, Algazel et Gundissalinus . . . Il ne peut s'agir que d'Avicenne, pour qui posséder une science n'était que l'apti-

tude acquise à se tourner vers l'Intelligence agente pour en recevoir l'intelligible."
— *ibid.*

12. Gilson, *L'Ame Raisonable Chez Albert le Grand*, pp. 28, 59; ————, *La Philosophie Au Moyen Age*, pp. 515-516; Martin Grabmann, *Der Einfluss Alberts des Grossen auf das Mittelalterliches Geistesleben*, p. 21.
13. SB, IV, iii, 9, fol. 336v.
14. IV, i, 1, pp. 145ff.
15. IV, i, 5, pp. 190 ff.
16. IV, i, 1, p. 155; IV, i, 5, pp. 190ff.
17. IV, i, 2, 3, pp. 161ff.
18. IV, i, 7, 8, pp. 206ff.
19. Cf. above, Part II, Sec. E, p. 134 and note 85.
20. Cf. above, Part II, Sec. A.
21. SB, IV, i, 5, pp. 190ff.
22. IV, i, 6, pp. 201ff.
23. IV, i, 1, pp. 153, 155.
24. IV, i, 2, pp. 164-165; IV, i, 3, pp. 171, 181-182.
25. IV, i, 3, p. 181, "Scientia illius primi principii . . ." Cf. *Liber de Causis*, IV, ed. Bardenhewer, p. 166.
26. IV, i, 5, pp. 190ff.
27. IV, i, 7-8, pp. 206ff.
28. Thomas Aquinas, St., *Summa Theologiae*, I, q. 24, a. 1, 2, 3; Moses Maimonides, *Guide for the Perplexed*, I, 74, II 13 ff. Pegis explains, "From Maimonides, St. Thomas accepted and developed a notion which affected in a decisive way the character of the demonstration in the Eighth Book of the *Physics* . . . the argument of Aristotle really proves not that the world is eternal, but that, absolutely speaking, it cannot come to be by motion . . . how does it affect the doctrine of creation? . . . not at all." — Anton Pegis, *Basic Writings of Saint Thomas Aquinas* (New York: Random House, 1945) 2 vols, Introduction, Vol. I, p. xliv. Cf. Gilson, *Christian Philosophy of Saint Thomas Aquinas*, pp. 84-95, 147-152; ———, *History of Christian Philosophy in the Middle Ages*, pp. 374-375; ———, *A Gilson Reader*, pp. 239 ff; Anton Pegis. *Thomism as a Philosophy*, McAuley Lecture 1960 — St. Thomas Aquinas and Philosophy (West Hartford: Saint Joseph College, 1961), p. 22; ———, *Christian Philosophy and Intellectual Freedom* (Milwaukee: Bruce and Co., 1960), pp. 38, 58.
29. Cf. above, Part II, Sec. E, note 84.
30. *Ibid.*
31. Gilson, *La Philosophie Au Moyen Age,* pp. 519 ff; Hauck, *Kirchengeschichte Deutschlands,* pp. 253 ff.

INCIPIT QUARTUS LIBER

QUI EST DE DEO PATRE SECUNDUM APPROPRIA-
TAM SIBI RATIONEM PRIMI PRINCIPII. CUJUS
PRIMUS TRACTATUS EST DE CONDITIONIBUS
HUJUS PRINCIPII ET DE PRIMO ET PROPRIO   5
OPERE EJUS QUOD EST CREARE.

CAPITULUM PRIMUM

DE RATIONE APPROPRIATIONIS ET DE PRIMI
PRINCIPII UNITATE, SIMPLICITATE, NECES-
SITATE, ET DE RATIONE PRIMI PRINCIPII   10
ET DE CONDITIONIBUS SUAE NECESSITATIS.

Conditor universae geniturae, Deus pater, tria habet notio-
nalia, scilicet paternitatem, innascibilitatem, et spirationem
activam ut ex supra determinatis relinquitur. Ex eorum
rationibus simul junctis congrue auctoritas principii apud   15
ipsum dicitur residere. Ex primo enim horum et tertio est
ipse principium totius divinitatis, et per consequens est

---

1 Liber — *om.* W; Liber: Ulrici — *add.* O, liber quartus —
LVO // 4 primus: primo — V; tractatus primus — L; conditionibus: dictionibus — V // 6 ejus opere — L // 14 supra:
dictis — *add.* VE; eorum: quorum — EB.

---

1 This chapter is essentially the same as Albert, St., *Liber
de Causis et Processu Universitatis*, I, Tr. I, cap. 7-11. *Opera
Omnia*, ed. Borgnet (Paris, 1890-1899) vol. 10, pp. 374-385. //
14 SB Lib. III, Tr. I, fol. 122v; all folio references are to
the Basic Manuscript Paris B.N. 15900 and 15901. // 16 The
Erlangen Manuscript Universitätsbibliothek 530.1/2 begins the
capitulum: "Genitur universas geniturae . . . and ends with . . .
ex primo enim" on fol. 77v. Then the scribe begins anew the
first capitulum on fol. 78r.

etiam principium omnium creaturarum, ita quod cuicumque convenit esse principii, sive in divinis sive in creaturis, ab ipso hoc accipit. Ex secundo autem, id est ex innascibilitate, convenit ei auctoritas quia ut supra diximus, auctoritas

5 addit supra principium, non esse principiatum ab alio. Propter hoc, sicut ipse proprie est principium, non de principio respectu personarum divinarum et creaturarum, sic etiam est ipse appropriate primum principium; propter quod etiam opus creationis, quod est proprium primi principii ei attribuitur.

10 *Genesis* I: In principio, id est, in filio *creavit deus* pater *coelum etc.* Et in *psalmo*: *Omnia in sapientia fecisti.* Et hanc fidem senatus apostolorum sanxivit dicens, "Credo in deum patrem omnipotentem creatorem coeli et terrae."

Hac etiam operatione omnem operationem ei attribuit fil-

15 ius ut auctori Joanne, *Pater in me manens ipse facit opera.* De ipso ergo patre sub ratione primi operativi principii et de operibus ejus, id est de creaturis, quantum possumus brevius

---

1 etiam — *om.* L; etiam est — V // 2 esse: ratio — LVWEB, nomen — O // 4 supra: super — LVE // 6 est proprie — L // 7 divinarum personarum — O; sic: sicut — OW // 8 appropriate est ipse — LV; principium primum — OW // 9 proprium: opus — L; ei: etiam — VE // 11 etc.: et terram — LVOES // 12 fidem — *om.* W; sanxivit: sanctivit — VE // 14 attribuit: attribuimus — L, attribuit ei — O // 15 Joanne: Joannis — O, xiv — *add.* OB; facit: fecit — W // 16 ergo: igitur — L // brevius: breviter — L.

---

10 *Gen.*, I, 1 // 11 *Ps.* CXIII, 26 // 13 *Symb. Apost.* // 15 *Ev. Joan.* XIV, 10.

percurrere in hoc quarto libro disposuimus, ipso primo principio adjuvante, *in cujus manu sumus nos et sermones nostri et omnis sapientia et operum scientia et disciplina quoniam ipse sapientiae dux est et sapientium emendatur*. (Sapientia VII) 5

Principium hoc unum esse supra probavimus via philosophica per considerationem primi motoris. Nunc autem idem probabimus ex ratione primi principii, quod primam causam efficientem supra vocavimus, Platonis philosophiam in hoc Aristoteli praeferentes. 10

In omni enim genere rerum in quibus invenitur medium compositum ex extremis quorum utrumque est substantia et habent rationes oppositas, necesse est inveniri extrema simplicia, quia compositum resolvitur in principia componentia. Praecipue autem hoc verum est in quolibet genere causae. In 15 omni enim genere causarum invenitur quod est causa et causatum, quod est compositum ex oppositis virtutibus, scilicet causantis et causati; quae quando diversae sunt, substantias diversas important, habentes oppositas rationes. Ergo resolvitur in id quod est ante se ut causans, et in id quod post se est 20 ut causatum.

Aut ergo in hac resolutione contingit devenire in primum tantum causans et in ultimum causatum, vel non. Si non,

----

1 primo: quidem — L // 2 manu: manus — L // 4 emendatur: in capitulo — *add.* O, et — *add.* // 6 supra — *om.* OW // 9 vocavimus: probavimus — O; philosophiam: Philosophia — V // 11 rerum: eorum — OW // 14 principia: simplicia — VEB // 16 causarum — *om.* O // 18 diversae: divisae — V // 18-19 diversas substantias — O // 22 primum: primam — OW // 23 tantum — *om.* LVOEB, causam — W; causans: causam — O.

----

5 *Sap.* VII, 15-16.

infinita erunt media quae sunt causantia causata; quod est impossibile. Quia cum hoc infinitum esset infinitum secundum principium et secundum finem et tamen quia compositum est, resolvitur in principium ante se et in finem post se, sequeretur quod illud quod est infinitum secundum principium et finem, nec habens principium nec finem haberet principium et finem, et sic contradictoria sunt simul vera. Quod cum falsum sit, oportet quod in quolibet genere causae sit aliquid primum causans tantum, et aliquid ultimum causatum tantum, quia medium horum est causans et causatum. Est ergo hoc in genere causae efficientis, scilicet quod aliquid est efficiens tantum et hoc vocamus primum principium, et aliquid effectum tantum quod est ultimum; aliquid efficiens et effectum quod est medium.

Similiter in genere causae formalis est primum quod est formans, tantum, et ultimum quod est formatum tantum et medium quod est formans et formatum.

In genere quoque causae finalis / fol. 189v / aliquid est finis tantum et ad nihil referibile, et aliquid est finitum tantum, quod ad alia refertur et nihil refertur ad ipsum. Et aliquid est finis alicujus quod inter ipsum et finitum et relatum ad aliud, quod per ipsum intenditur.

---

1 causantia: et — *add.* O // 4 resolvitur: resolveretur — LV // 6-7 principium nec . . . et finem — *om.* W // 7 sunt: sint — PVL // 9 aliquid: aliquod — OEB // 9 tantum et aliquid . . . causatum tantum — *Hom.* — E; aliquid: aliquod — OB // 10 ergo: autem — L // 12-13 aliquid: aliud — W // 13 quod est ultimum — *om.* O, et — *add.* OW; aliquid: aliquod — E // 16 formans: forma — LVE; tantum . . . tantum — *Hom.* E // 18 aliquid — quod — *add.* O; et — *om.* OWPES // 19 nihil: aliud — *add.* E // 20 tantum ad nihil — *add.* E; alia: aliud — O; // 22 relatum: relata — B.

De materia similiter est quod aliquid est primum subjectum omnium materiatorum, quod est materia tantum, et aliquid est materiatum tantum, quod in nullius compositionem substantialem venit et aliquid est materiatum et ulterius alterius est materia.   5

Et cum principiatum dupliciter dicatur: uno modo, initium ex quo est inchoatio rei, ita quod ipsum est aliquid rei, quod proprie non est causa: alio modo, causa dicitur principium causati. Primum principium non dicitur principium causatarum primo modo, sed dicitur principium secundum quod causa dicitur principium.   10

Inter genera quoque causarum, illa causa proprie est principium quod nullo modo causam habet, scilicet nec secundum esse nec secundum id quod est. Et hoc non convenit formae nec materiae, licet enim philosophi dicunt formam secundum id   15 quod est non habere causam, tamen concedunt ipsam secundum esse in effectu habere causam efficientem, et quod secundum quod fundatur in esse, causam habet in esse, scilicet materiam.

Similiter quamvis dicant materiam sive ὕλη secundum id   20 quod est nullam habere causam, tamen secundum esse in effectu causam habet formam et ut fiat in effectu causam habet efficientem, et ut moveatur ad hoc esse, causam habet finem. Ergo

---

1 primum: principium — OW // 2 omnium: oppositum — E; materiatorum: materiarum — L; // 2-3 aliquid: quod — O // 6 principiatum — om. B // dupliciter dicatur principium — L // 8 rei: et — add. L // 10 causatarum: creaturarum — LVO // 12 est: dicitur — L // 14 hoc: nec — VEB; formae: forma — P // 15 id — om. B // 17 effectu: effectum — L; quod — om. LW; secundum: si — V // 18 in esse scilicet — om. EB // 22 habet causam — O // 23 habet causam — O.

illud quo solum causa est et nullam dependentiam habet ad aliam causam sicut est primum principium. Nec est principium ut causa formalis secundum quod ipsa sumitur ut distincta contra alia genera causarum, nec etiam est principium ut materia.

5

Causa autem efficiens, quamvis habeat aliam causam efficientem separatam, si ipsa sit conmixta ei, cujus est principium, sicut virtus formativa est conmixta in semine; tamen illa, quae est separata et tantum est efficiens ita quod nullo modo est effecta ab alio, ex sua ratione non habet causam, sed alia omnia secundum esse fluunt ab ipsa.

10

Similiter finalis causa quae simpliciter est finis, non habet causam a qua dependeret, si eam haberet. Sed omnia dependent ab ipsa eo quod propter ipsam agunt et moventur et sunt omnia in quibus haec reperiuntur. Ergo primum principium secundum exitum rerum in esse est primum efficiens, ut artifex distinctus ab omnibus, et secundum reductionem rerum ad perfectum est ipsum principium ut finis.

15

Diximus autem ipsum non esse formam secundum quod forma sumitur ut causa distincta ab aliis causis, propterea quia prout forma cadit in intentionem efficientis et finis, primum principium necessario est forma, quia primum efficiens est efficiens per suam formam et ultimus finis non est

20

---

1 illud: id — B, illud ergo — V; est — *om.* V // 1-2 ad aliam causam habet — W; est — *om.* V // 2 principium: primum — O // 6 autem: vero — LVEB, etiam — O, enim — W; habeat: habet — OW // 7 ei: sicut — *add.* L; cujus est — *om.* L // 9 est: effectus — *add.* B // 14 ipsa: *om.* W // 15 quibus: nec — *add.* L // 15 primum: principium — V, principium — *add.* L // 16 efficiens — *om.* L // 17 et — *om.* L; reductionem: autem — *add.* O // 18 ipsum: primum — *add.* O; ut: et — L // 20 causis — *om.* E // 21 prout: ut — E // 22 efficiens: principium — LB, efficiens — *om.* E.

desideratus nisi per hoc quod est forma. Sed si forma sumatur secundum distinctam rationem causalitatis a ratione efficientis et finis, sic forma est producta ab efficiente et
fundata in materia et sic probavimus primum principium non
esse formam. Ex hoc patet quare hoc principium in *Apocalyp-*   5
si laudatur ut alpha et omega, id est principium et finis
tantum, et non secundum alia genera causalitatis.

Vocatur etiam hoc principium primum principium, id est
ante quod nihil, non ita quod ordo ad nihil maneat affirmatum,
sed secundum negationem ordinis, quia ipsum ordine prioris   10
nihil habet ante se quod se habeat ad suum esse; vel privative, quia non processit ex privatione sui esse; vel negative quia esse suum numquam potuit negari; vel secundum
potentiam quia esse suum non potuit radicari in aliquo ante
se. Si enim ordo maneret affirmatus, tunc nihil esset ante   15
ipsum et ipsum ex nihilo processisset; quod est impossibile,
quia omne, quod fit ex nihilo secundum esse suum, dependet
ab aliqua causa eo quod ex se est omnino non ens.

Si enim aliquo modo / 190r / esset ens ex se, hoc esset
secundum esse in potentia; quam potentiam oporteret radicari   20
in aliquo quod esset ante ipsum. Et cum ante ipsum non
sit aliquid quod ex se habeat, sed tantum nihil, oporteret
hanc potentiam radicari in nihilo; quod patet esse falsum

---

1 nisi: non — L; per: propter — L // 3 est — *om.* OW //
4 est — *add.* O; sic — *om.* W // 5 hoc: primum — *add.*
LV // 6 id est — *om.* E // 8 primum principium: tantum
— *add.* V, principium — *om.* OW // 9 nihil . . . nihil — *Hom.*
E; maneat: manet — PL // 10 negationem: rationem — L;
quia: quod — OW, scilicet quod — LVEB // 11 habet: habeat
— O; quod: sed — OW // 14 ante — *om.* V // 17 nihilo:
est — *add.* LVOWEB // 21 in: esse — *add.* W; esset: est
— LVE.

---

5 Apoc. I, 8.

quia nihil nullius est radix. Ergo secundum suum esse est ab aliqua causa. Oporteret ergo primum principium ante se habere aliud principium et sic principium primum non esset principium primum; quod est impossibile.

5 Vocatur ergo primum principium secundum ordinis negationem ut dictum est, id est ex eo quod omnia secundum esse reducuntur in ipsum et ipsum secundum suum esse non reducitur in aliquid ante se, quia dicit BOETHIUS in libro *De Hebdomadibus*: in omni eo quod est citra primum aliud est esse
10 et quod est: quae quidam vocant quo est et quod est. In primo autem haec penitus sunt idem. Id enim, quod nihil habet ante se negative vel privative vel potentialiter, oportet esse suum non habere ab alio, et per hoc oportet quod esse suum sit ipsum quod est sive ipsa sua quidditas.
15 Si enim differret ab ipsa, tunc ipsi quidditati accideret esse et haberet ipsum non a se, sed ab alio.

Cum ergo quaelibet res quidditatem suam habeat a se, patet quod primum principium nec secundum quod est, nec secundum esse reducitur in aliud. Quae autem sunt citra primum
20 a se habent hoc quod sunt; ut patet per hoc quod negatio habet affirmationem causam sui. Cum enim dico: "homo non est asinus," causa hujus est quia homo est homo. Haec autem vera est sive homo sit sive non, ex eo quod ibi dicitur

---

2 aliqua: alai — VOLE; oporteret: oportet — W; principium primum — W // 5 negationem: rationem — L // 6 ex eo — *om*. O // reducuntur: inducuntur — P // 8 aliquid: aliud — E; quia: ut — *add*. LVB // 10 quae: quod — LVOEB, quia W // 11 autem: enim — E // 13 oportet . . . oportet — *Hom*. O; non ab alio habere — W // 16 esse: esset — V // 20 per — *om*. W // 21 sui: esse — *add*. O // 21 dico: dicitur — L // 23 homo: hoc — PW; sit: homo — *add*. L; non: sit — *add*. O.

---

9 Boethius, *De Hebdom*., PL 64, 1311; cf. *De Trin*., II, PL 64, 1250 / 18 quidam: Gilbert de la Porree, *In Lib Quom. Subst. Bonae Sunt*, PL 64, 1311 ff; Alb. St., *In I Sent*. III, 33; *Opera Omnia*, ed. Borgnet (Paris, 1890-1899) vol. 25, p. 138; *Sum. Theol*., II, Tr. I, q. 3, a. 2, vol. 32, p. 29.

quod est de quod est, et sic quod est per seipsum refertur
ad seipsum et non per aliud quod refluat super ipsum. Patet
ergo quod omne quod est habet a seipso id quod est. Esse
autem suum necessario habet ab alio, cum sit ex nihilo. Ex
hoc enim sequitur quod ipsum possibile fluit ad esse et ad   5
non esse, et hoc jam probavimus ex se nihil esse et ex sua
causa habere esse in effectu. Ex hoc sequitur quod esse
tale differt ab eo quod est, et quod esse suum non est ei
substantiale sicut esse primi, quod est ipsum quod est,
sed est ei accidentaliter dicitur omne quod non convenit   10
alicui per se, id est secundum quod ipsum, sed per accidens,
id est ab alio.

Cum ergo omne per accidens reducuntur ad per se, omnia
secundum esse suum reducuntur sicut ad causam, ad primum
quod per se solum et substantialiter est; et hoc fuit pro-   15
positum. Ex hoc sequitur quod primum principium solum est
omnino simplex et necessarium necessitate immutabilitatis
et nullo modo possibile, sed sine ipso nihil erit possibile esse vel contingens. Et licet istas et similes conclu-
siones probaverimus de Deo supra *Libro Secundo,* tamen nunc   20
ostendemus eas consequi rationem primi principii, ex quo
enim primum principium non reducitur ad aliquid prius.
Nulli ergo innititur quod quocumque modo sit ante ipsum.
Si autem non esset omnino simplex, alicui ante se niteretur

---

2 refluat: influat — LVOEB; super: supra — L, in — O //
3 a: ab — W; id — *om.* V // 6 ex: a — VE // 8 ei — *om.* V
// 10 accidentaliter: accidentale — LVEB // 11 alicui: alicui
— *add.* W // omnino — *om.* B // 18 sed: si — P, est — L //
istas: ipsas — OW; similes, consimiles — OB // 20 Libro Secundo: secundo libro — W // 22 prius: primum — L // 23 innititur: nititur — LV // 24 niteretur: inniteretur — OB.

---

6 SB, Lib. IV, Tr. I, cap. 1, fol. 190r // 20 SB, Lib. II, Tr. VI,
fol. 120v.

quia omne compositum quacumque compositione vel re vel intellectu habet ante se componentia quibus ita nititur, quod si ponatur partes vel unam partem non esse, sequitur compositum non esse. Ergo est omnino simplex.

5   Est etiam solum necessarium reali necessitate quae est cum aliquid sic necesse est esse quod nulla positione facta sequitur ipsum non esse. Ipsum enim solum nullam habet dependentiam, scilicet nec ad aliquid extra se, id est ad aliquam causam cujuscumque generis causarum nec ad
10 aliquid esse intra se, id est ad partes qualiscumque compositionis, sed potius omnia dependent ab ipso, quia ad ipsum sicut ad causam, reducuntur, et ipsum ad nullum reducitur, ut probatum est. Solum autem tale est praedicto modo necessarium quia quod secundum esse habet dependentiam ad aliud, il-
15 lud sequitur non esse, si ponatur illud non esse ad quod dependet: ergo patet propositum.

    Amplius necesse est quod / 190v / cum ipsum non sit possibile esse, quia illud etiam est possibile non esse. Ergo illud principium necessarium nihil habet possibilita-
20 tis in esse, et si hoc primum non esse ponatur, non erit etiam causans causatum, quia si illud est necessario, resolvitur in primum causans non causatum, ut supra probavimus, et sic nulla causa erit, et per consequens nullum

---

1 vel — *om.* L // 2 nititur: innititur — OB // 3 partes: para — L; unam: una — L; partem: partium — V, partem unam — O // 8 scilicet — *om.* L // 10 esse: etiam — LVEB; qualiscumque: qualescumque — L // 11 potius: potentia — PW, possibilis — LB // 12 et ipsum . . . reducitur — *om.* O // 13 tale: istud — L // 15 non esse: non sed — V; si: sed — E; illud non esse: non esse illud — O // 17 est: esse — LEB; quod — *om.* LVOEB // 18 possibile esse: patitur esse — L // 19 illud: hoc — LVEB; principium: primum — V; necessarium: necessario — O // primum: primam — E.

---

13 SB, Lib. IV, Tr. I, cap. 1, fol. 190r // 23 SB, Lib. IV, Tr. I, cap. 1, 189r.

causatum erit. Cum ergo omne, quod est, sit causa vel causatum, patet quod, si ponatur primum necessarium non esse,
nihil erit omnino.

Hujus necessarii posuimus multas proprietates supra,
Libro Secundo quam collegimus ex *Metaphysica* Avicennae. 5
Illis autem quidam praeclaras auctoritatis viri alias proprietates consideratione dignas addunt et aliquas de sup-
rapositis melius exponunt. Dicunt enim quod una ejus
proprietas est quod ipsum nec est forma nec materia et
est omnino immateriale. Quod autem ipsum nec sit materia 10
nec forma patet, quia haec nituntur sibi mutuo quia sicut
materia non est actu nisi per formam, sic forma non habet
esse in effectu nisi per hoc quod est fundata in materia
cui nititur sicut fundamento. Primum autem nulli nititur.
Quod autem omnino immateriale sit, demonstratur per hoc 15
quod infra probabitur ipsum esse omnino immobile, et ita
esse indivisibile et inextensibile per ubi et per formam. Omne
autem tale est omino immateriale quia omnis materia ex hoc
est materia quod altero istorum modorum est extensibilis et
divisibilis. Ergo primum est omnino inmateriale et haec 20
sola est demonstratio conclusionis et est pulchra valde.

Secunda proprietas est quod ipsum non est corpus nec

---

2 primum necessarium ponatur — LV // 4 hujus: autem —
add. O; proprietates multas — W; supra: super — E // 6
praeclaras: praeclari — V; auctoritatis: auctoritates — W
// 7 addunt: addit — W // 8 exponunt melius — O // 9
proprietates ejus — LVO; ipsum — *om.* O; nec: est — *add.*
V; et: sed — LV // 10 est — *om.* L; nec: neque — L // 11
nec: neque — L; forma nec materia — O; nituntur: innitun-
tur — O // 13 habet: potest — V // 14 nititur: innititur —
LOW // fundamento: fundamentum — P; nititur: innititur
— LO // 15 immateriale: immateriali — W; sit: sic — PO
// 16 probabitur: probatur — L // 18-20 immateriale quia
. . . omnino immateriale — *Hom.* B // 19 istorum: dictorum
— LVE, duarum — *add.* O // 21 pulchra pulchrum — PW
// 21 secunda: prima — PW.

---

5 SB, Lib. IV, Tr. I, cap. 1, fol. 189r.

aliquam habens magnitudinem, et ideo est omnino indivisibilis
ut dicit PHILOSOPHUS in VIII *Physicorum,* quia omne corpus
et omne quantum divisibile est in partes suae quantitatis,
quae sunt ante ipsum re vel intellectu et quibus ipsum nititur, ita quod positis eis non esse, ipsum non erit; et hoc
huic necessario non competere patet ex praedictis.

Tertia est quod ipsum non est accidens nec virtus corporea, scilicet quae quantitatem habet per accidens, quia est
major in majori corpore. Nec est virtus corporis, id est
quae non nisi per corpus operatur ut visus, auditus, et similia. Accidens enim nititur subjecto et esse suum pendet
ex ipso. Virtus autem corporea de genere accidentis est et
virtus corporis nititur complexioni sui organi et, destructa illa harmonia, destruitur. Hoc autem necessarium nulli
nititur.

Quarta est quod ipsum habet idem esse et quod est, quia
esse suum aut est ipsum quod est, vel causatur a seipso.
Non potest dici secundo modo, quia cum ipsum quod est non
causet nisi essentialiter, si ipsum causat hunc actum qui
est esse, ipsum est actu illo, et ita causatur esse in eo
quod jam est; quod est impossibile. Non potest tertium mem-
brum verum esse, quia idem non est causa sui ipsius. Primum

---

1 magnitudinem habens — W // 5 nititur: innititur — LO;
eis — *om.* O; hoc: haec — O // 7 est: ratio — W; non: nec
— V // 8 quae: innititur — LO // 11 et: secundum — *add.*
E // 12 est — *om.* WP // 13 corporis: corpore — W; nititur:
innititur — LOB // 14 destruitur illa harmonia destructa —
LB // 15 nititur: innititur — LO // 17 vel: sui — O; quod
est . . . a seipso — *om.* POW // 19 causat: causet — W; hunc:
habet — E // 20 ipsum est: ipsum esse — O, et — *add.*
OW, in — *add.* LVB // 21 potest: dici — *add.* B.

---

2 Arist. *Phys.,* VIII, 10 267b 17 ff.

ergo verum est.

Quinta est quod ipsum non pendet ex aliquo quod sit causa ejus secundum unum modum et causatum ab ipso secundum alium modum sicut est in aliis causis, quia finis est causa efficientis, et e contrario efficiens est causa finis 5 Sed primum nullo indiget et omnia indigent primo. Sequeretur enim quod ipsum esset prius priore se et posterius posteriore se. In quantum enim pendet ex illo, posterius est ipso; in quantum vero illud pendet ex se, est prius ipso, et sic ipsum non esset simpliciter primum. 10

Sexta est quod ipsum non dependet ex alio per eum modum quo omnia pendent ex eo, scilicet per realem relationem et ideo omnibus deductis in esse, nihil fit in ipso et omnibus destructis, nihil destruitur in ipso. Relatio enim realis causatur ex motu in eo in quo est. Primum autem im- 15 mutabile est. Omnia autem causata aliquid mutationis passa sunt per ipsum exitum in esse substantiale et accidentale, ex qua realis relatio ad causam sui esse radicatur in eis.

Septima est quod quidquid est in ipso est idem ipsi et 20 non est additum super esse ipsius, quia si aliquid quod est

---

2 pendet: dependet — B; ab ipso — *om.* O. // 3 modum — *om.* O // 6 primum: ipsum — L; primo: ipse — *add.* L // 7 ipsum — *om.* O // 8 illo: isto — L // 9 ipso: et — *add.* W; 9 in quantum vero illud pendet ex se, est prius ipso — *om.* PO; pendet: dependet — W; est prius: prius est — W // 11 sextra: sextum — P; dependet: pendet — LBEV // 12 pendent: dependet — O; eo: ipso — LVE, ipso et — *add.* OW; scilicet per . . . et ideo — *om.* PBW, quia — *add.* PO // 13 ideo: et — *add.* O // 16 mutabile — *om.* V // 18 qua: quo — O // 21 aliquid: est — *add.* V.

in ipso non est ipsum, scilicet sapientia vel bonitas et similia, aut hoc est causatum in ipso a seipsa vel ab alio. Non a seipso, quia tunc ipsum esset agens et patiens, quae simul non sunt nisi in composito. Nec etiam ab alio, quia tunc ipsum

5 secundum aliquid sui dependeret ab alio. Ergo est ipsum.

Octava est quod ipsum nullatenus potest moveri vel mutari. Non enim potest mutari secundum ubi, cum probatum sit ipsum non esse corpus quod solum sic movetur ut dicunt AUGUSTINUS et PHILOSOPHUS. Nec etiam potest mutari

10 secundum formam, quia, cum id quod mutatur non sit secundum quod est mutatio, id est forma, — mutatio enim secundum formam non est nisi forma post formam —, sequitur quod aliquid sit in deo quod non est ipse: quod jam improbatum est. Cum ergo omnis mutatio sit altero dictorum modorum, pri-

15 mum est omnio immutabile.

Nona est quod ab ipso immediate non potest esse nisi unum, quod intelligendum est secundum ordinem naturae et non secundum tempus, quia sic ipsum omnia simul produxit. Et ideo quidam philosophi hoc dictum non intelligentes ipsum

20 ut falsum rejiciunt, cum tamen DIONYSIUS dicat quod ea, quae sunt a primo, accipiunt differentiam per distantiam ab ipso. Relata autem ad ipsum et in ipsum sunt unus et idem.

---

1 vel — *om.* O; et: vel — O // 2 ipsum: idem — O; quia tunc ipsum esset agens et patiens — O; quae: quia — W // 3 nec: ab — *add.* W; etiam — *om.* O // 4 ipsum — *om.* O; ab: ex — L // 7 cum: ut — B // 9 philosophus: philosophi — POW; etiam — *om.* L // 10 sit: id — *add.* VO; quod — *om.* W // forma: formam — V // 18 omnia simul: simul omnia — LO, simul omnino — V // 19 philosophi: theologi — VE; hoc dictum: dictum hoc — W // 21 per distantiam ab ipso differentiam — O // 22 autem: aut — W.

---

7 SB, Lib. IV, Tr. I, cap. 1, fol. 190v // 9 St. Aug. *De Civ. Dei,* VIII, 6; PL 41, 231; CSEL, XL, p. 364; Arist., *Phys.,* VII, 5 257a 31 — 258b 9 // 14 SB, Lib. IV, Tr. I, cap. 1, fol. 189v ff. // 20 Dionys. *Div. Nom.,* V, 6, PG 3, 819, 822.

Probatio autem hujus proprietatis est quod idem, eodem modo se habens, non est natum facere nisi unum et idem ut in *II De Generatione et Corruptione* dicitur. Sed primum est idem et semper habet se eodem modo, cum probatum sit ipsum esse immutabile. Ergo immediate non est ab ipso nisi unum et idem. 5

Decima est quod sicut ipsum non est accidens nec secundum accidens, id est habens modum accidentis, ita nec est substantia nec secundum substantiam, id est secundum rationem illarum substantiarum quae sunt in genere substantiae. 10 Et hoc satis probavimus et exposuimus supra, *Libro Tertio*. Ex hoc autem sequitur quod ipsum non est definibile, cum omnis definitio sit ex genere et differentia, vel ex actu et potentia.

Undecima est quod jam omnia necessario sunt ab ipso, 15 cum enim omnia alia quae sunt praeter primum necessarium oporteat esse ab alio. Hoc erit uno quatuor modorum scilicet aut ita quod unum sit ab alio in infinitum et tunc non erit finis in causis, quod supra improbatum est. Aut pervenitur ad unum quod est causa tantum et non causa- 20 tum, differens ab hoc necessario in esse, et tunc duo essent quorum utrumque esset necesse esse, quod supra

---

1 quod: quia — B // 3 ut: dicitur — *add.* VO, probatur — *add.* L; dicitur — *om.* LVOW // 4 se habet — LO // 7 non: nec — LVEB // 7-8 accidens nec secundum accidens — *Hom.* E // 12 definibile: definibili — E // 15 jam — *om.* LVE; omnia: alia — *add.* LVEB // 16 enim: non — E; primum — *om.* L; necessarium: necessario — O // 21 duo — *om.* V.

---

3 Arist., *De Gen. et Corr.,* II, 10, 236a 37. // 11 SB, Lib. III, Tr. IV, cap. 7, fol. 163r ff. // 19 SB, Lib. II, Tr. I, cap. 1, fol. 189r.

Libro Secundo improbavimus. Illud enim quod est causans non causatum, a nullo dependet secundum esse et ideo est necesse esse. Aut pervenitur ad unum quod est causatum ab aliquo suorum causatorum, et tunc idem est prius et poster-
5 ius se et prius et posterius priore et posteriore se, quae sunt impossibilia. Aut pervenitur ad id quod est necesse esse et hoc verum est. Omnia ergo quae sunt in universo sunt ab ipso.

4-5 posterius se et prius et posterius — *Hom.* W // 5 se — *om.* L // 5-6 se quae sunt impossibilia — *om.* O.

---

1 SB, Lib. II, Tr. II, cap. 1, fol. 19v ff.

QUALITER PROBATUR PRIMUM PRINCIPIUM ESSE
INTELLECTUS UNIVERSALITER AGENS QUI EST
VIVENS VITA PERFECTISSIMA ET NOBILISSIMA
ET DELECTABILISSIMA ET GAUDIO PLENA ET 5
FELICISSIMA ET EST OMNIS VITAE PRINCIPIUM.

Hoc principium ex quo primum est, non est efficiens per accidens, sed per se, quia per accidens semper reducitur ad
per se prius se. Cum etiam probatum sit ipsum non esse corpus nec virtutem corporalem nec virtutem corporis, sequitur 10
quod ipsum nec est efficiens, quod est natura, nec quod est virtus vegetabilis vel sensibilis, quae sunt virtutes / 191v /
corporeae. Relinquitur ergo quod est efficiens, quod est intellectus. Aut ergo est sicut intellectus speculativus sive
contemplativus; aut est sicut intellectus practicus sive ope- 15
rativus, aut est sicut intellectus adeptus; aut est sicut
intellectus possibilis; aut est sicut formalis intellectus;
aut est sicut intellectus formaliter agens.
Non potest dici primo modo, quia secundum proprietatem
vocabuli, intellectus speculativus sive contemplativus vocatur 20
qui ex contemplatione rerum per sensum accipitur a rebus et

---

1 Tractatus primi — *add.* POWE // 2 qualiter; in quo
probatur — *add.* V // 3 agens: agentis — B; qui: quia —
B // et — *om.* V // 7-8 accidens . . . *Hom.* P; accidens: quod
add. P; sed per se — *om.* O; quia: omne *add.* O // 9
etiam: enim — W; etiam; ergo *add.* B // 11 quod — *om.*
L; vel: nec — 0 // 12 virtutes: in *add.* LVOE // 13 corporeae:
corpore — LVOE // 14 sive: vel — B // 15 sicut — *om.* L
// est — *om.* O // 16 est — *om.* O // 17 est — *om.* L; intellectus formalis — O // 18 formaliter: universaliter — LVEB
// 21 et *om.* O.

---

1 This Chapter is substantially the same as Albert, St., *Liber
de Causis et Processu Universitatis*, I, Tr. II, c. 1-2, ed. Borgnet, vol. 10, pp. 386-390 // 9 SB, Lib. IV, Tr. I, c. 1, fol. 190v.

ita dependet a sensibus, quia cujus rei sensus nobis deest, ejus etiam deest nobis scientia, ut dicit PHILOSOPHUS; et patet quod hoc primo principio non convenit. Et ideo secundum hanc intentionem, philosophi bene negaverunt ab hoc prin-
5 cipio hunc intellectum et per consequens negaverunt ab ipso omnes conditiones ipsum consequentes, dicentes quod ejus scientia non est universalis, non particularis, nec in potentia, nec in actu, nec in agere.

Omnes enim illae differentiae non conveniunt nisi specula-
10 tivae scientiae, quae ex suo scito causatur. Quod vel sumitur in universali et sic est scientia universalis, vel sumitur in universali prout ipsum diffusum est in particularibus, et sic est particularis. Vel sumitur in eo in quo res non est nisi in potentia, sicut particulare est in universali
15 et sic facit scientiam in potentia. Vel sumitur in eo in quo est in effectu sicut universale est in particulari et sic facit scientiam in actu. Vel sumitur in principiis facientibus scientiam non ut conceptam, sed ut exercitam sicut scientia conclusionis sumitur ut exercita in decursu ratio-
20 cinationis et sic facit scientiam in agere.

Scientia autem primi non est de universali praedicabili nec prout est universale, nec prout secundum esse est in multis, et ideo non est universalis nec particularis. Nec est de eo in

---

1 quia: ita quod — LB; quia: quod — VOWE // 3 primo — *om.* W; convenit: conveniat — L // 5-6 ab ipso — *om.* L // 8 nec in agere — *om.* L // 9 illae — istae — V; illae — *om.* B // 11-12 universali et . . . univarsali — *Hom.* O; universali *add.* vel — O; est scientia . . . in universali — *om.* W // 13 vel — *add.* V // 18 ut: in — OW; exercita: exercitu — OW; decursu: discursu — OW // 19-20 ratiocinationis: rationis // 21 praedicabili: possibili // 22 universale: rationale — B.

---

2 Arist., *Analyt. Post.*, I, 18, (81a 37).

quo aliquid sciatur in potentia, nec est rei permixta et ideo non est in potentia nec in actu. Et quia simplex est et non collativa, non est scientia in agere. Et omnium horum ratio est quia non causatur a re, sed est causa rerum. Unde patet quod hoc dictum non adversatur ei quod supra *libro secundo* 5 diximus, consentientibus theologis, in deo esse sui ipsius scientiam speculativam. Nec enim philosophi intenderunt negare quin primum principium cognosceret seipsum, non solum secundum rationem principii, sed etiam secundum id quod est.

Et hanc cognitionem theologia vocat speculativam, utendo 10 vocabulo secundum id quod perfectionis est in ipso, scilicet secundum quod dicit cognitionem alicujus naturae non ordinatam ad opus, et non secundum imperfectionem praedictam, a quo hoc nomen in creaturis imponitur. Et licet illae cognitiones realiter unum sunt in ipso, tamen utraque est ibi secundum 15 propriam rationem.

Item non potest dici secundo modo, scilicet quod sit sicut intellectus practicus, quia hoc intellectuale vel operatur per se sicut virtus formativa in semine. Haec enim operatur in quantum est similitudo primi intellectus vel operatur per acci- 20 dens ut artifex operatur per artem acquisitam. Et neutrum horum convenit primo principio, quia non est virtus in corpore nec aliquid accidit ei. Et hoc iterum patet quod hoc dictum non

---

1 rei: in re — O // 2 actu nec in potentia — O; non: nec — L // 3 in agere scientia — O; omnium: oppositum — E // 6-7 scientiam sui ipsius — O // 8 primum — *om.* W // 10-11 vocabula — O // 11 — ipsa — O; scilicet — *om.* LE 11-12 secundum — *om.* VE // 14 illae: illi — E; istae — V // 15 realiter: *add.* B // 15 sunt: sint — V // 17 sicut — *om.* L // 19 sicut: ut — LBE; haec: hoc — L; in — *om.* L // 20 quantum: ut — L; est — *om.* B // 21 ut: sicut — O // 21 neutrum: neutra — E // 22 non: nec — LVEB; est: *om.* E.

---

5 SB, Lib. II, Tr. V, c. 8, fol. 59r.

adversatur ei quod diximus supra, *libro secundo,* scilicet in
Deo esse intellectum practicum, quia ibi vocavimus intellectum practicum communiter omnem illum intellectum cujus intelligere est causa rerum, quem hic vocamus intellectum uni-
5 versaliter agentem. Sed hic vocamus intellectum practicum
qui dividitur contra speculativum et est finis ejus opus
/ 192r / secundum PHILOSOPHUM.

Quod autem non sit sicut intellectus adeptus per se, patet
quia ille intellectus, antequam fit adeptus, est in poten-
10 tia, et per adeptionem sui proprii actus efficitur in actu
sicut suo loco exponemus.

Similiter patet quod non est intellectus possibilis, quia
ille est secundum PHILOSOPHUM quo est omnia fieri et nihil
facere et in intellectu primi principii totum est oppositum.
15 Insuper patet quod non est sicut formalis intellectus, quia
ille in alio est et ab alio dependet.

Est ergo sicut intellectus universaliter agens quo est omnia facere et nihil recipere, qui est sicut ars ad artificiata et sicut sol ad visibilia omnia et esset optimum simile, si
20 ars ponatur esse principium artificiatorum simplici lumine artis et esset substantia et non forma artificia. Et si similiter sol ponatur esse lux solis et non quid compositum ex sub-

---

1 supra diximus — O // 2-3 practicum quia . . . practicum
— *Hom.* V // 9 ille: iste — L; fit: sit — LVO // 10 et: id
est — L; efficitur: fit — O // 13 ille: iste — V; est — *add.*
W; fieri: fiunt — E // 14 est totum — O // 16 alio: illo
— LV // 18-19 artificiata: adeficiata — O // 19 et — *om.*
L // 21 forma *add.* accidentalis — O; si — *om.* L // 22 esse
— *om.* O; esse *add.* ipsa — V.

---

1 SB Lib. II, Tr. V, c. 1, fol. 46r // 7 Arist., *De An.,* III, 12
(433a 12) // 13 Arist., De An., II, 5 (430a 15).

stantia solis et forma lucis, sic enim utrumque horum per suam essentiam agit omnia quae causat.

Cum autem primum dicitur intellectum universaliter agens, non intelligitur agens univoce cum aliquo causato intellectu, qui non agit per sive a se sive secundum id quod est, sed 5 secundum illustrationem super ipsum et in ipsum emanantem a primo intellectu qui per et a se operatur. Nec intelligitur universaliter in genere sicut quaecumque intelligentia dicitur esse agens universaliter, quia non agit nisi in ea quae sunt post ipsam. Sed intelligitur universaliter extra genus quia 10 illustrat simpliciter super omne quod est, nihil habens ante se.

Amplius, omne operans intellectuali operatione, vivens est quia, ut dicitur in *XI Metaphysicae,* actus intellectus est vita. Et probatur hoc etiam quia cum vita sit actus continuus, oportet quod sit alicujus agentis, scilicet ejus quod est 15 principium vitae ex hoc quod potentius est quam natura, cujus

---

1 sic: sicut — V; enim: ergo — O; horum — *om.* L // 4 univoce: unitate — VE; causato: in *add.* L // 5 sive a: *om.* — LVEOB; per se a se — W; sive a — *superscript* — P; se : sive — E // super: supra — L; ipsum: ipsam — V // 7 et a — *om.* LVOWE; *superscript* — P se: a se — *add.* W; intelligitur: intelligit — L, intellectus — B // 9 agens esse — O; universaliter: universale — L; ea: eo — B // 10 intelligitur: intelligit — L; universaliter: universale — L // 11 simpliciter — *om.* W // 12 omne: esse — *add.* OW // 13 dicitur: in *add.* LV // 16 ex: extra — V.

---

13 Arist. *Meta.* XII, 7 (1072b 27). The scribe sometimes refers to the books of the *Metaphysics* in such a way that indicates that he did not consider "little alpha" as Book II. We shall consider alpha elaton as Book II and number the others accordingly.

actum tantum est esse. Sed potissimum tale principium est intellectus et praecipue intellectus purus. Ergo actus intellectus, qui est intelligere, est vita sicut actus sensus, id est sentire, est vivere sentientibus, quod vivere est eis esse ut
5 dicit PHILOSOPHUS. Cum ergo ille intellectus universaliter agens operetur intellectuali operatione, patet quod ipse non solum est vivere, sed per seipsum est vivens sicut per seipsum agit. Modum autem hujus vitae exposuimus in *secundo libro.* Hic autem addimus quod sua vita est perfectissima
10 et nobilissima et delectabilissima et gaudio plena.

Est quidem vita perfectissima, quia et in se sola omnino perfecta est et in comparatione ad alia. In se quidem, quia cum vivere viventibus sit esse, sicut in primo solo ipsum, quod est, est suum esse, ita etiam ipsum esse est ipsa vita
15 per se et essentialiter. Et ideo ejus solius vita consistit in perfecta ratione vitae quae sola nusquam occumbit ex hoc quod immergatur vel immutatur alii, sicut est in omnibus in quibus quod est differt a vita.

-----

1 sed: secundum — E // 2 intellectus . . . intellectus — *Hom.* POW // 4 sentientibus: sensibilibus — L; et — *add.* L // 5 ille: iste — V // 7 per seipsum . . . sicut — *om.* POB sicut — *add.* O // 9 hic: hoc — V // 11 et in se — *om.* L; quia sola omnino in se — L // 12 quia — *om.* E // 13 cum: omne — *add.* E; sicut: sic — L; primo: principio — *add.* O; solo: solum — OW; ipsum — *om.* V; ipsum: suum — O // 14 esse — *om.* LVEB; esse: ipsum esse — *add.* W; ipsa: sua O; ipsa: sua — *add.* V; ipsa est — V // 16 hoc: quo — O // 17 quod — *om.* O; quod: non — *add.* O; immergatur immergitur — O; vel: nec — O; immutatur: immititur — O.

-----

5 Arist. *De Anim.,* II, 4 (415b 13); *Meta.,* XII, 7 (1072b 27)
9 SB Lib. II, Tr. IV, cap. 1, fol. 41r.

In comparatione vero ad alia, quia cum perfectum sit quod facit sibi simile, ut dicitur in IV *Meteorum,* illud perfectissimae vitae est, quod est omnibus viventibus principium vitae. Et hoc necesario est primum vivum quia omnis natura quae univoce vel analogice est in diversis, in omnibus 5 eis causatur ab eo in quo primo et essentialiter ista natura reperitur, sicut a primo calido, quod est ignis, causatur calor in omnibus calidis, ut dicitur in II *Metaphysicae.*

Vivit etiam vita nobilissima, si enim nobile est, quod a dignitate suorum principiorum nusquam degenerat. Primi vita 10 nobilissima est quae secundum rationem intelligendi a nobilissimo principio, quod est prima et / 192v / plena lux intellectus universaliter agens, ita procedit quod nec per materiam nec aliquam conditionem materialem nec per aliquam immissionem in extranea natura a plenitudine illius 15 lucis obumbratur. Nec ab universali actione vitae in omnia viva aliqualiter impeditur quia esse quo essentialiter est aliquod activum principium, illud in se quietum manens continue exserit actionem illius naturae. Nec per aliquid potest impediri quia sufficientiam agendi habet a se, sicut lux 20

---

1 ad — *om.* O // 2 facit: aliud — *add.* L; dicitur: patet — O; illud: id — L // 6 eis: ens — L, illis — O /ǎ 7 calido: calore — L // 12 quod: quae — E // agens: agentis — L // 15 immissio — nem: immixtionem — LO; in: aliqua — *add.* O; extranea: extraneum — L; natura: naturam — L // 17 esse: omne — VOE // 18 aliquod: aliquorum — L; illud — *om.* O, aliud — W // 19 exserit: — exerit POVW; naturae — *om.* LVB // 20 agendi: emplendi — L; a: ex-LVEB.

---

2 Arist. *Meteor.,* IV, 3 (380a 12, 14); cf. *De An.,* II, 4 (415a 26) // 8 Arist. *Meta.,* III, 5 (1002a 1).

continue exserit lucem et calor calores, et patet quod talis est vita primi.

Delectabilissima vero est haec vita et gaudio plena, quia uniuscujusque finis naturalis et proprius est delectabilis-
5 simus et dulcissimus. Finis autem universorum est attingere actualiter primum principium. Hujusmodi autem primum principium attingit quidem natura in participatione bonitatis suae in umbra materiae et privationis et non in ratione intellectus. Et ideo delectabiliter quidem movetur
10 ad ipsum, sed non percipit in eo dulcedinem, et ideo non gaudet in ipso, quia gaudium est diffusio animi in conceptu boni. Noster autem intellectus attingit ipsum etiam intellectualiter per contemplationem. Et ideo ex conjunctione cum ipso, delectatur et ex perceptione hujus dulcedinis gaudet
15 summa delectatione et summo gaudio, quae anima potest habere in corpore.

Sed haec sunt imperfecta tam quia imperfecta cognitione ipsum contingit quam etiam quia non diu manet anima in his propter hoc quod delectatio et gaudium sunt in opere et non in
20 habitu. Et ab illa operatione corpus quod corrumpitur retrahit animam.

Illud autem habet vitam delectabilissimam et inennarrabili gaudio plenam, cui hoc bonum essentialiter conjunctum est

---

1 exserit: exerit — LVEB; quod — *om.* E // 4 uniuscujusque: unicuique — V; naturalis: connaturalis — LVEB; proprius et naturalis — O; // 6 actualiter — *om.* O; hujusmodi: hujus — V, hoc — LE; // 7 natura: naturam — V // 8 privationis: privationem — VWE // 9 ratione: esse — L; quidem delectabiliter — L // 17 haec: hic — O, ambo — *add.* LVEB, vere — *add.* O, vero — *add.* W // 18 contingit: attingit — LE; anima: nam — OPW // 19 opere: operationem — LVEB /ă 20-21 animam retrahit — O // 21 autem: ergo — LVEB // 22 hoc bonum: *om.* E.

et cujus intellectus perfecta cognitione semper concipit hoc
bonum et perfecta fruitione percipit sui ipsius dulcedine. Et
hoc est in solo primo principio quod est suum bonum et finis.
Patet ergo propositum.

Haec est ratio ARISTOTELIS in XI *Metaphysicae* unde   5
subdit ibidem et dicit: si ergo sic se habet deus semper ut nos
aliquando, scilicet in theoria dulcissima et delectabilissima.
Hoc enim praemisit mirabilis, scilicet est ipse in firmitate
hujus delectationis quod, si magis incomparabiliter habet
hujusmodi delectationem solus quam non mirabilior, scilicet   10
tunc est ipse in excellentia hujus purae et simplicis delectationis sine mensura super omne suum causatum. Habet etiam
sic, scilicet se deus ut praemissum est.

Felicissima etiam est haec vita sive sumatur felicitas secundum suam essentiam, qualiter est operatio perfecta quia   15
praedicta operatio, qua fruitur se, perfectissima est, sive
sumatur secundum maximum suum posse, qualiter secundum
BOETHIUM: felicitas sive beatitudo est status omni bonorum
aggregatione perfectus, quia omnes boni tales secundum omni-
modam perfectionem suam sunt collectae unissimo et simpli-   20
cissimo modo in primo principio a quo ipse in omnia alia derivantur.

---

1 perfecta cognitione semper concipit — *om.* E // dulcedine:
dulcedinem — E // 3 suum: suti — O // 6 ut — *om.* W //
8 in — *om.* V // 9-10 habet hujusmodi delectationem solus
quam nos mirabilior — *om.* E // 10 solus — *om.* LOVW //
11 est tunc — O // 13 sic et Deus scilicet — L // 19-20 omni-
modam: omnimodo — L // suam: suarum — LOVWEB, rationum — *add.* LVEB.

---

5 Arist. *Meta.,* III, 9 (1075a 7) // 17-18 Boethius, *De Con.
Phil.,* III, pr. 2, PL 63. References to the *De Con Phil.* will
be given to the Fortescue edition, as well as the PL. *De Con.
Phil.* edidit Adrianus a Corti Scuto (London, 1925), p. 62.

CAPITULUM TERTIUM

DE SCIENTIA PRIMI PRINCIPII, QUALITER
CAUSALITAS ATTRIBUITUR INTELLECTUI ET
SCIENTIAE ET QUALITER SCIENTIA EJUS
5   SIT DETERMINATA ET NON UNIVOCA NOS-
TRAE SCIENTIAE, ET PERFECTISSIMA ET CAU-
SA ESSE ET ORDINIS UNIVERSORUM.

Ad perfectionem vero hujus primi principii quod est intellectus vivens et universaliter activus, tria requiruntur et
10   sufficiunt, scilicet posse non impeditum, scire non obumbratum, velle ab invidia / 193r / relegatum, sicut probavimus in *tertio libro*: de quibus pertranseundo addemus aliqua ad ea quae de his in *secundo libro* diffuse determina-
vimus. Hoc tamen praemittimus quod in causalitate primi
15   principii potest considerari conditio operantis vel condi-
tii operis.

Prima etiam consideratio dividitur quia vel consideratur
ejus simplicitas secundum quia vel consideratur ejus simplicitas secundum quam ipse est quidquid habet, vel consi-
20   deratur ejus perfectio secundum quam perfectionem omnium
generum secundum proprias suas rationes sunt in ipso. Secundum primam considerationem dicunt concorditer Stoici et
Peripatetici philosophi quod primum principium est per se

----

1 Tertium: tractatus primi — *add.* POWE // 2 principii: et
— *add.* O // 3 et: qualiter — V // 4 scientiae — *om.* V; univoca: unita — E // 8 perfectionem: perfectiorem — P; principii primi — W // 15 considerari: considerare — V // 17
etiam: vero — B.

----

1 Cf. Albert, St., *Liber de Causis et Processu Universitatis,*
I, Tr. II, cap. 3-8, ed. Borgnet, vol. 10, pp. 390-399 // 12
SB, Lib. III, Tr. I, cap. 1 ff. fol. 122v. // 13 SB, Lib. II, Tr.
III, fol. 21r ff.; Tr. V, fol. 46r ff. Tr. VI, fol. 102v.

causa omnium, sive per essentiam suam et non per accidens, id est per aliud, sive hoc sit intrinseca potentia, scilicet voluntas vel aliud hujusmodi, sive sit extrinsecum instrumentum et hoc jam probavimus. Et quia probatum est quod essentia primi principii, in quantum est primum principium, est natura activi intellectus, ideo per consequens dicunt philosophi concorditer quod ipsum causat per intellectum, qui est sua essentia et est essentiale principium omnium, quae tamquam lumina ab ipso derivantur sicut lux corporalis est formale principium omnium colorum, et ars est formale principium omnium artificiatorum ex sua forma dans artificiato nomen et rationem.

Et in tantum invaluit hoc dictum philosophorum quod JACOBUS et JOANNES huic dicto assentiunt, nam *Jacobi I* dicitur: Omne datum optimum et omne donum perfectum descendens a Patre luminum. Et *Joanni I*: Omnia dicuntur facta a principio per Verbum quod est vita et lux. Et ut dicit CHRYSOSTOMUS: Joannes utitur hoc modo loquendi propter consuetudinem philosophorum quibus scripsit. Et DIONYSIUS multum sequitur hoc dictum.

Secundum vero secundam considerationem ponuntur a philosophis processiones diversae primi principii secundum essentialem et per se causalitatem. Si enim a primo ente sunt

---

2 intrinseca: intrinsecum — L; potentia — *om.* L // 4 est — *om.* LV // 8 essentia: essentialis — W // 9 sicut: sic — L // 10 formale: essentiale — LVB // 11 ex — *om.* L // 14 nam: unde — O // 15 omne — *om.* VB; descendens: descendere — VO; descendens a Patre luminum — *om.* L // 16 luminum: et cetera — *add.* L // 22 principii: nec — *add.* V.

---

4 SB, Lib. IV, Tr. I, cap. 2, fol. 165r // 14 *Jac.* L, 17 // 16 *Joan.*, I, 1, ff. // 18 Joan. Chrys., *In Joan. Hom*, II, PG 59, 34 // 19 Dionys., *Div. Nom.*, I, 4, PG 3, 591.

omnia entia et a primo intellectu est omnia cognito et
a primo bono omnia bona sunt, ita quod, ut dicit BOETHIUS,
et si intelligatur primum principium ens et non bonum, omnia
entia erunt ab ipso, sed non erunt bona; et similiter in
5 aliis.

Si vero consideretur conditio operis, sic supra probatum
est quod requiruntur omnia illa tria secundum quae opus
exit ab operante. Et tamen philosophi Peripatetici secundum rationem nominum et ordinem intelligendi principale
10 inter haec dicunt esse intellectum, quia ipse est primum
et proximum operi. Primum quidem est quia nec voluntas nec
potentia per se operantur in operante secundum seipsum, sed
operantur ad determinationem intellectus. Proximum etiam
est quia proximum operi est id quod dat operi formam et
15 rationem. Lumen autem intellectus universaliter agentis
est forma operis, opus determinans ad rationem et formam.

PLATO autem inter haec principale ponit voluntatem. Dicit enim sic in *I Timaei*: voluntatem dici originem certissim-
am rerum; si quis ponat recte, consentiam. Et AVICEBRON
20 in libro *Fontis Vitae* hoc ipsum asserit. Sed hoc non convenit voluntati per se quia sic solum imperans est opus
hoc fieri et quia hoc facit secundum dictamen intellectus,

---

3 intelligatur: intelligitus — L; ens: esse — L // 10 ipse:
ipsum — L // 11 quia: quod — OW // 12 seipsum: sapientiam — LVOWB; marginal correction — P // 13 ad: secundum — O // 17 principale inter haec — L // 18 dici: dei
— LVO // 19 ponat: ponit — O // 20 non: nunc — PW
// 21 est imperans — O.

---

2 Boeth., *De Hebd.*, I PL 64, 1313 // 6 SB, Lib. IV, Tr. I,
cap. 3, fol. 192v // 18 *Tim.*, 30 A FF. // Aviceb., *Avencebrolis (Ibn Gebirol) Fons Vitae*, V, 41, Ex Arab. in Latinum
transl. ab Joan. Hisp. et Dom. Gundiss. ed. Cl. Baeumker in
(Beiträge zur Geschichte der Phil. und Theol. des Mittelalters, Band I, 2 - 4, Münster, Aschendorff, 1892 - 1895), p. 330.

patet quod intellectus prior est. Sed convenit ei secundum rationem sui objecti, quod est finis secundum PHILOSO-PHUM: qui finis secundum PHILOSOPHUM est causa causar-um: et bonitas movet primum intellectum ad sui communicationem secundum DIONYSIUM.   5

Et ideo non est contradictio secundum philosophos, quia primi loquuntur de principali secundum causam efficientem. Illi autem loquuntur de / 193v / principali secundum rationem causae finalis. Unde parum ante haec verba PLATO praemisit causam productionis omnium esse, quod conditor   10 optimus est et ab optimo longe relegata est invidia.

Sacra vero Scriptura causalitatem hanc frequentius attribuit potentiae vel voluntati divinae, quamvis interdum attribuat sapientiae. Sed hoc non facit quod illa sint principaliora quam intellectus sapientiae in causando. Sed cum sit sapien- 15 tia pietatis secundum APOSTOLUM per considerationem potentiae quae sola per se operatur et omnia alia per ipsam instruit nos de fide unius dei, sicut deus loquitur *Deutero-nomi XXXII*: *videte quod ego solum etc.*, et per beneficium bonitatis divinae quae effundit in nos abunde non per   20 aliquam necessitatem provocat nos ad tam benefici patris amorem.

---

2 sui — *om.* L; quod: quia — B; est: bonum — *add.* LV //
3 qui: quam — P; est: et — O // 4-5 communicationem sui
— O // 6 secundum: inter — V // 7 de principali — *om.* O
// 8 illi: secundi — L // 11 relegata: religata — L // 12
sacra: secundo — POW; vero: modo — *add.* O; Scriptura:
Scripturam — W // 14 principaliora: priora — L // 15
sapientia: scientia — VB // 19 ego: sum — *add.* LV // 20
beneficium: beneficia — V // 21 tam: dictam — B.

---

2 Arist., *Meta.*, XII, 7 (1072a 28) // 3 Arist., *Meta.*, V, 2
(1013b 25) // 5 Dionys., *Div. Nom.*, IV, 4 PG 3; *De Coel.
Hier.*, IV, 1 PG 178 // 9 Plato, *Tim.*, 30 A // 13 *Gen.* I, 1 ff.;
Apoc. IV, 11 // 14 PS. CIII, 24 // 16 *I Ep. ad Rom.*, V, 1 ff.
// 19 Deut., XXXII, 39.

Dubitabit autem aliquis qualiter primum principium determinatam rerum habeat scientiam cum species scibilium non videatur habere apud se, tam ex ratione ipsarum specierum quae sunt quidditates rerum existentes in rebus et
5 abstractae ab eis, quam etiam ex parte dei qui, cum sit tantum intellectus activus, non habet possibilem intellectum in quo species habeantur et sint. Insuper etiam si habet primum principium species rerum, universales habet et non determinatas per materiam, in quibus
10 non est determinata cognitio.

Sed ad haec et his similia dicendum est quod secundum PHILOSOPHUM in *VI Ethicorum* intellectum in nobis est scientificum potius quam sensibile vel etiam rationabile; quod est opinativum tantum, ex eo quod ipsum intellectum cum
15 sit omnino elevatum super materiam, recipit speciem sibi similem, id est omnino a materia et omni materialiter depuratam, ac per hoc omnino stabilem et certam, quae sola est principium certae cognitionis quae est scientia; non rationale in nobis inclinationem habet ad sensitivum prin-
20 cipium a quo accipit. Et ideo cum cognitio secundum similitudinem existat ipsi, ut ibidem dicit PHILOSOPHUS, accipit speciem non penitus depuratam a conditionibus materiae,

---

1 autem — *om.* V // 2 habeat rerum — OW // 3 videatur non — LVB // 13 potius est scientificum — O; rationabile: rationale — O // 15 super: supra — O // 16 omni — *om.* L // 18 non — *om.* OW // 19 rationale: — rationativum — O // 21 ipsi: ipsa — L // 22 accipit: conceptio — *add.* V.

---

12 Arist., *Ethic. Nicom.*, VI, 1 (1139a 10 ff.) // 21 Arist., *Ethic. Nicom.*, VI, 1 (1139a 10); cf. *Perih.*, I, (16a 5).

sed cum continuo et tempore, et ideo talis conceptio non est certa nec est scientia, sed opinio.

Cum ergo primus intellectus sit maxime remotus a materia, nihil habens potentialitatis, sed est purus et universaliter activus existens actus cujus essentiale lumen est prima 5
forma, cujus omnes formae rerum sunt imagines ut dicit BOETHIUS. Et illa forma sit summae puritatis ut patet per hoc quod, cum species materialis per resolutionem compositi in simplex depuratur a materia, ultima resolutione resolvitur in hoc lumen, et ibi stat omnis resolutio. Patet quod 10
ille intellectus summe scientificus est, habens omnium scientiam.

Nec oportet quod species habeatur in intellectu possibili ut in subjecto, quia sicut materia non secundum id quod est, sed secundum quod habet in se actionem efficientis 15
et moventis accipit formam secundum actum et fit operans secundum eam, ita etiam intellectus possibilis non secundum id quod est, sed secundum quod habet in se actum intellectus agentis, recipit speciem sensibilem et fit operans secundum eam considerando secundum actum. Cum ergo propter 20
ter quod unumquodque illud magis, ut dicit PHILOSOPHUS, patet quod in naturalibus forma, secundum quod est in actu,

---

4 est — *om.* VLOWB // 7 per — *om.* PW // 8 cum: est — L; materialis: materialem — P, immaterialis — L // 9 depuratur: depurata — LW // 11 ille: iste — V; omnium: omnem — L // 12 scientiam: scibilem — LV // 16 fit: sit — W //19 considerando: consideratam — L // 21 unumquodque: tale et — *add.* W.

---

7 Boeth., *De Consol. Phil.*, III, met. 9 PL 63, 759; ed. Fortescue, p. 82 // 21 Arist., *Analyt. Post.*, I, 2 (72a 29).

efficientis est agens et operans, et in intellectualibus species, secundum quod est in actu et lumine agentis efficitur operans. Non autem operatur species scibilis in intellectu nisi scientiam. Ergo habens speciem in intel-
5 lectu agente habet / 194r / scientiam et si habet eas in solo intellectu agente sicut habet primum principium, habet scientiam semper in actu considerationis existentem et non in potentia nec in habitu.

Determinatio autem scientiae per relationem ad materiam
10 non est nisi scientiae abstractionis. Nam activa scientia, qualis est scientia primi, per hoc determinatur quod virtus suae causalitatis diffunditur ad omnia causata et terminatur ad ipsa. Sic enim in sciendo hanc causalitatem secundum omnem modum virtutis quod terminatur et extenditur,
15 haec virtus vel extendi et terminari potest, determinate scit unumquodque ad quod extenditur et terminatur, scilicet genera et species et individua omnia substantiae et accidentium. Per hoc enim omnia sunt sibi praesentia in lumine suo, quod est species omnium et per extensionem et
20 terminationem ad omnia et penetrationem qua penetrat omnia per suam simplicitatem per quam nullo termino clauditur et nulla re excluditur. Omnibus praesens est ita quod unicuique est magis principium propinquum et immediatum quam proxima principia sua, quia primum per se est omnibus pro-

---

1 efficientis est agens . . . quod est in actu — *om. LWPOB* (*Hom.*) // 2 et: in — *add.* WPO; actu: agente — *add.* V // 13 causalitatem: causalitate — W // 15 terminari vel extendi — O // 16 scit unumquodque determinate — O; terminatur: determinatur — L // 20 et: ad — OW // 23 principium — *om.* LVOW.

ximum et immediatum.

Alia autem principia non sunt proxima nec immediata nisi virtute primi penetrantis ea, eo quod efficiens proximum et forma et finis et etiam materia, secundum quod in ea est inchoatio formae, non habent constituere rem nisi per speciem et virtutem quam accipiunt ab intellectu primo universaliter agente. Cum ergo omne illud quod praedicto modo est praesens scienti, sciatur ab ipso et tantum ipsum praedicto modo est praesens, determinate sciatur ab ipso, patet propositum. 5

10

Sequitur etiam quod cum modus sciendi consistat in modo ejus in quo res scitur, primum scit mobilia immobiliter et contingentia incontingenter et materialia immaterialiter et temporalia intemporaliter et composita simpliciter, et tamen scit ea secundum quod sunt, quia aliter nesciret extensionem suae causalitatis usque ad ipsa. Scit etiam ea quae possunt esse sicut ea quae sunt in ipso quia non possunt esse nisi ea quorum species sunt in ipso, illa autem scit. Cum etiam illae species eodem modo se habent ad finita et infinita, et infinita sint in potentia, ipse scit infinita actu intelligentis qui nihil sui habet in potentia, quamvis infinitum non sit actu. 15

20

Scit etiam multa uno quia ipsum praedicta extensione

7 quod est praedicto modo — LVB // 8-9 praesens . . . praesens — *Hom.* — POW // 8 tantum: cum — V // 9 determinate: determinata — P // 15 nesciret: sciret — OW // 17 in ipso — *om.* LVB // 18 esse: omne — L; ipso: potentia — *add.* O // 19 illae: istae — V // 20 et infinita — *om.* POW; sint: sunt — OW // 22 sit: scit — W.

terminatione et penetratione refertur ad ipsa, sicut si unum punctum lucis emitteret infinitos radios, quorum omnium esset idem punctum species et ratio. Si enim hoc punctum ponamus esse scientificum, ipsum uno et eodem cognoscet
5 diversitatem omnium suorum radiorum. Propter quod etiam omnia scit una scientia et sua scientia non multiplicatur secundum diversitatem scitorum. Non enim multiplicatur scientia secundum scita, nisi sit per illa principia quae non sunt eadem diversorum. Et ideo illorum tantum habet
10 unam scientiam quae per eadem principia possunt demonstrari. Et haec non est nisi scientia quae accipit a rebus et cognoscit res per sua proxima principia, et nihil talium esse in scientia primi patet ex dictis.

Ex his constat scientiam primi non esse univocam nostrae
15 scientiae, quia scientia univoca est per univocationem eorum de quibus est. Nec autem non est hic. Species enim quae est causa omnium quae est objectum scientiae primi principii, et species rei causatae cujus est nostra scientia, non sunt univocae species. Ergo nec scientia est
20 univoca.

Hujus autem modi sciendi primi principii exemplum in nobis ponunt philosophi, scilicet THEOPHRASTUS, PORPHYRIUS, et THEMISTIUS; quamvis enim quidam etiam accepto

------

1 unum — *om.* OP // 2 punctum: punctum — *add.* V // 4 ipsum — *om.* V // 8 sit: scit — WO // 11 haec: hoc — LVOW // 17 scientiae — *om.* O // 19 sunt: est — L; species — *om.* OW.

------

22 *Theophr. Meta.,* VIII, in Averr. *Opera Omnia,* VIII References in Averroes in *Averrois . . . in omnes libros Aristotelis,* (Venetiis apud Iuntas, 1562-1574), p. 399ra. ————, *Meta.,* tx. c. 51, 336vb.

habitu scientiae non sint prompti ad respondendum, nisi post discussionem, et quidem per acceptum habitum parati sunt reddere rationem de omnibus quae in illa scientia / 194v / quaeri possunt. Tamen quidam, ut dicit HOMERUS, sunt per naturam boni, qui per se sine doctrina hoc possunt, sicut 5 patet in ARISTOTELE et HIPPOCRATE et aliis qui veritates scientiarum primitus invenerunt. Et sicut in scientia legum patet in primis inventoribus et talis aliquid simile habet, cum scientia divina scit enim per lumen intellectus proprii sine habitu acquisito. Et ideo nullius potest oblivisci nec 10 indiget collatione ad sciendum, sed tantum relatione speciei sui intellectus ad scibilia. Et similiter est in Deo.

Concluditur quoque ex praemisis quod primum scit seipsum perfecta scientia. Sicut enim omne sentiens scit se sentire, sic etiam omne intelligens scit se intelligere secun- 15 dum PHILOSOPHUM in *III De Anima*. Probatum est autem quod primum intelligit omnia; ergo scit se intelligere. Ipsum autem primum est suum intelligere, et in quantum est, propter simplicitatem et in quantum principium est, quia principiat et agit per scientiam et intellectum; ergo scit se 20 secundum quod in se est et secundum quod principium est. Et

---

1 post: per — L, prius — E // 2 habitum — *om.* B // 7 primitus: primo — V, penitus — E // 8 talis: tales — L; habet: habeat — L // 9 scit: sciunt — L // 10 potest: possunt — L; nec: et non — L // 11 indiget: indigent — L; sciendum: secundum — OW // 12 scibilia: similis — O, intelligibilis — W // 15 sic: sicut — V // 15-17 intelligere secundum . . . scit se intelligere — *Hom.* O // 19 propter: suum — *add.* OW // 20 intellectus: intellectus — OW; ergo — *om.* V; scit: cognoscit — V; se — *om.* L.

---

4 Homer, *Iliad*, xxiv, 258ff.; cf. Arist., *Ethic. Nicom.*, VII, 1 (1145a 20 ff.) // 16 Arist., *De An.* III, 3 (427a 20).

179

ideo perfecte scit se quia, cum ipsum per intellectum et scientiam sit principium, si non perfectam habet scientiam, non est perfectum principium.

Perfectio autem scientiae suae qua scit se et alia,
5 consistit in hoc quod sciens est perfectissima ratio et mensura scitorum, et illud quo scit nihil minus representat quam est in scientia. Et illud quod scit totaliter comprehenditur per rationem scientis et ejus quod scit, et quod haec tria omnino unum et idem sunt in ipso; quam-
10 vis enim in nobis idem sit scitum et quo scitur, eo quod forma denudata a materia quae est id quo scimus, est eadem secundum essentiam illi formae, quae materiam terminat, quae est id quod scimus. Quamvis esse non sit idem, tamen sciens cum his duobus non potest idem esse, sed, ut
15 dicit ARISTOTELES in *III De Anima*: in his solum quae sunt sine materia, sciens et scitum unum sunt, vocans sine materia solum intellectum activum, quia intellectus speculativus est materialis eo quod est cum continuo et tempore.

Unde si intelligentiae sunt scientes per talem intellec-
20 tum activum ut philosophi sentiunt, tunc in eis etiam praedicta tria unum sunt. Sicut si ponamus artificem esse

---

1 perfecte: perfecto — OW; quia: qui — OW; cum: tamen — O, pnʳ — *add.* O // 5 est: et — OW // 5 mensura: omnium — *add.* L // 6 quo: quod — LVB // 11 id — *om.* L // 14 cum: in — L // 16 sunt: est — VLE // 18 materialis: naturalis — E // 19-20 praedicta etiam — V.

---

15 Arist., *De An.*, III, 4 (429b 22); cf. *Meta.*, XII, 7 (1072b 21).

180

ipsam speciem artis, erunt ibi haec tria unum, quia species artis una est subjecto quae est id quo scitur et recepta in materia quae est id quod scitur. Sed tamen quia esse differens est, non sunt haec tria omnino unum.

Sic autem philosophi ponunt intelligentiam esse intel-   5
lectum artificialem, cujus essentiale lumen est ipsa forma suae artis. Et ideo haec tria sunt ibi unum, sed non omni-no eo quod non est ibi omnino idem quod est et esse. In solo autem primo haec sunt unum, scilicet quod est et esse. Et ideo secundum essentiam ibi unum sunt sciens, scilicet   10
intellectus universaliter activus et quo scitur, scilicet lux ejusdem intellectus, quae est species rerum, et quod scitur, scilicet omnia prout sunt in hoc lumine vita et lux, ita etiam secundum esse omnino idem sunt. Et in prae-dictis conditionibus consistit perfectissimus modus sciendi   15
quid excogitari potest.

Scientia illius primi principii causa est esse univer-sorum, quia esse est fundamentum omnium et ideo est primum causatum prius omnibus determinatis entibus. Ergo oportet ipsum esse causatum a causa antecedente omnia, et hoc non   20
est nisi primum principium. Ipsum ergo solum est causa esse universorum. Sed cum ipsum sit intellectus activus, non causat nisi per scientiam operativam, cujus scire est

----

1 ipsam — *om.* V; erunt: essent — OW // 6 essentiale — *om.* O // 8 ibi — *om.* V; quod: — *add.* P; idem: unum — LV // 10 unum sunt — LV; scilicet — *om.* O; sciens: fa-ciens — L // 11 activus: agens — O // 14 omnino — *om.* O // 17 scientia: etiam — *add.* B; illius; — illa — VB // 22 universorum esse — W; sit: fit — VO.

lumina intellectualia spargere, quae sunt principia rerum. Ergo sua scientia est causa esse universorum, secundum quod est esse, licet determinationis / 195r / esse alia secunda sint principia.

5   Est etiam ipsa scientia causa ordinis universorum cum enim in genere non sint nisi duo effectiva principia, scilicet natura et intellectus. Natura non est causa ordinis, quia tantum est ad unum et illud ad se non habet ordinem. Intellectus autem plura producit et si intellectualiter oper-
10   atur, id est secundum rationem sapientiae, cujus est ordinare, ut dicit PHILOSOPHUS X *Metaphysicae,* necessario producit ea in ordine, cujus ordinis causa est sua sapientia. Cum ergo intellectus primus ex hoc quod ipse est ipsa sua scientia sive sapientia, necessario secundum
15   sapientiam causat omnia quae causat, producit sua causata in ordine et sua scientia est causa illius ordinis.

---

6 enim — *om.* L // 8 illud: id — E // 11 PHILOSOPHUS: in — *add.* VE; necessario: necessarie — P // 14 ipsa — *om.* LO // 15 causat: causet — VE.

---

11 Arist., *Meta.,* I, 2 (962a 18).

CAPITULUM QUARTUM

DE PRIMI PRINCIPII LIBERTATE, VOLUNTATE ET OMNIPOTENTIA

Liberum est etiam hoc principium primum tam in se quam in actione. In se quidem liberum est, quia haec 5
libertas non tollit necessitatem immutabilitatis; qualiter primum principium solum est necessarium supra probavimus, cum haec necessitas maxime faciat ipsum esse sui causa in causando, eo quod non convenit nisi causae primae, sed tollit necessitatem dependentiae ad aliquam causam, 10
quae quatuor modis dicitur secundum quatuor genera causarum. Est enim libertas ab obligatione, quae obligatio est per materiam, sicut homo obligatur per hoc quod materialis est ad necessitatem comedendi, dormiendi et hujusmodi. Libertas ergo haec est per immaterialitatem. 15

Alia est libertas a coactione, quae coactio est per causam efficientem sicut vinculatus necesse habet non ire. Et libertas haec est per virtutis perfectionem quae nihil extrinsecum potest recipere.

---

1 Quartum: Tractatus Primi — *add.* POWEB // 2 et — *om.* V; omnipotentia: tractatis primi — *add.* L // etiam est — V; primum principium — LVO // 7 est: esse — LVE // 9 primae causae — VL // 13 est materialis — L // 14 comedendi: et — *add.* LVWE // 15 ergo: est — L; est — *om.* L // 16 per: a — L // 17 causam: causa — L; efficientem: efficiente — L.

---

1 Cf. Albert, St., *Liber de Causis et Processu Universitatis*, I, Tr. III, c. 1-3, ed. Borgnet, vol. 10, pp. 400-405. // 7 SB, Lib. IV, Tr. I, cap. 1, 190r.

Tertia libertas est omnino ab inevitabilitate quae inevitabilitas est per formalem causam, sicut homo necessario facit humana propter formam humanitatis. Et haec libertas est per simplicitatem qua aliquid formam non habet partem
5 sui, sed est ipsa sua quidditas et est ipsa libertas et est quidquid habet. Illud enim operatur quidem per essentiam suam quidquid agit, et tamen agit libere quia sua essentia est sua libertas et libera voluntas. Et hoc est in primo principio et ideo non est simile de hoc agente per
10 essentiam et de naturalibus agentibus per essentiam suae formae, sicut ignis necessario comburit et similia.

Quarta libertas est a necessitate suppositionis quae necessitas est per causam finalem, sicut necesse est hunc secari, si debet curari.

15 Cum ergo primum principium ad nullam causam habeat dependentiam, patet quod ipsum in se omnino liberum est. Est etiam liberum ad agendum et non agendum, ita quod ad neutrum habet obligationem nec impossibilitatem ad alterum. Secundum hanc libertatem ad utrumque, non transponitur de
20 uno in alterum, quia melius est esse unum quam alterum, *sicut homo sanctus in sapientia manet sicut sol, Ecclesiastici XXVII.*

Cum tamen liber sit ad hoc et ad oppositum, sic enim in

---

1 omnino — *om.* VLWE // 2 evitabilitas — L; formalem: forma omnium — PW // 4 aliquid: aliqua — W; formam: forma — W // 10 essentiam . . . essentiam — *Hom.* E // 11 similia: consimilia — L // 12 suppositionis: positionis — LVOWEB // 13 hunc — *om.* VE // 19 secundum: sed — VE hac: habens — VE // 20 alterum . . . alterum — *Hom.* B // 23 oppositum: propositum — OW.

primo est agere et non agere, sed non potest non agere quia melius est emittere bonitatem quam invidiose retinere. Propter quod etiam AVICENNA et alii meliores Peripateticorum dicunt primum esse largissimum secundum illam speciem largitatis quae est magnificentia, quia semper fluit op- 5 timis et non deficit eo quod sibi sufficit in omnibus aliis. Primum ergo in hoc agere liberrimum est, tam propter liberalitatem jam dictam quam propter hoc quia, ut dicit PHILOSOPHUS in *I Metaphysicorum,* liberum dicimus quod causa sui est. Cum ergo primum principium maxime sui 10 causa sit in agendo, liberrimum est in actione et per consequens dominium habet in actione sua, quia quilibet est dominus suorum actuum, cum causa ipsorum in ipso est.

Ex hoc necessario sequitur voluntatem in primo, tam propter hoc quod in seipso habet principium omnis suae actionis 15 (voluntarium / 195v / est enim cujus principium est in ipso sciente singularia in quibus est actus ut dicit PHILOSOPHUS), quam etiam propter hoc quod ipsum probavimus omnino esse liberum in agendo. Cum enim tantum tria sint principia eorum, scilicet natura, intellectus et appetitus, solum 20

---

3 quod: hoc — V; etiam — *om.* B; et — *om.* O; alii: aliquod — O; Peripateticorum: Peripatetici — L // 5 optimis: optimo — O // 6 in: et — VLE // 7 agere: genere — O // 8 liberalitatem: libertatem — L; jam: quia etiam — V, etiam — E; quia: quod — VE, quia — *om.* OWB // 9 in — *om.* O // 10 quod: quidam — O; est — *om.* O // 11 sit: est — L, fit — O // 13 ipsorum: est — *add.* W; ipsarum — PO // 15 omnis — *om.* O // 16 enim est — L // 17 ipso: seipso — O; sciente: constituente — V, consciente — LWOE.

---

3 Avicenna, *Meta.,* IX, 4, 104va. References in Avicenna will be to Avicenna, *Opera Philosophica,* (Venice, 1508), vol. 1-2. // 9 Arist., *Meta.,* I, 2 (982b 26) // 18 Arist., *Ethic. Nicom.,* III, (1111a 21); SB, Lib. IV, Tr. I, cap. 4, fol. 195r.

appetitus voluntatis est principium omnino librum. Natura enim de necessitate agit. Intellectus etiam complexione syllogistica cogitur ad consensum. Voluntas autem nullo modo cogitur. Primum ergo, quod liberrimum est, in oper-
5 ando habet voluntatem.

Hoc tamen negant multi PERIPATETICORUM, scilicet ARISTOTELES, THEOPHRASTUS, PORPHYRIUS, AVI-CENNA, et AVERROES. Sed intelligendum est, ut quidam antiqui bene dixerunt, voluntas dicitur tripliciter. Uno modo de-
10 liberativus appetitus rei deficientis in ratione fundatus. Et hanc solam praedicti philosophi intenderunt negare a primo principio, ut probatur per hoc, quod omnes rationes eorum de ipsa procedunt. Dicunt enim quod voluntas est appetitus qui semper est imperfecti sicut materiae, eo quod est non habiti et
15 voluntas variatur secundum volita et quod oportet ibi esse nuntians de volito, et ita volens est duo, scilicet nuntius et volens. Haec enim et similia vera sunt tantum de voluntate jam habito modo dicta.

Secundo modo dicitur voluntas quae est definitiva et est
20 immobilis placentia finis. Et hanc voluntatem habet primum principium in volitis, id est quorum causa est voluntas.

---

2 etiam — *om.* B // 3 consensum: consensus — WB // 6 tamen: autem — OW // 8 et — *om.* O // 8 est: quod — *add.* L; dixerunt: distinxerunt — VE // 12 ipsa: ipso — OW // 14 et: quod — *add.* VE // 15 volita: solita — V; esse: aliquid — *add.* V, ad — *add.* E // 16 nuntius: nuntians — O // 17 haec: hoc — L; enim: autem — L.

---

7 Arist., *Meta.*, XII, 7 (1072b 23); Theophr., *Meta.*, c. III, 397v (Averroes, *Meta.*, vol. 9); Avicenna, *Meta.*, VIII, 7, 100va; Averroes, XII *Meta.*, tx. c. 39, 322ra.

Tertio modo dicta voluntas est liber motor animi quae non est specialis potentia, sed est generalis natura consequens quamlibet potentiam, quae nullius corporis actus est. Sive sit intellectus sive voluntas proprie dicta per quam non solum in actibus elicitis ab aliis potentiis est 5 libertas, sed etiam in actibus imperatis. Secundum hanc enim voluntatem consuevimus dicere, intelligo quia volo, ambulo, et sic de aliis. Et sic est voluntas in primo quantum ad omnes suas actiones etiam quantum ad actiones suas naturales, quae sunt vivere, intelligere et velle et hujus- 10 modi. Sic enim voluntarium est omne quod agit sua propria electione et libertate, quae praecipue est in ipso.

Omnipotentiam quoque primi secundum quinque conditiones est considerare in quibus ratio ejus consistit, scilicet ex radice quia haec potentia radicatur in hoc quod est 15 principium omnium, ad quod omnia secundum esse reducuntur sicut ad causam.

Secundus modus est ex virtute, quae est finis potentiae, quia omnia quae intellectu capi possunt, constringit et cohaeret sua potentia. 20

Tertius modus est ex hujus virtutis infinitate, triplici

---

1 voluntas dicta — OW // 5 aliis: his — LV // 7 enim hanc — L; quia: quod — B // 8 ambulo: enim volo — *add.* LVE; et sic de aliis — *om.* E // 9 quantum: quam — V // 9-10 etiam quantum ad actiones suas naturales — *om.* W; ad — *om.* E; naturales — *om.* LOW // 11 voluntarium: voluntaria — P; agit: ex — *add.* B; sua — *om.* VL, ex- E // 12 quae: quod — V; ipso — primo — V // 13 omnipotentiam: omnipotentia — B; conditiones: causas — L // 15 in: aliquod — *add.* W // 16 omnium: animi — P // 21 triplici: tripliciter —— V, triplici — *om.* B.

scilicet incomprehensibilitatis, quia nec loco nec tempore, nec intellectu clauditur, et secundo extensionis, quia nullo numero actuum vel objectorum terminatur quin possit se extendere ad plura, et tertio intensionis, quia nulla
5 arduitate operis terminatur, et propter hac infinitatem potentiae non potest habere passivum suae potentiae respondens. Propter quod non sequitur deus sive primum principium potest hoc facere, scilicet contradictoria simul vera esse vel aliud simile huic. Ergo hoc potest fieri in
10 re, quia duo requiruntur ad hoc quod aliquid fiat in re, scilicet quod primum possit hoc facere et quod hoc in re possit fieri. Et ideo, cum arguitur tantum ex altera istarum causarum, incidit fallacia consequentia.

Sciendum tamen quod licet secundum se sit primum sim-
15 pliciter infinitum et potentiae infinitae, tamen secundum aliquid sui, id est secundum bonitatem qua desideratur ab hoc mobili vel illo, in quantum primum est primus motor mundi, ut omnes dicunt, movens sicut desideratum movet desiderium, ut dicitur in *XI Metaphysicae,* finitum / 196r
20 / est et potentiae finitae quia omnis motor habet potentiam proportionatam ad mobilem, sive moveat ut efficiens, sive moveat, ut desideratum movet desiderantem, qualiter

---

4 extendere se — W; intentionis: intentionis — PO // 5 terminatur operis — L // 9 esse simul vera — W // 10 quod-*om.* L // 11 et: ut — V // 11-12 quod in re possit hoc — L // 12 tantum — *om.* E // 14 tamen: est — *add.* E; sit: fit — O // 16 desideratur: consideratur — E // 17 vel: ab — *add.* L; primum: ipsum — E; motor primus — LV // 20 finitae: infinitum — O; et potentiae finitae — *om.* LVE.

---

19 Arist., *Meta.,* XII, 7 (1072a 25).

primum movet. Quia nisi sit inane desiderium, nihil desi-
derat nisi quod consequi potest quod naturale desiderium
quo omnia desiderant primum principium non est inane, et
tamen non possunt consequi sibi improportionatum. Quod
autem habet proportionem ad finitum, finitum est, quia   5
infiniti ad finitum nulla est proportio.

Quartus modus est in modo potentiae, scilicet quod
nihil habet impotentiae admixtum. Et ideo AVICENNA dicit
quod primum in hoc est omnipotens, quia potest quidquid
vult et sicut vult, nihil habens impotentiae admixtum. Prop- 10
ter quod nihil potest resistere suae potentiae, et sine
sui impotentia tria excluduntur ab ejus potentia, quae impotentiam habent admixtum scilicet privativum ut mori et
infirmari et similia. Quae privativa sunt esse et potestatis
et materialia ut comedere, ambulare et similia, quae in- 15
dicant materiam subjacentem privationi, et mala ut mentiri, injuste agere et similia, quae indicant boni et
optimi privationem. Quia, ut dicit AUGUSTINUS, qui potest
hoc, quod sibi non prodest nec expedit, quanto magis potest
hoc tanto magis adversitas et perversitas possunt in eum. 20

Quintus modus est quod primum in omnibus potest. Nihil
enim secundorum aliquid potest nisi ab ipso.

---

2 potest: et constat quod — *add.* EB // 3 est — *om.* VE //
5 ad finitum: patet — *add.* V // 7 quod: quia — LVE // 8-10
impotentiae admixtum . . . impotentiae admixtum — *Hom.*
L // 11 nihil: non — E // 12-13 quae importentiam habent
admixtum — *om.* POWB // 13 et: vel — VLE, *om.* O // 14
similia: consimilia — L // 15 similia: consimilia — L // 16
materiam — *om.* P; ut: et — OW // mentiri: et — *add.* O //
17 injuste: injusta — VLE // 18 qui: quod — V // 19 hoc —
om. O, hoc potest — W // 21 secundorum: illorum — L.

---

8 Avicenna, *Meta.*, IX, 4, 104ra // 18 Cf. Albert, St., *Sum.*
Theol., II, I, ad 5, ed. Borgnet, vol. 32, p. 105.

CAPITULUM QUINTUM

QUID SIT FLUERE ET INFLUERE ET DE TRIBUS QUAE AD HOC REQUIRUNTUR

Quia nunc ostendendum est qualiter causatum fluat a
5 causa, primo exponendum est quod dicitur per nomen. Sciendum est ergo quod id quod fluit forma est et quia fons
primus hujus fluxus est forma lucis primi intellectus universaliter agentis. Sed tamen non dicitur fluere secundum
quod exiit de potentia materiae, sed secundum quod exiit
10 a primo principio sicut domus ex domo et sanitas ex sanitate, ut dicitur in *VII Metaphysicae*. Quia sic ser-
vatur ratio transsuppositionis hujus nominis qua illud
quod fluit unius formae est in fluente et in eo a quo
fluit, sicut aqua est ejusdem speciei in rivo et in fonte.

15 Fons autem hujus fluxus est ipse quem PLATO vocat
datorem formarum, eo quod ita est prima origo formarum
quod, quidquid dat sive fundit formam, facit hoc virtute
hujus fontis et de thesauris ab ipso mutatis, ita quod
unum est secundum essentiam quod a primo per omnia secun-
20 da fluit: licet esse sit alterum secundum quod haec natura

---

1 Quintum: Tractatus Primi — *add.* POWEB // 3 tribus:
conditionibus — *add.* E // 3 requiruntur: et caetera — *add.*
E // 4 est — *om.* OB; fluat: fluit — LV // 6 id: illud — L;
et — *om.* LVEB // 11 sanitas: sanitates — O; sic — *om.*
E // 14 ejusdem: formae — *add.* O; ejusdem est — V; et:
vel — L // 17 quod: quia — V.

---

1 Cf. Albert, St., *Liber de Causis et Processu Universitatis*, I,
tr. IV, c. 1-4, ed. Borgnet, vol. 10, pp. 410-418. // 11 Arist.,
Meta., VII, 7 (1032b 13) // 15 According to Averroes, VII
Meta., tx. c. 31, VIII, 85rv, Plato held the doctrine of the "dator formarum"; cf. Avicenna, *Meta.*, IX, 3 (103vb).

est in diversis sicut differentia non multiplicat essentiam generis sed esse.

Fluxus autem est simplex emanatio formae ab hoc primo fonte quae omnium est prima originalis forma. Et hoc est aliud quam causare, quia causalitas aequivoca non servat 5 unitatem formae influente et in eo a quo fluit. Causalitas vero univoca est per transmutationem subjecti in quod est actio. Fluxus autem tantum dicit processum formae a simplici formali principio sine trasmutatione subjecti et ita quod, si sit ibi aliqua subjecti alteratio, illa 10 non est de ratione fluxus nec est propter principium fluxus, sed fit propter materiam ab illis principiis, quae nihil sunt de essentia principii fluxus. Sicut cum sanitas animalis fluit a sanitate artis in mente medici, adhibentur instrumenta medicinalia propter habilitationem materiae, 15 non propter formam artis, nec propter artem quae est formale principium hujus fluxus.

Similiter istud fluere non est idem quod principium vel elementaliter constituere quia, quamvis principium multipliciter dicatur secundum PHILOSOPHUM in *V Metaphysicae,* 20 tamen principaliter dicitur quod est aliquid rei cujus est principium, licet AVERROES aliter dicat. Nomen enim

---

3 simplex emanatio est — W // 4 quae: qui — E // 6 a: in — OW // 8 dicit tantum — V // 10 et: id est — VE; sit: potest — V // 11-13 fluxus . . . fluxus — *Hom.* E // 16 artis formam — L // 22 dicat; dicatur — P.; Averroes: Avicenna — PO.

---

20 Arist., *Meta.,* V, i (1012b 34) // 21 Averroes, *XII Meta.,* tx. c. 41, 325vb; tx. c. 52, 337vb.

hoc / 196v / testatur, principium enim dicitur qua primum rei est. Quod vero elementaliter constituitur, componitur ex primis constituentibus ipsum secundum formam indivisibilibus. Primum autem principium fluens in omnia
5 nihil est ipsorum, et ipse fluxus est alicujus simplicis quod in esse suo nihil habet elementaliter componens. Ergo patet horum differentia.

Faciens autem fluere hanc fontem duplex est secundum rationem. Unum est bonitas quae est diffusiva sui et
10 esse, ut dicit DIONYSIUS. Secundum est sua communicabilitas ex hoc quod non solum sibi, sed etiam omnibus aliis sufficit. Haec enim communicabilitas, cum non possit esse in potentia nec in habitu eo quod primum tunc haberet aliud educens ipsum in actum, oportet quod semper sit in actu.

15 Ex hoc sequitur quoddam valde notabile, scilicet quod, cum esse, vivere, et intelligere sint fluxus hujus fontis in omnia, qui continue actu fluunt, ipsa sunt actus continui, semper existentes in fieri exerciti a primo ente et a prima vita et a primo intellectu continue, eo quod primum
20 per essentiam suam haec agit. Omne enim activum per essentiam continue exserit illam actionem sicut patet in luce et in calore. Et ideo sicut nihil dicit erit, si primum

---

1 dicitur — *om.* B; dicitur qua — *om.* LVOWE // 2 est — *om.* OWP // 7 differentia: demonstratio — L // 9 sui — *om.* O // 13 aliud: illud — O // 14 actum: actu — L // 15 quoddam: quiddam — V, quod — OB, quae — L // 16 et — *om.* VOLWE // 17 qui: quae — V; continue: continuo — L; fluunt: fluit — VOE // 19 a — *om.* L // 20 haec: hoc — LOB // 21 essentiam: suam — *add.* E // 22 dicit: dieri — P.

---

10 Dionys., *Div. Nomin.*, IV, 4, PG 3 698.

principium lucis etiam ad momentum non exserat lucem, ita et nihil erit ens vel vivens vel intelligens, si primum etiam ad momentum fluxum suum cohibeat.

Nec tamen per hoc intendimus dicere quod esse omnium rerum sit semper in fieri. Hoc enim supra *Secundo Libro* im- 5 probavimus, quia licet per comparationem ad primum activum intellectum, qui lumine quod est sua essentia semper formas constitutivas rerum emittit, iste fluxus semper sit in fieri, eo quod principium ejus semper eodem modo se habet in causando; tamen acceptio fluxus aliquando est in 10 secundum esse ex parte rei constitutae. Et hoc factum esse est forma rei, permanens in re constituta; et secundum quod esse rei est actus hujus essentiae, sic supra probavimus quod esse rei est essentiae stantis et non est semper in fieri, sed habita forma est in secundum 15 esse. Et tamen quia secundum esse dependet a primo secundum se et secundum rationem influentiae, ideo ad hoc redit quod praediximus, scilicet quod, si primum non effluat, omnia in nihilum redigentur, sicut solem patiente eclipsim, omnia colorata videmus destitui proprio decore. 20

Huic autem fluenti a primo fonte quidam philosophi

---

1 lucis — *om.* O; ita: sic — LVE, ita — *om.* OWEB // 2 et — *om.* VE; vel: et — O, tamen — W // 3 etiam: vel — LV, etiam — *om.* E // 5 supra in — *add.* L // 6 comparationem: operationem — E // 7 semper: super — P // 8 formas: formam — V; constitutivas: constituans — V // 8 iste: ille — E; sit semper VL // 10 acceptio: accepto — POL // 11 secundum: secundo — L, perfectum — OW, factum — E // 13 sic: sicut — L // 14 stantis: status — V // 16 secundum: secundo — L, factum — OEB; a: in — L // 17 hoc: huc — OPE.

---

5 SB, Lib. II, Tr. III, cap. 10, fol. 34r.

vehiculum dederunt, quod veheret formas naturales fluentes
in res ipsas, sicut in animali formas vitae fluentes continue a suo fonte, qui est cor, vehit spiritus corporales
in omnia membra. Et ideo HERMES TRISMEGISTRUS in *Li-*
5 *bro De Natura Deorum* sicut omnia dicit esse plena Deo, ita dicit omnia plena esse spiritu qui formas et virtutes divinas
invehit omnibus. Quam philosophiam secutus ARIUS dixit
Spiritum secundum esse hanc virtutem spiritualem sicut
supra diximus.
10   Sed haec philosophia inanis et falsa esse convincitur
per hoc quod vehiculum non competit huic principio fluenti, cum ipsum a nulla re distet, ut sic ab ipso per
medium aliquid vehi possit in res, sed potius primum ubique et in omnibus rebus est immediate influens singulis.
15 Nec etiam competit formae quae fluit quia prout ipsa
fluit in prima intellectuali luce, sic ipsa est simplex et
intellectualis, tam secundum essentiam quam secundum esse
quod habet in substantificatione istius luminis. Forma
autem subvecta vehiculo corporalis est secundum suam
20 essentiam, et esse corporale habet in spiritu vehente
eam. Modum hunc principiandi DIONYSIUS et primi PERIPA-
TETICI vocant processionem, quia lumen gradatim secundum

---

2 vitae — *om.* OPE // 3 corporales; corporalis — PLV //
5 sicut: sic — V; dicit sicut omnia — O // 6 esse plena — O
// 8 secundum: scilicet — L // 10 convincitur: committitur
V // 12 ipsum: scilicet — *add.* L; distet: distat — B; sic:
sit — OW // 14 est — *om.* E // 16 in: a — LVE // 18 istius:
hujus — VE // 19 subvecta: subjecta — VO // 20 vehente:
vehentem — B, *om.* V // 21 eam: animam — B; modum: autem — *add.* E // 22 secundum: ergo — *add.* O.

---

4 Hermes Trismeg., *Asclepius,* XXVII (vol. II, p. 331), *Corpus
Hermeticum,* ed. A. D. Nock (Paris, 1945). // 7 St. August.,
De Haer., 49, PL 42, 39. // 9 Cf. above, S.B. Lib. III, Tr. V, cap.
6, ed. Izzo, pp. (13)-(14); also, H. Izzo, *Doctrine of the 'Verbum Divinum' of the 'Summa de Bono' of Ulrich of Strasbourg,* p. 41. // 21 Dionys., *De Coel. Hierar.,* I, 1, PG 3, 120;
Div. Nomin., IV, PG 3, 694, 698.

ordinem entium descendens a patre luminum similitudinem
processivi motus habet; et sic patet quid proprie dicat
hoc nomen.

/ 197r / Influere autem est fluxum talem alicui receptibili immitere, et continentia importata per propo- 5
sitionem est in possibilitate rei cui fit influxus; quam
possibilitatem omnis res habet ex se in quantum est ex
nihilo. Sic enim ex se non habet esse, sed tantum possibilitatem ad esse; quae possibilitas, cum impletur per
causam omnis esse, continet esse defluxum in ipsam. 10

Et ex hoc sequuntur plura corollaria notabilia: Unum
est quod, cum secundum ex se nihil habeat nisi receptionem
si ipsum fluit, non facit nisi virtute primi.

Secundum est quod in ordine omnium fluentium et influentium prius fluit in sequens, et illud non refluit in prius. 15
Et ideo sequens semper fundatur in priori et non e converso.
Propter quod deficiente quocumque antecedentium neccesse
est omnia sequentia deficere et non e converso.

Tertium est quod solum primum universaliter influit ex
hoc quod ipsum simpliciter est primum. Secunda vero minus 20
et minus universaliter fluunt quanto plus distant a primo.

Quartum est quod omne quod influitur est in fluente primo

---

1 descendens: descendentem — O // 2 motus processivi — O
// 4 talem: tali — O // 5 receptibili: receptaculo — L // 13
fluit: hoc — *add.* LVE; virtute: virtutem — L // 15 prius:
primum — LV // 16 fundatur semper — VL // 17 quod:
quid — P; antecedentium: antecedente — O // 19 ex: et —
V // 21 fluunt: influunt — W // 22 fluente: influente — L.

---

1 *Jacob.,* I, 17.

195

simplicius quia sine compositione cum recipiente; nobilius quia sine privatione nobilitatis suae naturae quam
accipit ex distantia a primo; verius quia extraneae naturae impermixtius, et potentius quia universalius influit
5 quam sit in sua natura.

Haec quoque influentia in genere est quatuor modorum:
Fluit enim id quod a primo est ut distans, ut cadens, ut
occumbens, ut oppressum tenebris. Fluit quidem ut distans
in proximo gradu quando fluit secundum rationem formae flu-
10 entis, quam habet in primo principio hujus fluxus. Et sic
primus intellectus influit intelligentiam sive intellectu-
alem naturam, sive influat ad ejus constitutionem sive
fluat super ipsam constitutam ad ejus majorem illumina-
tionem.

15 Influat autem cadens ab hac ratione purae lucis intellectualis quam habet forma in primo principio, quando influit
ad constitutionem animae et in qua, propter dependentiam ad
corpus, lumen patitur obumbrationem per quam cadit a sua
naturali limpiditate. Influit etiam occumbens quando ma-
20 teriae corporalitatis susceptivam influit formam corporealem,
in qua lumen hoc corporale efficitur, et ideo totaliter
occumbit ratio luminis intellectualis. Influit autem oppressum tenebris privationis et imperfectionis quando fluit

――――――――

1 cum: sine — B // 4 naturae: est — *add.* L: et: est — *add.*
L, et — *om.* O; influit: fluit — V // 8 quidem — *om.* E //
11 sive: vel — LVE // 12 influat: influit — V, fluat — O
// 13 fluat: fluit — L // 16 forma: formam — PO // 17 et
— *om.* LV; propter: per — O // 18 a — *om.* E // 20 corporalitatis: corporelitas — L; susceptivam: susceptam — V,
susceptiva — WP // 23 quando fluit — *om.* O.

in materiam distinctam contrarietate et subjectam varietati.

In hoc ergo fluxu tria sunt ad similitudines fluxus hujusmodi corporalis, scilicet id quod simpliciter et universaliter super omnia fluit tantum, et nihil recepit; qui fluxus est ei ex communicabilitate naturali suarum bonitatum. Quod enim de sua natura communicabile est, hoc actuali extensione semper extendit seipsum in communionem. Nec indiget ad hoc alio agente, licet oportet esse recipiens, si haec communio sit actualiter in effectu. Unde haec indigentia non est ex parte activae communionis sed passivae. Tale ergo fluens universale non potest esse nisi primum principium in quantum ipsum est eterminum, ut supra diximus, id est extra terminos esse, qui sunt potentia et actus, constitutum sicut hujusmodi non terminatum alieno termino fluit in infinitum. Et sicut lux punctualis, si nihil occurrit reflectens, diffundit et communicat se piramidaliter in infinitam distantiam, sic etiam hoc primum lumen intellectuale ex natura suae communicabilitatis fluidum, cum in primo nulla aliena natura sit coartatum, omnibus supereffluit.

Secunda est etiam aliquid in quod hoc fluens ita fluit quod ipsum redundat, et per hoc fluit in sequentia se,

---

1 et: est — OW; subjectam: subjecta — OW // 2 fluxu: sive influxu — *add.* LVOWE // 3 id: illud — LVWE // 4 tantum — *om.* O; et: ut — B; qui: quod — W // 5 fluxus: fluxum — W; communicabilitate: communitate — L // 6 sua: sui — PLEB // 7 extensione actuali — W; semper: super — P // 8 alio: aliquo — L; agente: quantum est ex parte sui — *add.* LVE // 11 ergo: enim — L // 12 principium — *om.* B; ipsum — *om.* L // 14 actus: id est — *add.* O // 15 terminatum: terminato — O; in — *om.* OW; et: est — OW // 16 occurrit reflectens: occurat reflectiones — V // 17 piramidaliter: piramidabiliter — V // 19 fluidum: fluendo — V; primo: ipso — LVE // 20 supereffluit: superfluit — L // 21 secunda: secundo — LVW // 22 se — *om.* L.

sed non universaliter, sed tantum intra suos terminos. Tale enim est omne quod est simul causa et causatum. Hoc enim ex eo quod terminatum est suis definientibus, intra quos terminos quidditas et esse suum continetur, est recepti-
5   vum fluxus primi principii. Ex eo / 197v / autem quod illi termini colligunt hunc fluxum in tanta copia perfectionis quod redundat intra ipsos, fluit in tertium et tertium fluit in quartum et sic deinceps, sed non fluit universaliter, sed tantum intra terminos suos.

10   Ideo quanto habet terminos strictiores, tanto etiam fluxus ejus amplius stringitur et coartatur. Et hoc est secundum omne genus causae; nam in genere causae efficientis, ars non fluit nisi ad illa artificiata ad quae ars illa determinata est. Et intelligentia non fluit nisi ad
15   spheram propriam et ei subjectam. Et anima non fluit nisi ad terminum naturae sui corporis, et universaliter loquendo nullus motor determinatus fluit nisi ad terminos sui mobilis, quia termini possibilitatis sui mobilis proportionati sunt potentiae activae motoris.

20   Similiter in causis formalibus ens unversaliter fluit sine termino; sed vivum non fluit nisi intra terminos vitae, et similiter sensum et ratio et intellectus. Finis quoque ultimus, qui intentione primus est, influit omnibus

---

3 eo: hoc — E; intra: infra — L // 4 quidditas: tota — *add.* L, sua — *add.* V; est: et — OW // 7 quod: quia — OWB; intra: infra — L // 9 tantum — *om.* B; suos: et — *add.* LV // 13 illa — *om.* E // 15 subjectam: subjecta — LVE // 19 potentiae: potentia — P // 22 sensum: sensus — EB // 22-23 ratio et intellectus. Finis quoque ultimus — *om.* P, adeo in — *add.* P; intellectus. Finis quoque ultimus qui — *om.* OW, in — *add.* OWB // 23 primus: finis — *add.* P; est: qui — *add.* W, *om.* PO.

aliis finibus rationem movendi effective. Sed finis, qui est citra eum, non fluit movendi principium, nisi in ea quae sub ipso continentur.

Materia autem proprie non influit quia non ex propria virtute habet quod fluit, sed per accidens. Incipit enim 5 fluere quodam alio agente in ipsum et dissolvente eam; tamen quantum potest, imitatur praedictum ordinem fluxus. Materia enim corporea habet a prima materia virtutem suscipiendi et sustinendi. Et materia determinata contrarietate habet istas virtutes a materia corporea, et sic dein- 10 ceps usque ad materiam propriam hujus rei vel illius.

Sed tamen sciendum quod accidens non fluit ab aliquod principio sui generis, sed potius fluit a substantia, licet AVICEBRON dicat substantiam et accidens fluere ab eodem. Ut enim probat PHILOSOPHUS, accidens potius est esse 15 substantiae quam sit essentia, in tantum quod nec nomen nec definitionem absolutam habet, sed subjectum in ejus definitionem est tamquam differentia constitutiva. Quod autem hujusmodi est, non reducitur ad aliquod principium nisi ad subjectum quod ipsum definit. Et per hoc redu- 20 citur in primum principium, quia quod est principium principii est principium principiati. Ergo accidens fluit a substantia, sive

---

1 aliis: aliis — *add.* O // 3 ipso: ipsa — B // 4 influit: fluit — V // 5 virtute: natura — L // 8 habet — *om.* W // 9 sustinendi et suscipiendi — L // 14 ab eodem fluere — O // 16 nec — *om.* L // 18 quod: sed — O // 21 in: ad — LVE; quod: quod quia — L; est — *om.* OW // 22 principiati: est — *add.* W; substantia: sicut — *add.* L.

---

14 Avicebron, *Fons Vitae,* III, 53, p. 198 // 15 Arist., *Meta.,* V, 3 (1027a 13).

accidens sit proprium, quod ut dicit BOETHIUS, manat de essentialibus principiis substantiae; sive sit accidens per accidens, quod fluit a substantia non per essentialia.

Tertio est aliquid quod tantum est in quod alterum
5 fluit, quando scilicet fluxus a primo per distantiam paulatim deficiens in virtute, tandem in tantum deficit quod non potest redundare ultra terminos recipientis. Et ideo illud habet quidem quoddam esse ipsius fluentis; sed in aliud fluere non potest, sicut est illud quod est causatum
10 tantum et non causa.

---

1 sit accidens — V; de: ab — O // 3 tantum est: tantum fluit — O // 7 ultra: extra — B; recipientis: recipientes — L // 8 quidem: quidam — V.

---

1 Boeth., *In Categ. Arist.*, I, PL 64, 170.

CAPITULUM SEXTUM

DE ORDINE UNIVERSI SECUNDUM PHILOSOPHOS.

Ordo qui est influentibus a primo principio quantum ad formalem suam rationem est perfectio quam supra proba- 5
vimus causari ex scientia primi, et hoc dicit RABBI MOYSES.
Sic enim est forma uniens partes universi ad constitutionem unius mundi, tamquam unius totius universaliter perfec-
ti. Propter quod super illud *Genesis I*: *vidit deus cuncta
quae fecerat et erant valde bona,* dicit AUGUSTINUS quod 10
singula sunt per se bona, sed universitas est optima, id
est valde bona, quia secundum PRISCIANUM superlativus sine
genitivo positus per 'valde' exponitur.

Est enim iste ordo, ut dicitur in *XI Metaphysicae,* secundum participationem boni summi non solum absolutum in uno- 15
quoque, sed etiam proportionatam ad omne bonum universi
quod est bonum finis ultimi, scilicet supereffluens largitas
boni divini secundum esse divinum, sicut bonum ducis est

---

1 Sextum: Tractatus Primi — *add.* POWEB // 9 cuncta —
om. O // 12 bona: *om.* B // 13 per: pro — E // 14 enim: autem — L; iste, ille — E, *om.* B; in — *om.* O // 16 omne: commune — LVE.

---

1. Cf. Albert, St., *Liber de Causis et Processu Universitatis,*
I, Tr. IV, cap. 5-6, ed. Borgnet, vol. 10, pp. 418-423. // 6 Moses
Maimonides, *Guide for the Perplexed,* I, c. 69, p. 104; III, c.
18, p. 289. All references in Maimonides will be from *Guide
for the Perplexed,* trans. from the original Arabic by M. Friedlander, 2nd edit. (London, 1936). // 10 *Gen.,* I, 31; August.,
De Gen. ad Litt., III, c. 24, n. 37, PL 34, 296; CSEL, XXVIII,
p. 91 // 12 *Enchir.,* X, PL 41, 236. // 14 Arist., *Meta.,* XII,
10 (1075a 11).

bonum exercitus. Sic enim est in omnibus ordinatis secundum bonum et melius ad idem optimum.

Si vero consideretur iste ordo materialiter secundum esse rerum participantium imperfectius aliis hunc finem, sic
5 non potest esse a primo, cum ipsum eodem modo assit omnibus; sed sic causa hujus ordinis est amplior et amplior obumbratio lucis primi intellectus universaliter agentis, ut docet ISAAC in *Libro de Diffinitionibus,* quod semper posterius oritur in umbra praecedentis; et vocat umbram
10 differentiam coartatam amplitudinem luminis procedentis a priori et ejus intellectualitatem natura extranea permiscentem; per quae illa natura cadit a lumine primi.

Hujus autem casus causa est ipsa processio, in quantum est distantia ab eo a quo aliquid procedit. Quae
15 distantia est secundum gradus ejus quod est esse in potentia. Distans enim et recedens a primo actu necessario est in potentia et ideo deficit in eo actus primae lucis. Et quod immediate est a primo, minus habet de potentia, et per consequens minus in eo cadit hoc lumen a puri-
20 tate suae naturae. Et quod mediate est ab ipso, magis habet de potentia; et ideo magis occumbit in eo actus hujus luminis; et quanto per plura media magis distat,

---

3 iste: ille — E // 4 hunc: habent — OW; sic: sicut — E // 6 et amplior — *om.* O // 9 oritur — *om.* VE // 12 permiscentem: premiscente — POWB // 16 actu: puro — *add.* B // 19 in eo minus — V; caid in eo — OW // 21 potentia: et per consequens minus in eo cadit hoc lumen a puritate suae naturae et quod mediate est ab ipso, magis habet de potentia — *add.* E // 22 magis: aliquid — LV; distat: et — *add.* O.

---

8 Isaac Israel, *Liber de Diffinitionibus,* ed. J. T. Muckle in *Archives D' Histoire Doctrinale et Littéraire du Moyen Age,* 1938, vol. 13, p. 213.

tanto magis obumbratum est.

Cum ergo iste ordo attenditur in comparationem ad primum principium, non attenditur secundum causam materialem vel formalem quia primum neutrum horum est, sed tantum attenditur in ordine causarum finalium vel efficientium, et 5 secundum ordinem quidem ad primum sicut ad ultimum finem. PHILOSOPHUS in *XI Metaphysicae* ponit hunc ordinem in tribus, scilicet in his quae sunt semper et quae sunt frequenter et quae sunt raro, assimilans hoc familiae magnae domus. In hac paterfamilias est sicut primum prin- 10 cipium cui etiam seipsum comparat *Matthei XXI* et in aliis locis. Liberi autem sunt ea quae semper sunt eodem modo ut coelestia, quia sicut liberi nihil licentiose faciunt, si veri liberi sunt, id est naturaliter distincti ab his qui natura sunt servi, secundum PHILOSOPHUM in *I Poli-* 15 *ticae* suae, sed ex dilectione et desiderio patris victi omnia faciunt ad nutum patris ad bonum oeconomice. Sic etiam coelestia ad nutum patris primi omnia operantur convenientia ad bonum universi, movente ea primo principio sicut desideratum movet desiderium. 20

Sunt etiam in hac domo servi quibus assimilantur et quae

---

2 attenditur: attendatur — LVO // 3 materialem: naturalem — E // 6 ordinem: est — *add.* V // 10 hac: hoc — OW // 11 et: etiam — E; in — *om.* E // 13 ut: sicut — V; licentiose: litigiose — OB, seu coacte — *add.* OBW; faciunt licentiose — L // 14 id — *om.* O; est: ita — *add.* O // 18 ad: ob — OW; patris — *om.* LVOWE; omnia: communis — V // 19 convenientia — *om.* E; universi: universorum — O // 21 etiam: autem — E.

---

7 Arist., *Meta.*, XII, 10 (1075a 20). // 11 *Matt.*, XXI, 28 ff. // 12 *Matt.*, XIII, 52, XX, 1. // 15 Arist., *Polit.*, I, 4 (1254a 12; 1255a 1).

sunt frequenter. Natura enim servus est secundum PHILO-
SOPHUM in *I Politicorum,* qui non sufficit sibi ad regimen
vitae. Sicut ergo tales servi non feruntur ad bonum
oeconomice nisi superiore movente secundum necessitatem
5 coactionis, et ideo non perfecte percipiunt patris regimen, sic ea quae sunt frequenter permixtas habent sibi
malitias et non attingunt bonum universi, nisi in quantum
continentur et reguntur ab eo quod est semper et uno modo.
Et sicut in tali domo etiam sunt bestiae quae minus per-
10 cipiunt regimen patrisfamilias et non nisi agantur ab
alio, sic sunt ea quae sunt raro, quae non diriguntur,
in bonum ordinis universi, nisi quodam freno eorum quae
semper et quae frequenter fiunt.

Secundum rationem vero causae efficientis dividunt phi-
15 losophi ordinem universi in decem gradus: Primo, ponentes
primum principium universaliter agens. Secundo vero intelligentiam secundum omnes gradus intelligentiarum de quibus
infra dicemus. Tertio ordine ponunt animam quam coelorum
animam esse dicunt et infra dicemus quid veritatis vel
20 falsitatis in his dictis sit. Quarto ordine ponunt coelum
secundum omnem numerum sphaerarum. Quinto, ponunt mobile motu recto, quod est simplex elementum. Sexto ponunt

---

2 in — *om.* VO // 3 feruntur: ferunt — E // nisi: a —
add. V // 5 non: nunc — OWB // 6 permixtas: permixtus
— P; sibi habent — W // 8 semper est — VL; et — *om.*
LV // 9 sicut: sit — O // 11 sunt: ea quae sunt — *add.* E
// 12 nisi — *om.* E; quodam: in quod — O // 13 quae —
om. LOB // 19 dicunt esse — OW; vel: et — OWE.

---

2 Arist., *Polit.,* I, 5 (1245b 20).

naturam mixtorum secundum omnem suam differentiam sive sicut animata sive inanimata. Septimo, ponunt causans per voluntatem. Octavo, ponunt artem qua cuncta aliqualiter vigere dicunt sicut videmus apes / 198v / et alia quaedam animalia subtilissima opera perficere. Nono, ponunt   5
fortunam quam dicunt esse naturalem potentiam vel impotentiam eorum quae ad vitam humanam pertinent, quae per factum imprimitur generato et adhaeret ei per totum periodum vitae. Decimo, ponunt casum qui se habet ad naturam et periodum ejus sicut fortuna ad propositum.   10

---

2 ponunt: propositum — *add.* E; per: a — L // 4 vigere aliqualiter — O; dicunt: dicuntur — OE; videmus — *om.* L // 5 quaedam: quodam — P; opera: opere — O // 7 impotentiam: impotentia — P; humanam: humana — W; per: praedatum — E // 8 factum: fatum — B; *om.;* Generato: generatio — OW; totum — *om.* V // 9 decimo: primo — W.

CAPITULUM SEPTIMUM

DE CREATIONE COMMUNITER DICTA PROUT COMPREHENDIT ACTIVAM ET PASSIVAM.

Actus proprius hujus primi principii est creare quod
5   est ex nihilo aliquid facere, ut dicit DAMASCENUS *libro I
    capitulo VIII,* et sumitur ibi facere pro actione arti-
    ficiali sicut sumit PHILOSOPHUS in *Ethicis,* cum factibi-
    lia distinguit contra agibilia. Sed tamen haec actio
    artificialis sumitur hic secundum excellentiam qualiter
10 omnia communia creaturae et creatori dicuntur de creatore
    et non sumitur secundum imperfectionem qua dicitur de
    homine artifice, quia sic secundum PHILOSOPHUM factio sem-
    per est secundum aliquam materiam. Unde subdit DAMASCE-
    NUS: non similiter facit homo et deus.

15   Homo quidem nihil ex non ente deducit ad esse, sed quod
    facit, ex praejacente materia facit, non volens solum, sed

---

1 Tractatus Primi — *add.* POWELB, Libri Quarti — *add.*
E // 2 dicta — *om.* V // 3 passivam: creationem — *add.*
V // 9 sumitur — *om.* EV // 12 quia: et — E // 13 est semper
— VL; est: semper — E; secundum — *om.* V, super — E
// 14 Damascenus: ubi supra — *add.* L; similiter: simpliciter
— VE // 15 ad — *om.* E // 16 praejacente: praejacenti —
VE; ad: non — *add.* OW.

---

6 Damasc., *De Fide Orthod.,* I, 8, PG 94, 814. // 7 Arist.,
Ethic. Nicom., VI, 4 (1140a 2; 1140b 4). // 12 Arist., *Ethic.,
Nicom.,* VI, 4 (1140a 2 ff.). // 14 Damasc., *De Fide Orthod.,*
I, 8, PG 98, 814.

etiam praecogitans, deinde et manibus operans et laborem
sustinens et fatigationem, multotiens et non ad effectum
devenire secundum quod vult eo quod cogitaverat. Deus
autem volens solum ex non ente ad esse deduxit universa;
in quantum ergo deus per scientiam operativam est princi-   5
pium omnium, et supra probavimus, sic sua actio est factio.

Cum autem dicitur ex nihilo, propositio non potest te-
neri causaliter, quia nihil nullius est causa, sed tene-
tur ordinaliter secundum PHILOSOPHUM in *V Metaphysicae.*
Et ideo locutio est duplex, quia vel negatio relinquit   10
affirmatum ordinem ad nihil, negans tantum potentiam materialem respectu ejus quod fit. Quamvis enim nihil nullum
ordinem habere possit secundum suam rationem, tamen secundum quod includitur in ratione entis ab alio, quod ex se
nihil est. Et ideo convenit ei prius nihil esse quam   15
esse aliquid; sic ordinem habet. Vel negatio negat etiam
ipsum ordinem non solum ejus quod fit ad potentiam materialem, sed etiam ipsius facientis ad quodcumque causans, quod
ipsum sibi praesupponat in quodcumque genere causalitatis.

Primo modo consequenter intelligitur et sic si aliquid   20
produceret effective aliquem effectum in nulla materiali

---

1 etiam: licet et — V; deinde: omnem — OW // 3 devenire:
deveniente — VE; secundum: sed — V // 4 ad esse — *om.*
O; est: et — E // 12 nullum — *om.* OV // 13 habere: non
— *add.* W // 14 in: sua — *add.* OW // 15 ideo: prius — E;
prius convenit ei esse nihil — LV; esse — *om.* E // 16 sic:
secundum — L; habet — *om.* L; etiam: et — E // 17 solum:
solus — V.

---

9 Arist., *Meta.,* IV, 5 (1009a 30); XI, 6 (1026b 25).

potentia naturae praeexistentem, diceretur creare, licet tamen illud efficiens in producendo sibi praesupponeret aliquid, scilicet primum principium cujus virtute causat omnis virtus secundaria, ut supra probavimus. Propter
5 hoc enim damnamus eos qui dicunt angelos conditores, id est creatores cujuscumque substantiae, ut dicit DAMASCE-NUS, *II libro, capitulo iii,* et rationem subdit dicens: creaturae enim existentes non sunt conditores; et haec ratio fundatur super hoc quod omne creatum est ens determinatum ente
10 quod est esse simplex et commune et indeterminatum. Et ideo nihil creatum potest esse ejus causa quia posterius non potest esse causa prioris.

Quod autem isto modo creat, est causa esse simpliciter, quia totum esse rei causat, scilicet non solum secun-
15 dum actum, sed etiam secundum potentiam et secundum simplicem rationem esse, quia, sicut infra probabimus, illud est omnino proprius terminus creationis. Ergo nihil creatum potest creare. Proprium ergo est hoc primo principio, quod supra probavimus, esse increatum.

20 Sed secundo modo exponunt philosophi, praecipue AVICENNA, et sic solum illud creat, quod causat nullo alio causante quod sibi praesupponat in quocumque genere causae. Et est

---

1 naturae — *om.* O; praeexistentem: praeexistente — VE; creare — *om.* E, creaturae — OWB // 2 efficiens illud — O // 4 virtus: causa — VLE // 8 creaturae: creatur — V // 13 isto: illo — E; esse: sibi — E // 16 illud: solum — *add.* LV // 17 est: esse — V // 18 est ergo — L // 21 illud solum — VL; alio: modo — *add.* V // 22 praesupponat: praesupponit — L.

---

7 Damasc., *De Fide Orthod.,* II, 3 PG 94, 874. // 20 Avicenna, *Meta.,* II, 4 104a.

haec subtilior consideratio quam praehibita. Et patet
ex praemissis hanc actionem propriam esse primo principio,
quia ipsum solum ex hoc ipso quod est primum principium
/ 199r / causat, non praesupposita aliqua causalitate.
Omnia autem secunda ejus causalitatem praesupponunt. Sic   5
etiam patet quod nec communicabile est creaturae quod creet,
licet primo modo dicta creatione, aliqui dicant hoc esse
communicabile creaturae, vocantes istud creare per modum
instrumentaliter operantis, quod praesupponit sibi virtutem primi principii tamquam principaliter operantem.   10

    Ex hoc patet qualiter vera divinitas probatur esse sol-
ius hujus primi principii ex ipso opere creationis. *Isaias*
XL: Levate in excelsum oculos vestros et videte quia creavit
haec. Propter quod dicitur *Jeremiae X: Dii qui coelum et*
terram non fecerunt, pereant de terra. Hac etiam consideratione   15
dicit AMBROSIUS: accedat quaecumque vis creata et faciat
tale coelum et talem terram, et dicam quia deus est. Quia
ut dicit CHRYSIPPUS PHILOSOPHUS: quidquid facit quod
nec homo nec aliqua creatura potest facere, est nobilius homine et omnibus aliis rebus: quod nos deum vocamus. Unde   20
etiam dicitur *ad Romanos I: Invisiblia dei a creatura*
mundi per ea quae facta sunt etc. Quia ut dicit AUGUSTINUS

---

4 praesupposita: supposita — POWB // 9 operantis: agentis
— L // 12 solius: filium — B; hujus — *om.* L; primi principii
hujus — O // 13 excelsum: coelum — *add.* O; vestros —
om. L // 15 hac: ac — V // 16 creata: creatura — VE; faciat: faciet — L // 17 talem — *om.* B // 19 facere potest
— O // 22 etc. — *om.* O.

---

7 Petri Lomb. *Sententiarum Libri Quatuor*, IV, 5, 3, PL 192,
852. // 13 *Isaias*, XL, 26 // 14 *Jerem.*, X, 11 // 16 Ambrosius, *In Hexaem.*, I, 3, PL 14, 138; CSEL, 32, pp. 7-8 // 18
Cicero, *De Nat. Deor.*, II, 6; III, 10 // 22 *Ep. ad Rom.*, I, 20.

in libro *De Civitate Dei*: summi philosophi illud esse
rerum principium rectissime crediderunt quod factum non
esset et ex quo cuncta facta essent.

5 Et cum in expositione nominis hujus quod est creare
ponitur li 'aliquid' et dicitur quod creare sit facere
aliquid de nihilo, non sumitur secundum illam communem
rationem qua, ut dicit AVICENNA, convertitur cum ente, qualiter accidens est aliquid sicut est ens, quia cum accidens non sit essentia absoluta, cujus actus sit esse,
10 sed potius sit esse ipsius substantiae, ipsum proprie non creatur quia non deducitur ad esse. Sed potius substantiae concreatur, quia ipsa substantia a primo principio in tali
esse causatur quale importat nomen accidentis. Et sic
supradiximus accidens reduci in primum principium medi-
15 ante substantia.

Nec etiam sumitur aliquid secundum illam communitatem
qua etiam dicit principia substantiae quae sunt potentia
et actus sive materia et forma, et qualescumque partes
substantiae. Quia etiam horum actus non est esse ad
20 quod creatio terminatur, sed potius dicit substantiam com-
pletam et per se existentem, cujus solius actus est esse, ut

---

4 cum: tamen — E // 5 et — *om.* O; sit: est — E // 6 aliquid: ex — *add.* W // 7 qua: quo — O, quia — B; convertitur
— *om.* E // 8 accidens: non — *add.* W; est — *om.* OWB
// 10 ipsum: ipsa — L // 11 substantiae: substantia — W
// 12 concreatur: creatur — OW // 14 in: ad — L // 17
dicit etiam — LV // 18 qualescumque: quaecumque // 19
substantiae — *om.* B.

---

1 St. Augustine, *De Civit. Dei*, VIII, 9, PL 41, 233; CSEL, 40, p.
368. // 7 Avicenna, *Meta.*, III, 3 79r. // 14 SB, Lib. IV, Tr.
I, cap. 1, fol. 190r.

dicit PHILOSOPHUS; sed omnia praedicta, in quantum pertinent ad hoc esse, sunt huic substantiae concreata. Unde etiam *Genesis I,* ubi post opus creationis primo legitur in scriptura tales substantiae ponuntur objectum hujus operis, cum dicitur; *In principio creavit deus coelum et* 5 *terram etc.*

Et sic patet quod realiter est creatio activa, quia est operatio propria primi intellectus universaliter activi secundum rationem scientiae activae, quae operatio propria terminatur ad esse rei in effectu. Et ex hoc 10 patet quod tria dicit: Unum quidem significat scilicet actionem divinam quae est ipsa essentia divina. Sub alio modo significandi, eo quod primum principium per nihil diversum a se potest designari.

Haec autem actio, ut supra probavimus, tria implicat 15 secundum quae omnis effectus causatur a primo, scilicet potentiam, quae semper in actu est, et scientiam quae etiam semper eodem modo se habet, et voluntatem quae ab aeterno stat in hoc quod haec res procedat in esse, non ab aeterno, sed tempore opportuno secundum rationem scien- 20 tiae divinae. Et ideo patet quod nihil valet argumentum

---

1 sed: in — OW; et — VLEB // 2 esse: ens — L; huic — *om.* O // 3 post — *om.* VEB, prius — L // 4 in scriptura legitur — LV; ponuntur substantiae — O // 6 etc. — *om.* L // 8 propria: prima — VE // 10 propria — *om.* LVO; terminatur: est terminata — LVWE; et: ut — W // 11 quidem: quod — L // 16 quae: quod — OW; scilicet: secundum — WO // 17 actu: actione — W; est — *om.* B // 18 et — *om.* L // 21 argumentum valet — L.

---

1 not in Aristotle. // 6 *Gen.,* I, 1.

AVERROIS quod, si deus de non creante factus est creans, mutatus est. Sed potius, ut dicit DAMASCENUS in *libro capitulo VIII De Generatione,* hoc sequitur scilicet quod, si deus de non generante factum esset generans, mutatus esset,
5 eo quod generatio / 199v / est de substania generantis. Sed de creatione non sequitur hoc propter oppositam rationem quia est operatio voluntatis, non de substantia creantis, sed de nihilo. Sicut eadem ratione, cum deus de novo fit factor hujus effectus educti de novo de potentia materiae,
10 non propter hoc mutatus est.

Ratio tamen haec DAMASCENI non concludit nisi quod ipsa creatio non dicit mutationem in substantia divina, sed quod ad ipsum non sequatur mutatio facta esse in deo de habitu operante ad actu operans, quod est alterum genus mutatio-
15 nis, ut dicit PHILOSOPHUS in *II De Anima.* Hoc non probat nisi addantur ea quae praemisimus. Cum enim opus, quod potentia operatur, voluntas eliciat, et scientia informat in eo qui operatur per intellectum, patet quod potentia dei numquam est in habituali potentia, cum ipsa sit tantum
20 activa. Nec tamen semper efficit, sed tunc solum cum

----

2 libro: I — *add.* L // 3 De Generatione — *om.* O; scilicet — *om.* L // 4 generante: esset — *add.* W; esset: est — LWO; esset: esse — O // 6 rationem: id est — *add.* LVE // 7 operatio: operato — W; creantis: generantis — O // 8 fit: sit — V // 9 effectus: effecti — V; educti: ducti — L; de novo educti — O // 12 non — *om.* OW; quod — *om.* L // 13 sequatur: consequatur — V, consequitur — L // operante — *om.* O; actu: actum — LB // 15 hoc: autem — *add.* L // 17 eliciat: elicit — L; informat: informet — VWEB, informe — O // 18 qui: quod — L; per: pro — O // 19 ipsa — *om.* VE

----

1 Averroes, XII *Meta.,* tx., c. 41, 325vb. // 3 Damasc. *De Fide Orth.,* I, 8, PG 94, 811. // 11 Damasc. *De Fide Orth.,* I, 8, PG 94, 811. // 15 Arist., *De Anima,* II, 1, (412a 22).

hoc scientia dictat et voluntas elicit et haec duo etiam semper sunt in actu praedicto modo.

Aliud quod importat nomen creationis est connotatum in ipso, scilicet effectum de novo existens post non esse. Et ideo deus est creator ex tempore tantum et non ab aeter- 5 no, quia nomina connotantia effectum in creatura non possunt dici de eo nisi ex tempore quando ille effectus est.

Tertium fundatur super ista et consequitur ipsa, scilicet relatio qua deus nominatur creator et relative dicitur ad creaturam, non relatione qua ipse referatur ad aliud, sed 10 qua aliud, scilicet creatum, referatur ad ipsum. Et ideo quidam dicunt creationem non dicere actionem, sed relatio- nem, intelligentes hoc de actione quae sit diversa ab agente.

Quod autem primum principium potentiam creandi habeat 15 et creet, necessario probatur per hoc quod quidquid causat nullo alio causante, illud de necessitate educit causatum suum de nihilo. Sed primum principium ex hoc ipso quod est primum principium sic causat quod nihil praeexigit vel praesupponit, quia ipsum per se influit. Ergo ipsum creare 20 potest et creat.

Mentitur ergo, qui dicit in commentario super *VIII Physi- corum* nihil derogari potentiae divinae, si dicatur non posse

---

1 hoc: haec — W, hic — E // 7 ille: iste — V // 8 ista: hoc — E; consequitur: sequitur — O // 10 relatione: relatio — L; referatur: referetur — OB // 12 sed: et — E // 18 suum causatum — L; ipso: ipsum — WB // 19 sic: sit — OWB; causat: causa — OWB; praeexigit: exigit — O // 20 quia: quod — L // 21 ergo: Averroes — *add.* LVWEB; commentario: commento — LVE // 22 derogari: derogare — LVOE.

---

22 Averroes, *VIII Phys.*, tx. c. 16, 352va; cf. *Meta.*, tx., c. 41, 325v.

illud quod non potest fieri, id est creare, quia cum communis animi conceptio sit in quam omnes philosophi senserunt quod ex nihilo nihil fit, ut dicitur in *I Physicorum,* non potest fieri quod ex nihilo fiat aliquid. Ipse enim
5 aequivocat fieri, quia fieri vel dicit naturalem mutationem, quae est generatio, et sic procedit sua ratio; vel dicit esse post non esse propter simplicem actionem primi principii sine suppositione cujuscumque alterius causae, et sic a primo principio, ut probatum est, non solum potest
10 sed etiam necesse est aliquid fieri ex nihilo, aliter derogaretur potentiae ejus in tantum quod ipsum non esset primum, quia in quolibet genere causae, primum causat sine aliis, sed non e converso. Unde primum causat universaliter sine quocumque alio quod oporteat praexistere suae causali-
15 tati.

Sicut ergo creatio activa tria dicit, sic creatio passiva tantum duo dicit. Nullam enim dicit potentiam passivam quae respondeat potentiae activae creantis, quia tunc in hac operatione propria primo principio, in quantum est prim-
20 um, praesupponeretur aliud principium, quod est materia cum privatione. Et haec non est operatio ei propria, sed est operatio etiam naturae. Propter quod etiam haec creatio non

---

1 quod — *om.* O // 3 senserunt: consenserunt — LVW // 7 propter: per — VE // 8 cujuscumque: cujuslibet — VE; causae: esse — L // 11 in tantum — *om.* L // 13 unde: aliter — *add.* LOW, universaliter — *add.* V // 16-17 dicit sic . . . duo dicit — *Hom.* O // 16 sic: ita — LVWEB, et — *add.* WB // 19 propria: proprio — O // 20 aliud: illud — O // 21 haec: hoc — O.

---

2 Cf. Boethius, *De Hebdom.,* PL 64, 1311. // 3 Arist., *Phys.,* I, 4 (187a 28).

est fieri quod est mutatio media inter creantem et creaturam, quia illud fieri necessario esset fundatum super
praedictam potentiam materiae, sed tamen est fieri im-
proprie dictum quod est habere esse ab alio. Illud quod
est ex se nihil est sine motu et mutatione per simplicem 5
actum primi, hoc tamen fieri — quandoque dicitur mutatio
secundum quod illud esse terminatum habet ordinem ad
nihil, quia quidquid nunc aliter se habet quam prius,
mutatum dicitur mutatione / 200r / minus proprie dicta.

Dicit ergo creatio passiva effectum actionis divinae 10
et relationem fundatam super hunc exitum in esse, quae
est realis in creatura sicut effectus realiter refertur
ad causam a qua relatione denominatur res cum dicitur
creatura. Et sicut supra diximus quod ex nihilo facere
dicitur dupliciter, ita etiam ex nihilo fieri dicitur dup- 15
liciter: vel quod fit ex solo fluxu activae potentiae
primi principii sine potentia materiali, vel quod insuper
nihil aliud secundum ordinem intellectus et naturae sibi
praesupponit nisi solum universaliter activum principium.
Et primo quidem modo dictum est quid proprie dicatur cre- 20
ari, scilicet res per se existens, et quaecumque talis res
hoc modo exit in esse, illa est creata. Et sic prima

---

1 est: sit — LVE // 7 terminatum: creatum — LVE // 8 quia:
sic — *add.* LV // 10 dicit: ostendit — E // 11 fundatam:
scilicet — B, creaturam et exitum ejus in esse et — *add.* B
// cum: quae — L // 16 dupliciter: scilicet — *add.* V; fit: sit
— EV // 18 nihil — *om.* L // 19 universaliter: universale —
L // 22 exit — *om.* O; esse: sit — *add.* B.

---

14 SB, Lib. IV, Tr. I, cap. 7, fol. 198v.

principia naturae universalis et particularis necesse est omnia esse creata, quia omnia simul exiverunt in esse, ut dicit AUGUSTINUS, et nos infra probabimus quod non potuit esse nisi per simplicem actionem primi principii,
5 quae tempus non requirit.

Si tamen large sumatur nomen creationis hoc modo dictum pro omni modo exitus in esse, sic faciliter probatur quod materia prima est creata et similiter forma. Materia enim quamvis non generetur nec corrumpatur, ut bene pro-
10 bat PHILOSOPHUS in *I Physicorum,* tamen ipsa habet aliquale esse. Ergo vel est principium vel a principio. Non potest dici quod sit principium quia, cum ipsa omnibus aliis magis deficiat in esse, nihil potest esse principium esse, sed tantum est fundamentum. Ergo est a primo
15 principio et non ex alia materia, quia tunc non esset ipsa prima materia. Ergo est ex nihilo.

Similiter quamvis forma secunda educatur de materia per primam formam, quae est inchoatio formae secundum PHILO-SOPHUM, tamen cum ipsa prima forma etiam sit in materia,
20 oportet quod vel sit a se vel a materia educta vel ex alia forma vel ab extrinseco efficiente inducta in materiam.

Non potest dici primo modo, quia cum eadem ratio sit

---

5 quae: quia — OW // 6 tamen: materia sit creata — *add.* O // 7 dictum: dicto — V // 10 aliquale: aliqualem — V // 11 vel: est — *add.* V // 14 est — *om.* B // 15 et non: est — *add.* LV; alia:alio — B // 18 formae: in materiam — *add.* LV, in materia — *add.* E // 19 tamen: unde — L // 20 se: seipsa — V // 22 sit — fit P.

---

3 St. August., *Confess.,* XI, 5, PL 32, 811; CSEL 33, p. 285; *De Ver. Relig.,* I, 18, PL 34, 137. // 10 Arist., *Phys.,* I, 9 (192a 28). // 19 No such doctrine in Aristotle.

de omni forma quoad exitum in esse, nulla forma indigeret efficiente ipsam in esse actuale; quod constat esse falsum.

Non potest dici secundo modo, ita scilicet quod substantia materiae convertatur in essentiam formae, quia tunc materia esset principium formae et esset prior ipsa; quod 5 patet esse falsum.

Si vero tertio modo diceretur, sequeretur aliquam formam esse ante primam formam; quod est impossibile, ergo a primo efficiente de nihilo suae essentiae est influxa materiae, et hoc est creatum esse. 10

Si vero secundo modo sumatur nomen creationis, sic dicitur in *Libro de Causis* quod inter omnes fluxus sive processiones primi principii, solum esse est per creationem, et alia, scilicet vivere, sentire, rationari, intelligere, non sunt per creationem, sed per informationem, et deter- 15 minationem. Et hoc quidem in hoc sensu verum est, ut probabimus infra, cum de ipso tractatum specialem faciemus.

Observandum quoque est quod AUGUSTINUS quandoque aliter sumit creare quam superius sit descriptum. Nam *Isaiae XLV* ubi nos habemus: *ego dominus faciens pacem et creans* 20 *malum,* ibi Septuaginta transtulerunt: *ego facio bona et condo mala.* Et hoc verbum tractans AUGUSTINUS in *Libro*

---

2 efficiente: efficientem — PLVW, efficiente educente — LVEB; esse: actu — O // 5 et: sic — *add.* L // 9 influxa: influxam — V // 11 summatur: consideratur — V // 12 in — *om.* L // 17 probabimus: probabitur — VE // 19 sit — *om.* L, est — O; descriptum: est — *add.* L, definitio — O; nam — *om.* L.

---

12 *Liber de Causis,* prop. xvii, p. 180. (References to *Liber de Causis* will be to Bardenhewer's edition, "Die pseudo-Aristotelische Schrift ueber das reine Gute, bekannt unter den Namen 'Liber de Causis.' " (Freiburg, 1882). // 17 SB, Lib. IV, Tr. II, fol. 204r ff. // 21 *Isaias,* XIV, 7.

De Moribus Manichaeorum dicit: sic facere est quod omnino
non erat. Condere autem sive creare est ordinare quod
illud, quod utcumque jam erat, melius sit. In idem redit
quod idem dicit in *I Libro Contra Adversarium Legis et Pro-*
5 *phetarum,* scilicet facere est quod omnino non erat. Creare
vero est ex eo quod jam erat ordinando aliquid constituere.
Sed intelligenda sunt haec verba AUGUSTINI solum in materia de qua loquitur utrobique, scilicet in expositione illius differentiae qua dominus dicit se facere bona et
10 creare mala: quae tamen ipse non facit, sed / 200v / or-
dinat.

Unde in hoc loco facere sumitur eo modo quo exposuimus
ipsum supra in descriptione creationis, qualiter est tantum ejus quod omnino non erat. Et condere sive creare,
15 quae duo etiam DAMASCENUS supra pro eodem accepit, est
malum quod nihil est et tamen utcumque est, scilicet sicut privatio esse dicitur ad aliquid boni ordinando produc-
cere. Sed quando simpliciter de nomine creationis est
sermo, tunc suprahabita sententia est tenenda.

20 Haec activa creatio non solum ratione significati quod
est essentia divina, sed etiam ratione effectus connotati

---

3 utcumque — *om.* E // 5 omnino: omnia — O; non — *om.*
O // 6 vero: non — O; est — *om.* LVOWEB; aliquid — alid
ad liud — L, ad aliud — B // 14 ejus — *om.* O // 15 accepit:
accipit — LVO // quod — *om.* E // 18 producere: perdu-
cere — B; simpliciter — *om.* O.

---

1 St. August., *De Morib. Manich.,* II, 7, n. 9, PL 32, 1340. // 5
St. August., *Contr. Adversar. Leg. et Prophet.,* I, 23, 48, PL
42, 633. // 13 SB, Lib. IV, Tr. I, cap. 7, fol. 200r. // 15
Damasc., *De Fide Orthod.,* I, 8, PG 94, 814.

est nobilior et prior et dignior omni ratione causarum secundarum, cum sit omnium causarum et causalitatum origo et principium. Insuper in quantum actiones primi principii, quae secundum se unum sunt, per effectus connotatos dividuntur in creationem et dispositionem et gubernatio- 5 nem, sic inter ipsas dignior est creatio et prior, quia ejus effectus proprius est esse quod omnia alia excedit nobilitate et est senius eis prioritate naturae, ut dicit DIONYSIUS, *V Capitulo De Divinis Nominibus,* et nos hoc exposuimus supra in *secundo libro.* 10

Dicitur quoque haec creatio esse in principio temporis, quod est primum nunc. *Genesis I: In principio creavit deus etc.,* id est in principio nunc temporis, ut exponit AUGUSTINUS in *Libro Contra Manichaeos,* quod non est verum de ipsa actione secundum se, quia sic est aeterna sub- 15 stantia primi, sed ratione termini ejus qui est mutatio rerum de non esse ad esse. Quae mutatio fuit secundum probabiliorem opinionem quae dicit omnia simul creata in primo nunc temporis, non sicut in mensura mensurante creationem. Quia illud nunc tantum est mensura primi 20 mobilis in quantum mobile est, sicut in adjacente creationi, simul fuerunt creatio rerum et principium temporis

---

1 nobilior et: et. — *om.* O // 1-2 causarum . . . causarum — *Hom.,* POB // 4 quae: sunt — *add.* OW // 5 et — *om.* OW, a- E; dispositionem: et ornatum — *add.* V // 11 creatio: actio — LVE // 12 deus: coelum — *add.* LE, coelum et terram — *add.* V // 21 adjacente: adjacenti — OWB. // 22 et: nunc — *add.* O.

---

9 Dionys., *De Div. Nomin.,* V, PG 3, 819. // 10 SB, Lib. II, Tr. VI, fol. 102v ff. // 13 *Gen.,* I, 1. // 14 St. August., *De Gen. Contr. Manich.,* I, 2, 3, PL 34, 174.

et est sensus in principio temporis, id est cum principio.

In hoc quoque principio incepit etiam tempus non sicut in mensura inceptionis, quia ipsum etiam incepit, nec etiam habet mensuram suae inceptionis aliam a se; aliter
5 enim ante primum nunc temporis esset aliquid temporis; quod est impossibile; sed sicut successivum incipit in prima sua parte. Unde non sequitur tempus incepit in nunc. Ergo fuit in nunc, sed referendum est quod fuit per continuum successionem post nunc.

10 Et sicut unum esse primum principium, quod nos deum vocamus, est articulus fidei, in quantum in hoc consentimus ex ratione omnibus intelligibili, quae ex testimonio primae veritatis procedit, et tamen apud sapientes supradictis modis demonstratur; cujus tamen scientiae non-
15 nisi sapientes capaces sunt. Propter quod scientia fidei, proportionata simplicibus in notitia rei, omni rationali naturae tam necessarie non superfluit. Ita etiam creatio demonstrative jam a nobis prolata est secundum viam PLATONIS qui sine hac datorem formarum ponere non potuit, et secundum
20 viam ARISTOTELIS, qui in *XVI Libro De Animalibus* intellectum dicit ingredi ab extrinseco et non educi de potentia materi-

---

1 id: et — E // 2 etiam: esse — L // 4 etiam: tamen — LVE // 5 temporis: tempus — LV // 6 successivum: successive — L // 7 sua: sui — W // 8 referendum: inferendum — E // 10 esse: est — V // 11 articulus: ex articulo — L // 12 quae: quod — E, *om*, LOWB // 15 sunt — *om*. W // 16 proportionata: est — *add*. L // 17 tam: causa — LW; non — *om*. E // demonstrative creatio — O 18 a nobis jam — LV; prolata: probata — LVOEB; viam: philosophiam — LVE // 19 hac: hoc — LVOWB // 20 viam: philosophiam — LVE; qui — *om*. LV.

---

20 Arist., *De Generat. Animal.*, II, 1 (735a 12).

ae. Et in *XI Metaphysicae* probat multitudinem motorum, ponens inter eos unum primum. Et ideo oportet eum ponere ipsum esse causam sequentium, quos tamen de potentia materiae exire negat. Et in *Libro De Natura Deorum* dicit mundum esse opus dei secundum omnes suas partes, et dicit hoc notum esse per se sine probatione cuilibet aspicienti ordinem ejus et motus. 5

Cujus exemplum ponit CLEANTES, philosophus, qui dicit quod ex quatuor causis in animas homini informatae sunt notiones dei, scilicet ex rerum futurarum praesentione, 10 ex multarum quae in creaturas sunt utilitatum commoditate, ex timore fulminum et terrae motus et hujusmodi, ex corporum coelestium et motuum ipsorum distinctione aequalitate / 201r / utilitate, pulchritudine, ordine. Ut si quis in domum veniens videat omnium rerum rationem et 15 ordinem et disciplinam, non potest judicare ea esse sine causa, sed intelligit aliquem esse qui praesit cui pareatur. Sed tamen in quantum hujus rei notitiam consentimus ex testimonio primae veritatis, cujus illuminatio per primos ecclesiasticae hierarchiae a primo descandit uni- 20 versaliter in omnes, etiam in illos qui praedictae demonstrationis capaces non sunt. Sed pro dispendio argumenta-

---

2-3 ipsum esse — *om.* V // 3 materiae: materia — P // 6 cuilibet: cujuslibet — W // 7 ejus — *om.* V // 8 Cleantes: clenates — W // 11 creaturas: creaturis — VE // 12 timore: terrore — LVEB // 13 ipsorum — *om.* O // 14 pulchritudine: et — *add.* L; ut: et — LOW // 17 intelligit: intelliget — V 18 hujus: hujusmodi — E // 19 illuminatio: primo — *add.* L // 20 primos: primo — B; ecclesiasticae: ecclesiastio — O; descandit: descendit — VOW // 21 omnes: homines — L.

---

1 Arist., Meta., XII, 8 (1073a 25) // 4 Cicero, *De Nat. Deor.*, II, 37. // 8 Cicero, *De Nat. Deor.*, III, 7.

tionis utuntur compendio auctoritatis, sic est articulus
fidei ut dicitur *ad Hebraeos XII*: *fide credimus aptata
esse saecula verbo dei etc.* Et in *Symbolo*: *creatorem
coeli et terrae.*

5   Quamvis etiam ut dictum est hoc opus inter alia sit
proprium primi principii, cujus perfectio in ratione principii operativi consistit in tribus suprahabitis, propter
quod deus tribus digitis dicitur appendere mollem terrae,
Isaiae XL, appropriatur tamen potentiae ibidem cum subditur
10 prae multitudine fortitudinis et roboris virtutisque ejus.
Neque unum reliquum fuit, quia in hoc opere maxima monstra-
tur potentia primo principio propria, scilicet operandi
nullo alio praesupposito, et hoc solum importat propria
ratio ejus, quae est de nihilo aliquid facere. Et ideo
15 etiam appropriatur patri ut diximus, quia ei etiam potentiam appropriari probavimus supra *Libro Tertio.*

---

2 ut: unde — VE // 3 etc. — *om.* W // 4 terrae: etc. — *add.*
E // 5 inter alia — *om.* O // 7 operativi: comparativi — E,
operativi principii // 9 ibidem: idem — L // 10 virtutisque:
virtusque — OW // 11 unum: bonum — O; maxima: maxime
— L // 12 operandi: operando — V.

---

3 *Ep. ad Heb.,* XI, 3; *Symb. Apost.* // 9 *Isaias,* XL, 12 // 16
SB, Lib. III, Tr. I, cap. 1 ff., fol. 122v.

CAPITULUM OCTAVUM

DE CREATIONE PASSIVA SPECIALITER IN QUO EST DE CREATIONE MUNDI ET EJUS AETERNITATE.

Sicut autem activa creatio est ipse creator agens, 5
(sed tamen sub alia ratione significandi, scilicet sub
ratione actionis relinquentis ex se effectum temporalem,
et ideo diversus est modus attribuendi, quia creator ab
aeterno est deus, sed non creat ab aeterno), sic etiam
passiva creatio nihil aliud est quam esse rei creatae 10
significatum ut acceptum a creante post non esse et significatum sub ratione cujusdam fieri. Propter quam rationem est diversitas attribuendi, scilicet, quod creatio prae-
terit adhuc manente esse creaturae. Et ideo patet quod
non dicit aliquod fieri quod per modum mutationis sit me- 15
dium inter creatorem et creaturam, quia illud secundum
medium necessario esset creatura. Et ita etiam inter
ipsum et creatorem esset aliud fieri et sic in infinitum.
Sed dicit relationem realem fundatam super istam acceptio-
nem esse, quae est media inter creatorem et creaturam, 20
sicut relatio est media inter extrema, a qua relatione
denominatur creatura cum vocatur creatura. Et est haec

---

1 Octavum: Tractatus Primi — *add.* PLOWEB // 2-3 specialiter de creatione passiva — W // 4 aeternitate: etc. sequitur etc. — *add.* E // 9 sed non erat ab aeterno creator — L
// 12 cujusdam: ejusdem — L // 16 secundum — *om.* L //
18 esset: esse — V; aliud: aliquid — L; sic: ita — V // 22
creatura . . . creatura — *Hom.* O.

relatio secundum dici tantum et non secundum esse, quia
creatura dicit aliquid aliud quam solum respectum hujus
relationis. Et cum haec relatio sit creatura communicata,
refertur et ipsa ad creatorem sicut ad causam, sed hoc
5   seipsa, non alia relatione, quia iretur in infinitum.

Et cum dicitur res creatur, id est fit ex nihilo, su-
mendum est hoc fieri secundum praehibitam rationem qua
differt ab esse rei, quia compositum, quod est ex suis
principiis, creatur eo quod non exit in esse ex ipsis,
10   sed de nihilo. Et cum dicitur hoc creatum est ex nihilo,
subintelligitur factum vel productum quia ipsum compositum,
secundum suum esse acceptum, est compositum ex potentia
et actu sive ex materia et forma.

Quamvis etiam creatio non possit esse ex aliquo, potest
15   tamen creari in aliquo, sicut prima forma creata est in
materia et anima rationalis creatur in corpore, quia secundum PHILOSOPHUM, esse quod de nihilo suae essentiae producitur, illud creatur. Et haec est ratio quare creatio
quandoque habet cooperationem creaturae, scilicet cum est
20   in aliquo quod ad hoc per opus creaturae disponitur.
Quandoque autem non potest habere cooperationem scilicet
cum omnino nihil sibi praesupponit.

---

3 sit: sic — O; communicata: concreata — VE // in — *om.*
O // 7 hoc: hic — E // 8 est — *om.* L // 14 creatio: concreatum — V; possit: posset — LO // 15 creari: terminari
— V; in aliquo: non aliquod — O // 17 esse: omne — LVE
// 18 haec: hoc — LE; est — *om.* O // 20 per — *om.* O;
creaturae: naturae — B // 22 praesupponit: praesupponitur
— L.

---

17 Arist., *Phys.,* I, 7 (190b 1).

Universum quoque cum omnibus suis partibus causatum esse ab uno primo principio, quod solum est necesse esse, supra probatum est. Nunc autem / 201v / addimus quod per creationem est totum universum creatum ab ipso. Et hoc quidem concessum est ab omnibus recipientibus auc- 5 toritatem Scripturae. Sed contra philosophos quosdam via philosophica probatur sic: Causatum nihil habens potentiae materialis, vel si habet, non habet eam praecedentem actum, sed semper habet eam stantem sub uno actu, ex nulla potentia est causatum. Sed intelligentiae sunt causatae, 10 nihil habentes potentiae materialis ut philosophi dicunt et nos infra probabimus.

Coeli autem sunt causata habentia materiam, sed quae semper est simul cum actu. Aliter enim coeli essent ge- nerati de potentia materiae, ut dicit PLATO, et per hoc 15 essent corruptibiles, ut necessaria ratione concludit ARISTO- TELES contra PLATONEM in *Libro de Coelo et Mundo.* Ergo haec causata non sunt ex aliqua potentia, quod est esse ex nihilo et creatum esse, cum etiam supra probavimus gene- rabilia et corruptibilia esse creata secundum materiam et 20 formam.

Et in his tribus consistit totum universum, scilicet

---

1 causatum: creatum — L // 2 esse: est — L // 4 creatum: causatum — LV // 9 uno: suo — V // 10 causatae: causata — POVWEB // 11 habentes: habentia — POWV // 12 et: ut — *add.* O // 13 autem: vero — LVEB // 14 simul est — W // 15 dicit: dixit — L // 22 tribus: rebus — P; consistit: consistat — VE, existit — L.

---

3 SB, Lib. IV, Tr. I, cap. 1, fol. 190r. // 17 Arist., *De Coelo,* I, 10 (280a 27). // 19 SB, Lib. IV, Tr. I, cap. 7, fol. 230r.

in substantia sensibili, corruptibili et mobili et in substantia sensibili, incorruptibili, mobili; et substantia insensibili, incorruptibili, immobili. In haec enim tria dividit PHILOSOPHUS substantiam in *XI Metaphysicae.*
5 Patet quod totum universum est creatum, et hoc jam dixit expresse PHILOSOPHUS in libro quam edidit ipse *De Natura Deorum,* quamvis in aliis libris suis non gradiatur ista via, eo quod in illis processit ex principiis entis creati; ex quibus istud probari sufficienter non potest; sed ex
10 ratione primi principii per quod etiam solum potest terminari quaestio, an sit res, eo quod esse ab aliquo solo causatum est, ut infra probabimus, et de illo egit in praedicto libro *De Natura Deorum* et in *Epistola De Principio Universi,* in quibus etiam locis in hanc viam consentit.
15 PLATONIS quoque intentio est id quod probavimus, quia licet ipse in *Timaeo* mundum ex materia ab opifice generari dicat, tamen ipsam materiam ab hoc opifice conditam fatetur et formas omnes ab extrinseco ei influi.

Cum ergo philosophi isti deum cognovissent, non sicut
20 deum glorificaverunt, cum ejus gloriam, quae consistit in opere creationis sibi proprio ut supra probavimus, aliis

---

1 in — *om.* E; sensibili: sensibili — *add.* L; et — *om.* WB // 1-2 mobili . . . mobili — *Hom.* OW // 2 incorruptibili: et — *add.* L; mobili et: in — *add.* L // 3 incorruptibili: et — *add.* LE // 8 principiis: principio — L // 11 sit: est — W; solo: ipso — V // 12 causatum: creatum — VEB // 14 consentit — *om.* B // 15 licet: quamvis — L // 16 ex materia *om.* O; ab: et — L // 18 ei — *om.* O, ei ab extrinseco — V // 19 sicut: solum — POW // 20 gloriam: gloria — OW.

---

4 Arist., *Meta.,* XII, 1 (1069a 30). // 7 Cicero, *De Nat. Deor.,* II, 37. // 13 Cicero, *De Nat. Deor.,* II, 37. // 14 No such writing of Aristotle extant. // 16 Plato, *Tim.,* 28a ff. // 21 SB, Lib. IV, Tr. I, cap. 7, fol. 198v.

etiam attribuerunt. Dicunt enim in toto ordine intelligentiarum et coelorum semper priorem intelligentiam esse
causam sui orbis et etiam intelligentiae sequentis per
diversos modos contemplationis, ut infra explanabimus.

Cum sic creare non sit aliquid de potentia educere,　　5
sed ex nihilo producere sive creare, patet quod ipsi po-
nebant intelligentias creare coelos et inferiores intelligentias creari a superioribus, et primam intelligentiam quae
est primus motor esse unum primum effectum simplicis causae
primae a quo non est nisi unum immediate. Sed haec res-　　10
puit pia fides quae solum deum confitetur creatorem omnium coelorum et omnium coelestium spiritum. Insuper praeter
fidem dicimus philosophos hoc dictum suum non demonstrasse, sed valde debiliter probasse, ut patebit infra cum
rationem eorum ponemus. Nunc dicimus hoc dictum probabi-　　15
lius improbari ex diversis rationibus, quarum una est quia,
ut dicit PHILOSOPHUS in *VIII Physicorum,* in majori mundo
est sicut in minori; sed in minori mundo, (sive ille
dicatur esse omne quod movet seipsum, sicut est omne
animal, sive ille verius dicatur esse solus homo in quo　　20
praesidet intellectus), sicut et in mundo majori, motor

---

3 intelligentiae: intelligentiam — V // 5 aliquid: *add.* L // 8
quae: qui — L // 9 motor: posuerunt — *add.* LE; primae
simplicis causae — V // 10 immediate — *om.* V; haec: hoc
— VE // 15 rationem: rationes — L; nunc: et — LVEB, ut
— OW // 18 minori . . . minori — *Hom.* B; ille: iste — V
// 20 ille — *om.* O, illud — W.

---

17 Arist., *Phys.,* VIII, 2 (252b 25).

efficit suum mobile, eo quod non est separatus ab ipso sicut causam efficientem separatam oportet esse a suo effectu. Sed quia haec unita sunt, ideo simul causantur ab uno efficiente, quamvis intellectus humanus non edu-
5 catur de materia, nec alicujus corporis actus.

Si ergo in majori mundo, cum secundum philosophos nulla intelligentia sit / 202r / separata a suo mobili, sed conjuncta ei et dans ei esse et motum, nullum coelum erit ab aliqua intelligentia, sed potius omnia illa mobi-
10 lia cum suis motoribus simul causata sunt a prima causa immediate — quantum ad indistantiam causalitatis qualiter omnia simul creasse infra probabitur, sed non immediate secundum ordinem naturae inquantum ipse operatur per sapientiam cujus est ordinare. Praeterea, si talis esset
15 descensus ut philosophi dicunt, tunc semper inferior motor esset ignobilior superiore, sicut effectus est ignobilior sua causa, et per consequens mobile causatum ab hoc inferiori motore esset ignobilius mobili superiore; quod falsum esse ad sensum constat. PTOLOMAEUS enim probavit per
20 demonstrationes aequationum quod sol pauciores habet motus quam aliquis superiorem planetarum, qui sunt Saturnus, Jupiter et Mars. Nam sol non habet nisi duos motus;

---

3 unita: unica — P // 4 humanus — *om.* E // 6 si: sit — LVWEB; ergo: etiam — *add.* LEV // 8 ei — *om.* W; et — *om.* B // 10 causata: creata — L // indistantiam: instantiam — V // 16 sicut: sic — OW; ignobilior: nobilior — POW // 17 mobile: nobile — L // 18 mobili: causato a — *add.* W; superiore: superiori — LVE // 21 Saturnus: et — *add.* L 22 et — *om.* EB; nam — *om.* O.

---

19 Averroes, *II De Coelo,* tx. c. 62, 140vb; *XII Meta.,* tx. c. 45, 329vb.

quilibet autem superiorum habet octo motus sicut autem
dicit PHILOSOPHUS in libro *De Coelo et Mundo,* res quae acquirit bonitatem suam per pauciores operationes propin-
quior est primo bono, quod non acquirit suam bonitatem
per aliquam operationem, quam illa quae bonitatem suam   5
acquirit pluribus operationibus, et per consequens est
melior et nobilior. Ergo sol est corpus melius et
nobilius omnibus planetis, non solum inferioribus se, sed
etiam superioribus se. Super quam excellentiam nobilitatis etiam attestatur influentia quam habet respectu omnium 10
stellarum, quia secundum PHILOSOPHUM in libro *De Proprie-*
tatibus Elementorum, et consentit ei probabilius opinio
astronomorum, omnes stellae a sole lumen recipiunt; per
quod lumen sibi incorporatum movent materiam.

Cum ergo probatum sit mundum immediate creatum a pri-   15
mo principio universi esse, sequitur ex hoc quod mundus non
sit aeternus, sed initium durationis habuit; quia quod non
solum est prius altero ordine naturae, sed insuper non
habet unius rationis mensuram cum ipso, ita quod ejus mensura est causa mensurae durationis illius posterioris, illud 20
duratione praecedit ipsum. Sed primum principium prius est
mundo sicut causa est prior causato.

---

2 libro: secundo — *add.* V // 3 suam: sua — W; bonitatem
suam — L // 5 bonitatem: bonitates — E; suam: suas —
E // 7-8 nobilius et melius — LV // 8 se — *om.* B // 10
attestatur: testatur — V // 13 astronomorum: astrorum —
O // 14 incorporatum sibi — O // 16 ex hoc — *om.* O; non
— *om.* O // 17 habuit: habuerit — LVE; non — *om.* OW //
18 prius est — L; altero prius — O // 22 prior: prius — L.

---

2 Arist., *De Coelo.,* II, 12 (292a 1). // 11 No such work of Aristotle extant; cf. Lacombe, G., *Aristoteles Latinus,* Praefatio:
Aristoteles Pseudepigraphus, (Romae, 1939), pp. 91-92.

Non potest tantum esse prior ordine naturae, quia quaecumque sic se habent ad invicem, illorum unum, scilicet quod est prius, est de natura sequentis et intrat in substantiam ejus; qualiter primum non se habet ad mundum,

5 cum non comisceatur cum rebus, ut dicitur in *Libro De Causis.* nec etiam potest esse mensura unius rationis dei, qui omnino est immutabilis, et mundi qui totus est mutabilis, ut ostensum est supra in *Capitulo De Aeternitate.* Sed mensura esse divini est aeternitas; mensura

10 autem durationis mundi est aevum vel tempus quae ab aeternitate causantur, sicut dicit BOETHIUS, qui tempus ab aevo ire jubes; et ita mensura durationis esse primi principii, quae est aeternitas, praecedit durationem mundi sicut causatum.

15 Ergo primum principium duratione aeternitatis praecedit mundum. Quod autem habet prius se duratione, illud habet principium suae durationis et incepit, quia est nunc et non prius. Ergo mundus incepit. Nec est hoc contra quod PHILOSOPHUS in *VIII Physicorum* probat mun

20 dum non incepisse, sed esse aeternum. Nam qualiter ipse accepit nomen aeternitatis, exponit in *Libro De Coelo et Mundo* dicens: primi philosophi bene egerunt in determinatione,

---

1 prior: prius — L; prior esse — O // 2 se — *om.* E // 3 prius est — LOVW; est — *om.* VOE // 4 habet se — L // 6 esse — *om.* O, dici — B // 9 est: et — O // 11 aeternitate: aeterno — O // 12 et — *om.* V; esse: est — V // 14 sicut: causa — *add.* EB // mundus — *om.* E // 20 nam — *om.* E // 21 accepit: acceperit — L; in: primo — *add.* LV, primo — B.

---

6 *Liber de Causis,* V, pp. 168-169. // 9 SB, Lib. II, Tr. VI, cap. 5 fol. 113v. // 11 Boethius, *De Consol. Phil.,* III, met. 9, PL 63, 758; ed. Fortesque, pp. 157-158. // 19 Arist., *Phys.,* VIII, 1 (250b 1). // 21 Arist., *De Coelo,* II, 1 (284a 3).

id est, definitione, nominis sempiterni materialiter sumpti,
quia dixerunt quod est ultimum, id est, mensura, durationis primi mobilis in quantum mobile est, quod est ultimum
quoad nos, et horizon, id est, supremum esse durans, a quo
fluit duratio esse omnium inferiorum, et ab ipso excelli-   5
tur continens tempus uniuscujusque rerum vivarum, sicut totum continet suas partes. Post quod in futuro / 202v /
et ante cujus posteriora in praeterito, quia praeterita, quae
transierunt post nos, sunt sicut futura quae adhuc expec-
tamus ante nos, non est tempus aliquid naturale, quia ante   10
ipsum est vera aeternitas, quae interdum vocatur tempus;
sed est supernaturale et divinum et est dicta sempiternitas aeternitas illius rei, scilicet primi mobilis et motus
ipsius, et ejus durabilitas mensura naturalis durationis.

Secundum hunc ergo modum dicimus quod ultimum hori-   15
zontis coeli totius et pro id est ultimum continens totum
tempus sempiternum, est aeternitas coeli. Et probat hoc
ex ipso nomine cum subdit: et non derivatur hoc nomen,
scilicet sempiternitas, nisi ex opere ejus, scilicet coeli,
quantum sempiternum est semper durans cum tempore. Sic   20

---

8 quia: quae — OW; quae: quoniam — W // 9 transierunt
— *om.* O, fuerunt — W; futura: factura — OW; quae — *om.*
LOWB // 10 est — *om.* W; aliquid — aliud — PE // 14 et:
id est — *add.* PLVEB; durabilitas: durabilis — O, id est
— *add.* VE // 15 hunc: hoc — V, *om.* O // 16 et pro —
Sic! PLOVWE. The Dole manuscript (Bibliothèque Munici-
pale 79) omits the "et pro" (fol. 302r). This manuscript, is
inferior to the seven which we have chosen as the basis for
the establishment of our text. J. Daguillon, *La 'Summa de
Bono'*, pp. 44-48, is of the same opinion. C. Fagin, *Doctrine
of the Divine Ideas on the 'Summa de Bono' of Ulrich of
Strasbourg*, pp. 5-6, likewise points to the inferior quality of
this manuscript. Whether the omission is a deliberate deletion on the part of the scribe or whether it indicates a different manuscriptural tradition is a matter of conjecture.
19 scilicet (semp.) — *om.* O; opere: operatione — L // 20
quantum . . . cum tempore — *om.* POW.

231

ergo dicere mundum aeternum quod non fuerit tempus ante mundum, nec post ipsum futurum sit, sed semper cum tempore fuerit mundus et futurus sit, et dicere quod tempus incepit in primo suo nunc et mundus cum ipso. Et
5 ideo non habeat aliquid prius se tempore nec aliqua duratione continue, sed tantum simplici et indivisibili nunc aeternitatis, nihil sibi invicem adversatur; sed utrumque verum est.

Similiter mundum non incepisse per motum et mutationem
10 in tempore, sicut in mensura excedente esse mundi, et incepisse mundum cum primo nunc temporis sine motu et mutatione per simplicem operationem primae causae praecedentem simplici aeternitatis duratione mundum et tempus, simul vera sunt, nec sibi aliquatenus adversantur.

15 Secundum hanc quoque fidei nostrae positionem rationes philosophi qui secundum aliam viam demonstratae sunt, adeo debiles sunt, quod ridiculum est credere tantum philosophum ex talibus rationibus in tam sublimi materia aliquid asserere voluisse, ut patet ex facilitate solutionis suarum
20 rationum.

Una enim est quod, cum de tempore nihil sit nisi nunc, si tempus incepit, tunc incepit in nunc. Hoc autem est mensura mobilis inquantum mobile est, sed non refertur

----

1 fuerit: fuerat — L // 3 fuerit: fuit — O; et — *om.* O //
4 in: a — O; in primo suo nunc incepit — V, inceperit — E
// 9 non incepisse mundum — LV // 16 qui: quae — LB;
demonstratae: demonstrative — LW, demonstratione — P,
videntur — *add.* L; sunt — *om.* LO // 21 de: in — L; autem
— *om.* O.

ad motum prout est in toto eo quod movetur, sed ut causatur
ex una parte mobilis unde est motus. Cum ergo illud
unum in tota circulatione nusquam possit accipi nisi renovatio situs sit, ante ipsum et post ipsum et nunc cum
ipso fluens sit tempus, etiam nunc quod est ejus numerus   5
non potest accipi nisi ut finis praeteriti temporis quod
est numerus prioris renovationis situs, et principium
temporis futuri, quod est numerus posterioris renovationis situs. Ergo si tempus incepit vel desinit, ante
primum nunc temporis erit tempus et post ultimum nunc;   10
quae sunt impossibilia.

Ergo cum tempus sit numerus et propria passio motus
et ideo sine ipso esse non possit, nec motus sit sine
motore et mobili, nullum istorum incepit et desinit. Et
cum his existentibus totus mundus stet sicut nunc stat,   15
quia effectus est sine causa nec e converso mundus non
incepit nec desinet. Et patet cuilibet quod haec ratio
nihil contra nos concludit.

Nos enim non dicimus dexterum coeli unde est ejus motus
fuisse in circulatione cum tempus incepit, sed dicimus motorem   20
cum mobili incepisse. Et cum his incepit motus circularis,
motore influente virtutem suam in dexteram partem mobilis

---

2 est: et — OW // 3 possit: posset — L // 4 cum: ab —
add. E // 5 ipso: cum ipso — *add.* V; sit: esset — LOWB,
causet — VE; etiam: non — E, id — B // 7 et: ut — OW,
ut — *add.* LVEB // 8 futuri — *om.* V // 9 desinit: desinet
— VOW // 12 cum . . . propria passio — *om.* O // 14 et: nec
— LVEB // 15 stet: stetit — L // 16 effectus: non — *add.*
B; non: nec — VE // 18 contra nos nihil — LV // 22 dexteram partem: dextera parte — L.

tunc et non prius, et ideo nihil fuit ante hoc de motu. Et cum hoc motu dicimus incepisse tempus in primo suo nunc quod concreatum fuit cum illa parte coeli a qua motus incepit.

5   Et ideo ante ipsum incepit, nihil fuit de tempore, nec fuit finis alicujus praeteriti, sed tantum initium futuri quia, cum tempus incepit, in aliquo primo sui incepit. Et non potest esse aliqua pars temporis divisibilis, quia ARISTOTELES in *VI Physicorum* probat quod primum in con-
10   tinuo non potest esse aliqua pars divisibilis. Ergo primum in quo incepit tempus fuit indivisibilis temporis, quod est primum nunc. Haec tamen ratio maxime videtur esse contra nos, quia videtur probare quod nullo modo inceptionis mundus inceperit.

15   Alia ratio philosophi est quod si primus motus incepit / 203r / hoc est: vel quia mobile non semper fuit — cum ergo postea fuerit, genitus est quia, cum omne quod fit prius sit possibile fieri, oportet quod ipsum de potentia educatur ad actum ens, quod est generatio; ergo
20   cum omnis generatio sit terminus motus, ante primum motum fuit motus, quod constat esse impossibile. Vel est ideo quia mobili existente, motor non fuit, quod etiam patet

---

1 ideo — *om.* L; nihil: non — L, *om.* VOWEB // 3 concreatum: creatum — VE; cum: in W; a: cum — O // 5 ante: quando — POW; incepit — *om.* LVOWEB, non fuit — *add.* W // 7 tempus: tempore — V // 8 et: hoc — *add.* LV; esse — *om.* OW // divisibilis: indivisibilis — W // 16 quia vel — O; semper non — W; fuit: quod — O // 17 cum — *om.* VE; fuerit: fuit — O; cum — *om.* O // 18 fit: sit — VE; sit — *om.* V; possibile: sit — *add.* O // 19 actum: actu — PLVE // 22 existente: existenti — E.

esse falsum, quia tunc potentia esset ante actum; quod improbatum est in *IX Metaphysicae*: Vel ideo est quia neutrum horum fuit quod iterum patet esse falsum, quia tunc utrumque ipsorum genitum esset et esset motus cujus haec generatio est terminus ante primum motum, et insuper   5
minus opinabile est motorem esse genitum quam mobile quod habet materiam; Vel quarto est ideo quod utroque existente, scilicet mobili et motore, motor primo non movit, sed postea, tunc cum videmus in omnibus quod ordo naturae exigit quod vel res semper sit eodem modo sicut   10
ignis ascendit et grave descendit; Vel si habet se aliter et aliter quod sit ratio aliqua differentiae, oportet quod ratio hujus differentiae vel fuerit ex parte mobilis quod habuit aliquam dispositionem moventem ad quietem, et tunc illam dispositionem oportuit tolli per alterationem;   15
ergo primus motus qui est ante primum motum localiter est motus alterationis quod reprobatum est in *VIII Physicorum;* Vel fuit ex parte motoris et tunc oporteret motorem alteratum esse quod constat esse falsum. Ergo motus numquam incepit. Haec ergo ratio ARISTOTELIS multo min-   20
us facit contra nos quam praedicta. Dicimus enim nos motum incepisse quia motor et mobile simul inceperunt, non per

---

1 esset: actus — *add.* L; ante actum — *om.* L // 2 IX: VIII — L // 4 esset genitum — O // 5 haec — *om.* L; insuper: ante — *add.* POW // 6 minus: primum — POW, unus — E; opinabile: opinabilem — E; est opinabile — L; est — *om.* V, esse — E // 7 quod: quia — B // 8 motore: motori — PW // 9 movit: movet — L; postea: et — *add.* LVE; videmus: videamus — VE // 10 sicut: sic — WB // 11 si: si — *add.* O // 12 ratio: ideo — O; oportet: ergo — *add.* L // 13 fuerit: fuit — LO // 15 illam: istam — VE // 16 localiter: localem — LVEB.

---

2 Arist., *Meta.*, IX, 8 (1049b 4). // 18 Arist., *Phys.*, VIII, 7 (260a 30 — 261a 25).

generationem, sed per creationem. Et ergo non fuerunt prius in potentia materiali; quam tamen exigit inceptio naturalis. Sed fuerunt tantum, ut dicit ALGAZEL, in potentia causae efficientis, quae nihil sibi praesupponit in
5 causando. Et haec operatio est sine motu et mutatione. Unde sicut optime dicit RABBI MOYSES: Deceptio est in hujusmodi rationibus ex hoc quod non consideratur alium modum inceptionis oportere esse quo principia exeunt in esse et quo res completa ex principiis incepit esse.

10   Et ideo praedicto modo rationantes similes sunt cuidam puero; cui cum diceretur modus suae nativitatis, scilicet quod novem mensibus fuit sine respiratione in utero matris et in umbilico aperto cibum sumpserit nec aliquid egessisset, arguebat in contrarium quia homo perfectus nec modico tem-
15 pore sic subsistere posset.

    Unde etiam ARISTOTELES considerans suas rationes non simpliciter procedere, sed tantum ex suppositione principiorum naturalium dicit in *Libro De Coelo et Mundo* quod in his dedit causas, quibus minus ab aliis contradici potest.
20 Et in *I Topicorum* dicit hoc esse problema de quo ad neutram partem habemus rationes. Alias autem aliorum philo-

---

1 ergo: ideo — LVEB // 2 prius: primi — V; tamen: tantum — LVB; inceptio — *om.* OWB // 5 causando: etiam — *add.* V, cum — *add.* O // 6 sicut: sic — E // 7 consideratur: considerat — E // 9 esse: tunc — O; incepit: incipit — V, accipit — L // 12 fuit — *om.* VO, fuisset — LEB; mensibus: fuisset — *add.* V, fuit — *add.* O // 13 sumpserit: sumpserunt — O; *om.* V; egessisset: egisset — EB // 14 nec: pro — *add.* B // 19 ab: quam — LVWEB // 21 neutram: negativam — E; habemus: habens — V.

---

3 Algazel, *Meta.,* I, Tr. II, 4-5, ed. J. T. Muckle (Toronto, 1933) pp. 53-54. // 6 Moses Maimonides, *Guide for the Perplexed,* II, 13, p. 171. // 15 Same example found in Maimonides, *Guide,* II, c. 16, p. 179. // 18 Arist., *De Coelo,* II, 12 (291b 24, 292a 12). // 20 Arist., *Topic.,* I, 11, (104b 1, 16).

sophorum rationes solvere non curamus quia debiles sunt
et ex praedictis faciliter solvuntur.

Simili modo probat PHILOSOPHUS perpetuitatem motus
et per consequens perpetuitatem mundi in tempore futuro. Quia
cum ille motus sit, sicut PHILOSOPHUS dicit, sicut vita   5
viventibus omnibus, ipso perseverat mundus. Dicit ergo
quod, si motus corrumpitur, hoc vel est ex corruptione
alterius principiorum motus vel utriusque. Et tunc quod
post hanc cessationem motus sit haec corruptio. Ergo
cum ipsa necessario sit terminus motus, ergo post ulti-   10
mum motum est motus: quod constat esse impossibile. Vel
est ex aliqua dispositione inhabilitante alterum horum
principiorum ad motum, utroque ipsorum existente. Nec
enim mobile simul cessat a motu et a mobilitate nec motor
simul cessat a movere et ab aptitudine ad movendum. Se-   15
cundum hoc oportet quod haec inhabilitas sit per oppositam dispositionem, aliter enim haec differentia esset sine
ratione, sicut ANAXAGORAS et EMPEDOCLES dixerunt
quandoque esse motum, quandoque non, sine ratione hujus
diversitatis. / 203v / Et ideo hoc fictum est quod   20
est coactum ad positionem, ut dicit PHILOSOPHUS; quae
coactio est cum aliquid ponitur quod ratio poni non sinit.

Si ergo praedicto modo dicatur, tunc oportet quod

---

2 et — *om.* VE // 4 tempore — *om.* O // 5 sicut: ut — OWE;
dicit Philosophus — VO // 7 si: sit — E // 8 tunc: sequitur
— *add.* LVEB // 9 hanc — *om.* LVOWEB // 10 cum —
om. E // 16 secundum: sed — LVOWEB; hoc — *om.* LVEB
// 20 fictum: quia hoc fictum est — *add.* V // 21 positionem:
potentiam — E // 22 poni: boni — POW, *om.* E // 23 praedicto modo — *om.* L; secundum praedictum modum — L.

---

3 Arist., *Meta.*, XII, 6 (1071b 6); *Phys.*, VIII, 1 (251a 10ff);
De Coelo, I, 3 (270a 13; 281b 26). // 5 cf. line 3. // 18
Arist., *Phys.*, VIII, 1 (252a 5) // 21 Arist., *Phys.*, VIII, 1
(252a 5); *Meta.*, XII, 7 (1082b 2).

illa dispositio vel sit motus vel consequens motum; et ita redit primum inconveniens, scilicet quod post ultimum motum sit motus. Responsio autem ad hanc rationem est quod nos dicimus nec motores nec mobile corrumpi, sed 5 tantum motorem aliquando movere et tunc motum desinere. Nec dicimus hoc esse sine ratione, sed ex summa ratione sapientiae primi principii ordinantis quietem coeli ad alium statum mundi quam nunc motus ordinet. Nec mirum si ex ejus voluntate cessat motus, cum supra probavimus omnia 10 interire, si ipsum suam influentiam subtraheret ad momentum, et sic praedicta ratio nihil concludit.

Ex praedictis patet non solum mundum non esse aeternum, praecipue quantum ad carentiam principii, sed nec potuisse eum sine initio durationis fuisse. Nec enim probat ratio 15 nostra suprahabita, quae licet non sit demonstrativa, tamen probabiliorem ipsam judicamus omnibus rationibus quae sunt ad oppositum. Et sicut dicit ALEXANDER philosophus: cum non habemus demonstrationes, tunc sufficit habere talem sermonem ad quem sequitur inconveniens, et probabliiter sit 20 probatus. Et hoc credimus esse in proposito, quia ad neutrum credimus haberi posse demonstrationem. Et hoc probatur debilitatem rationum aliquorum, qui se alteram partem demonstrasse credunt. Et hoc jam satis ostensum est

---

5 aliquando: non — *add.* B // 6 dicimus: quod — *add.* B // 8 quam: quod — O, quem — B; motus: mundus — V; ordinet: ordinetur — L // 9 cessat: cesset — L // 11 momentum: moventem — PW; ratio — *om.* E // 12 mundum — *om.* POW // 13 nec: ipsum — E // 17 dicit — *om.* E // 19 sequitur: sequetur — VE // 21 neutrum: neutram partem — LVEB; perficere — *add.* POW; haberi: habere — POW // 22 se: ad — *add.* V.

---

9 SB, Lib. IV, Tr. I, cap. 5, fol. 196v. // 17 Averroes, XII *Meta.*, tx. c. 18, 304rb.

quantum ad illam partem quam philosophi defendunt.

Sed ut videatur idem in parte illa quam nos defensimus, solvantur rationes quas quidam reputant demonstrationes. Dicunt enim quod si duratio mundi fuit ab aeterno, tunc infinitae revolutiones coeli et per consequens infiniti 5 dies praecesserunt hunc diem qui est hodie. Ergo cum infinita non possunt pertransiri, ut ipse PHILOSOPHUS probat, numquam potuit deveniri ad hunc diem, quod patet esse falsum. Ergo et illud ex quo hoc sequitur. Sed hoc faciliter solvitur dicendo quod pars aliquota infiniti 10 est infinita. Unde dicit ARISTOTLES in *III Physicorum* quod pars infiniti est infinita et ideo ad illam non contingit pervenire cum qui numerando accipit partes infiniti. Sed pars aliquota, scilicet quae non numerat totum, sed tantum est minor, est finita. Unde dicit PHILOSOPHUS in 15 *VI Physicorum* quod pars infiniti in una parte tantum est finita. Et ideo ad illam contingit pervenire et tales partes sunt revolutiones coeli et dies saeculi, si dicatur motus fuisse ab aeterno, et ideo contingit venire ad hanc diem. 20

Dicunt etiam quod sequitur infinita esse actu, scilicet infinitas revolutiones coeli et infinitos dies et infinitas animas rationales, quia sequitur quod infiniti homines

---

2 defensimus: defendimus — EB // 3 solvantur: salventur — W; quas — *om.* V // 5 revolutiones: essent — *add.* W // 8 numquam: nunc — // 9 hoc — *om.* L // 11 Aristoteles: Philosophus — L // 13 cum: tamen — O // minor: toto — *add.* LVEB; est — *om.* W // 19 venire: pervenire — OW // 21 etiam: esse — WP.

---

7 Arist., *Phys.*, III, 4 (204a 3). // 9 Argument of Algazel in Averroes, *Destr. Destr.* I (IX, 9rb, 10 rbf; also of Mutakallimin found in Maimonides, *Guide*, I, 74, p. 138. // 11 Arist., *Phys.*, III, 5 (204a 20). // 16 Arist., *Phys.*, VI, 2 (233b 12).

mortui sunt, quorum animae sunt cum non corrumpunt corrupto corpore, etiam secundum philosophos. Sed hoc non habere vim demonstrationis patet per hoc quod infinitum secundum potentiam et secundum successionem, non est impossibile
5 secundum naturam, cum secundum naturam motus et tempus in infinitum manerent in futurum si non solo nutu dei terminari possent.

Sed quod de animabus dicitur fortius omnibus est, sed non est demonstratio, quia super duo dubia fundatur. Unum
10 est quod ABOVIZER MAURUS et AVERROES et plures philosophi dixerunt de omnibus animabus nihil manere praeter unum solum intellectum. Nec oppositum hujus adhuc isti demonstraverunt et ideo dubium relinquitur quantum ad hoc: an plures sint animae separatae vel una tantum; et sic solvit hanc
15 rationem AVERROES. Aliud etiam est quod hoc etiam probato, non est probatum hoc esse inconveniens / 204r / quia non est probatum quod infinitum actu esse non possit nisi de infinito per se. Per accidens autem potest esse infinitum, et sic animae sunt infinitae, scilicet per
20 accidens tantum, nam per se ad infinitatem motus non sequitur nisi productio successive infinitarum animarum existen-

---

1 corrumpunt: corrumpatur — VL, corrumpuntur — W, corrumpantur — EB // 2 sed: nec — add. LVEB; non — om. LVEB // 3 vim — om. O // 6 si: sed — LVOWEB, sed — corrected to si — P; non — om. LVE; nutu: nuti — VE, motu — O // 7 possent: possunt — L, possint — VOWE // 9 quia — om. OW // 10 Abovizer: avicer — B; plures: alii — L // 11 dixerunt: dixerunt — add. O; animabus: animalibus — O // 13 relinquitur: relinquit — W // 21 nisi: nec — O.

---

2 Algazel quoted in Averroes, *Destr. Destr.,* I (IX, 20a). // 10 Cf. St. Albert, *Phys., VIII,* I, 12, ed. Borgnet, (Paris, 1890-1899), vol. 3, p. 549; Averroes, III *De Anima,* tx. cap. 5 (VI, 166r). // 15 Averroes, III *De Anima,* tx. cap. 5 (VI, 166r).

tium in potentia successionis. Sed quia huic effectui accidit incorruptibilitas naturae, per hoc accidens sunt animae actu infinitae; et sic solvit hanc rationem ALGAZEL in sua *Metaphysica*.

Bene ergo dicit DAMASCENUS in *I Libro Capitulo VIII*   5
non aptum natum est quod ex non ente ad esse deducitur, coaeternum esse ei quod sine principio est et semper est. Nec valet instantia quam contra hoc fecit AVICENNA in sua *Metaphysica* de prioritate ordinis naturae tantum inter id quod convenit rei ex se et inter id quod convenit ei ex   10
alio. Sicut si sol ab aeterno sine obstaculo totum simul aerem illuminasset vel pes ab aeterno in pulvere stetisset, semper fuisset sine initio lumen in aere et vestigium in pulvere, et aer de non luminoso factus esset luminosus. Nec tamen aliquando non fuisset luminosus hujusmodi in   15
quantum instantiae non valent, quia non sunt ad propositum. Propter illud quod supra diximus quod eorum, quorum unum tantum ordine naturae est prius alio, unum est de natura alterius et intrat essentiam ejus, sic lux et lumen sunt una essentia secundum diversa esse et figura pedis et   20
vestigii sunt una essentia figurae diversificata secundum esse in materia. Sed taliter primum principium non habet se ad

---

1 sed — *om.* O // 3 infinitae actu — W // 5 in —*om.* VB; I° — *om.* POW // 10 convenit — *om.* O // 10-11 ex se et ... ei ex — *Hom.* — OW; se ... alio — *om.* P // 15 fuisset non — LV // 18 prius est alio — L // 18-19 unus de natura alterius est — O // 19 intrat: in — *add.* VL // 20 secundum: sed — L; diversa: diversum — V; esse diversa — W.

---

4 Algazel, *Meta.,* I, Tr. 1, d. 6 ed. J. T. Muckle, p. 40. // 5 Damasc., *De Fide Orthod.,* I, 8, PG 94, 814. // 9 Avicenna, *Meta.,* IX, 1, 102r. // 14 Cf. St. August., *De Civit. Dei,* X, 31, PL 41, 311; CSEL, p. 502.

aliquid suorum causatorum.

Si autem quaeritur quare neutra pars contradictionis in hac materia demonstrari possit, dicimus rationes hujus esse quia non habent principia, quia opinio fidei fundatur super opus creationis, ut ostensum est, quod opus non sub-
5 jicitur naturali nostrae rationi nec principiis nobis naturaliter insitis. Et ideo inceptio mundi, quae ex hoc concluditur, ex naturalibus principiis haberi non potest.

Si autem opinio philosophorum probari debet, hoc ut bene
10 dicit RABBI MOYSES non potest fieri nisi procedatur ad modum inceptionis principiorum naturae ex modo inceptionis principiatorum naturalium ex illis principiis. Et ibi est deceptio sicut deciperetur, ut supra diximus, qui ex conditionibus et natura hominis jam nati argueret de conditione
15 et natura hominis adhuc existentis in utero ; et quod alia est natura hujus et illius. Et per hoc patet quod similiter in aliis alia est natura rei perfectae et imperfectae.

———————

4 quia: nam — LVB // 9 bene — om. O // 11-12 naturae ex modo inceptionis principiatorum — om. O // 13 deciperetur: desideratur — W // 14-15 hominis jam . . . natura hominis — Hom. — O // 15 et: eo — B // 17 imperfectae: Hic non est defectus, sed sequitur Tractatus Secundus Quarti Libri — add. B.

———————

5 SB, Lib. IV, Tr. I, cap. 7, fol. 199r. // 10 Moses Maimonid., Guide, II, 16, p. 178. // 13 SB, Lib. IV, Tr. I, cap. 8, fol. 203r.

AUTHORS CITED

Primary Sources Used by Ulrich of Strasbourg in Summa de Bono, IV, 1.

Albert, St.
    Sancti Alberti Magni *opera omnia* cura ac labore A. Borgnet (Parisiis, 1890-1899) Vol. 1-38.
    Opera Omnia. Edited by Bernhardus Geyer. Cologne: Monasterium Westfalorum in Aedibus Aschendorff, 1951 — present.

Algazel
    Algazel: *Metaphysics,* Edited by Muckle, J. T. (Toronto, 1933).

Ambrose, St.
    Sancti Ambrosii *opera omnia* (Paris, 1866-1882) Migne Latin Patrology, Vol. 14-17.
    Sancti Ambrosii *opera.* Recensuit Carolus Schenkl (Vindebonnae, Pragae, Lipsiae, 1897) Corpus Scriptorum Ecclesiasticorum Latinorum, Vol. 32, 52, 54.

Aristotle
    The Works of Aristotle, translated into English. Edited by Ross, W. D. (Oxford, 1928) Vol. 1-11.

Augustine, St.
    Sancti Aurelii Augustini *opera omnia* (Paris, 1841-1877) Migne Latin Patrology Vol. 32-47.
    Sancti Aurelii Augustini *opera.* Corpus Scriptorum Ecclesiasticorum Latinorum. Editio consilio et impensis Academia litterarum caesarae vindobonensis. (Vindobonnae, 1866-1919). The following are the works of Augustine, cited by Ulrich, which appear in this series:
    Confessionum Libri XIII. Recensuit P. Knell (Lipsiae, 1896) Vol. 33.
    De Civitate Dei Libri XXII. Recensuit R. Hoffman (Lipsiae, 1899) Vol. 40.
    De Genesi ad Litteram Libri XII. Recensuit J. Zycha (Lipsiae, 1894) Vol. 26.

Averroes
    Averroes *Commentaria et introductiones in omnes libros* Aristotelis (Venetiis, 1562-1574) Vol. 1-13.

243

Avicebron

'Avencebrolis (Ibn Gebirol) Fons Vitae', ex arabico in latinum translatum ab Joanne Hispano et Dominico Gundissalino, ed. Cl. Baeumker in *Beiträge zur Geschichte der Philosophie des Mittelalters,* Band I, 2-4 (Münster, Aschendorff, 1892-1895).

Avicenna

Opera in lucem redacta ac nuper quantum ars niti potuit per canonicos emendata, (Venetiis, 1508).

Boethius, Anicius Manlius

Boeteii *opera omnia,* (Paris, 1892) Migne Latin Patrology, Vol. 63-64.

Anicii Manli Severini Boetii *De Consolatione Philosophiae.* Recognovit Adrienus A Forti Scuto (London, 1925).

Cicero, Marcus Tullius

Ciceronis Marci Tulii *opera omnia.* Edited by C. F. Mueller, (Lipsiae, 1889-1898), Vol. 1-10.

Gilbert de la Porrée

Gilberti Porretae Commentaris *In Librum Quomodo Substantiae Bonae Sunt,* (Paris, 1862) Migne Latin Patrology, Vol. 64.

Hermes Trismegistrus

Corpus Hermeticorum . . . texte établi par A. D. Nock et traduit par A. J. Festugière, (Paris, 1945 —), Vol. 1-2.

Homer

Homeri *opera* recognoverint . . . D. Monro et T. Allen, (Oxonii, 1920) 3rd. edit., Vol. 1-2.

Isaac of Israel

Isaac Israeli 'Liber de Diffinitionibus'. Edited by J. T. Muckle in *Archives d'Histoire Doctrinale et Littéraire du Moyen Age,* (Paris, 1938) Vol. 13.

John Chrysostom, St.

Sancti Joannis Chrysostomi *opera omnia,* (Paris, 1863) Migne Greek Patrology, Vol. 47-53.

John of Damascene, St.

Sancti Joannis Damasceni *opera omnia,* (Paris, 1864) Migne Greek Patrology, Vol. 94-96.

Moses Maimonides

Guide for the Perplexed, translated from the original Arabic by M. Friedlander, 2nd. edit., (London, 1936).

Peter Lombard

Petri Lombardi Magistri Sententiarum Parisiensis *opera omnia,* (Paris, 1897) Migne Latin Patrology, Vol. 191-192.

Libri Sententiarum Petri Lombardi, (ad Claras Aquas, 1916), Vol. 1-2.

Plato

Platon *Oeuvres complètes,* Texte Établi et traduit par N. Croiset, (Paris, 1925), Vol. 1-13.

Plato Timaeus, Translation of Chalcidius, *Fragmenta Philosophorum Graecorum,* (Paris, 1897), Vol. 1-3.

Priscian

Grammatici Caesariensis Institutionum Grammaticarum Libri XVIII, ex recensione M. Hertzii, (Leipzig, 1855) in *Grammatici Latini* ex recensione H. Keil.

Pseudo-Aristotle

Liber de Causis: Die pseudo-Aristotelische Schrift über das reine Gute, bekannt unter den Namen Liber de Causis. Edited by Bardenhewer, (Freiburg in Breisgau, 1882).

Pseudo-Dionysius the Areopagite

Sancti Dionysii Areopagitae *opera omnia,* (Paris, 1859) Migne Greek Patrology, Vol. 3.

Dionysiaca, recueil donnant l'ensemble des traductions latines des ouvrages attribués au Denys de l'Areopage. 2 vols., (Paris, 1937).

Theophrastus

Averroes *Commentaria et introductione in omnes libros Aristotelis,* (Venetiis, 1562-1574), Vol. 8.

BIBLIOGRAPHY

Albert, Leander. *De viris illustribus ordinis Praedicatorum.* Bononiae, 1517.

Albert, St. Sancti Alberti Magni *opera omnia* cura ac labore S. C. Borgnet. 38 vols. Paris, 1890-1899.
Physicorum libr. VIII, Vol. 3.
Metaphysicorum libr. XIII, Vol. 6.
Liber de Causis et Processu Universitatis, Vol. 10.
In II Sententiarum, Vol. 27.
Summa Theologiae, Vol. 31, 32.
Summa de Creaturis, Vol. 35.
Opera Omnia. Edited by Bernhardus Geyer. Cologne: Monasterium Westfalorum in Aedibus Aschendorff, 1951 — present.

Alexander of Aphrodisias. 'De Intellectu et Intellecto'. *Autour du Décret de 1210; II — Alexandre d'Aphrodise, aperçu sur l'influence de sa noétique.* Le Sauchoir, Kain, 1926.

Alexander, Natalis. *Historia ecclesiastica veteris novique testamenti.* VIII. Paris: Dezalier, 1714.

Algazel. *Metaphysics.* Joseph T. Muckle, ed. Toronto: Pontifical Institute of Mediaeval Studies, 1933.

Altamura, Ambrosius. *Bibliothecae Dominicanae.* Roma, MDCCLXXVII.

Ambrose, St. Sancti Ambrosii *opera omnia.* Paris, 1866-1882. Migne Latin Patrology, Vol. 14-17.

————, Sancti Ambrosii *opera.* Recensuit Carolus Schenkl. Vindebonnae. Pragae, Lipsiae, 1897. Corpus Scriptorum Ecclesiasticorum Latinorum, Vol. 32, 52, 54.

Aristotle, *Aristotelis Opera,* 5 vols. Academia Regia Borussica ex recognitione I. Bekker. Berlin, 1831.

————, *The Works of Aristotle.* 11 vols. W. D. Ross, ed. Oxford, 1928-1931.
Topics, 100a 18 — 164b 20.
Physics, 184a 10 -267b 26.
De Coelo, 268a 1 — 313b 25.
De Anima, 402a 1 -435b 25.
Ethics, 1094a 1 -1181b 23.
Politics, 1252a 1 -1342b 34.

Augustine, St. Sancti Aurelii Augustini *opera omnia*. Paris, 1841-1877. Migne Latin Patrology, Vol. 32-47.

Sancti Aurelii Augustini *opera*. Corpus Scriptorum Ecclesiasticorum Latinorum. Editio consilio et impensis Academia litterarum caesarae vindobonensis. Vindobonnae, 1866-1919.
Confessionum Libri XIII. Recensuit P. Knell. Lipsiae, 1896. Vol. 33.
De Civitate Dei Libri XXII. Recensuit R. Hoffman. Lipsiae, 1899, Vol. 40.
De Genesi ad Litteram Libri XII. Recensuit J. Zycha. Lipsiae, 1894, Vol. 26.

Averroes *Commentaria et introductione in omnes libros Aristotelis*. Venetiis, 1562-1574.

――――. *Aristotelis Metaphysicorum Libri XII cum Averrois Cordubensis in eodem commentariis*. Venetiis, 1564.

Avicebron, 'Avencebrolis (Ibn Gebirol) Fons Vitae', ex arabico in latinum translatum ab Joanne Hispano et Dominico Gundissalino. Cl. Baeumker, ed. *Beiträge zur Geschichte der Philosophie und Theologie des Mittelalters*. Band I, 2-4 Münster, Aschendorff, 1892-1895.

Avicenna. *Opera in lucem redacta ac nuper quantum ars niti potuit per canonicos emendata*. Venetiis, 1508.

――――. *Metaphysices Compendium*. N. Carame, ed. Rome, 1926.

Bach, J. *Des Albertus Magnus Verhältnis zu der Erkenntnislehre der Griechen und Römer, Araber und Juden, Ein Beitrag zur Geschichte der Ethik*. Wien, 1881.

Backes, Ignatius. *S. Thomae de Aquino Quaestio de gratia capitis (Summae. III, q. 8) accedunt textus inediti S. Alberti et Ulrici de Argentina*. Bonnae: sumptibus Petri Hanstein, 1935.

Baeumker, Clement. *Der Anteil des Elsass an den geistegen Bewegungen des Mittelalters*. Strassburg. Heitz, 1912.

Bianco. *Die alte Universität Köln*, 1885.

Binz. *Die deutschen Handschriften der öffentlichen Bibliothek der Universität Basel*.

Boethius. Boetii *opera omnia*. Paris, 1882. Migne Latin Patrology.
De Hebdomadibus. Vol. 64.
De Consolatione Philosophiae. Vol. 63.
Anicii Manli Severini Boetii *De Consolatione Philosophiae*. Recognovit Adrienus A Forti Scuto. London, 1925.

Bourke, Vernon. *Aquinas' Search for Wisdom*. Milwaukee: Bruce, 1965.

Breuning, W. *Erhebung und Fall des Menschen nach Ulrich von Strassburg* (Trierer theologische Studien, 10). — Trier: Paulinus Verlag, 1959.

Busnelli, G. "L'origine dell'anima razionale secondo Dante e Alberto Magno." *Civiltà cattolica*, LXXX (1929) 289-300.

Cave. *Scriptorum Ecclesiasticorum historia literaria a Christo nato usque ad saeculum XIV*. Oxonii, 1743.

Chenu, M. D. *Toward Understanding Saint Thomas*. A-M Landry and D. Hughes, trans. Chicago: Henry Regnery, 1964.

Cicero. *Ciceronis Marci Tullii opera omnia*. 10 vols. C. F. Mueller, ed. Leipzig, 1889-1898.

Collingwood, Francis. *The Theory of Being in the 'Summa de Bono' of Ulrich of Strasbourg: Philosophical Study and Text*. Unpublished Doctoral Dissertation. University of Toronto, 1952.

—————. 'Summa de Bono of Ulrich of Strasbourg, Libr II: Tractatus 2, Capitula I, II, III, Tractatus 3, Capitula I, II.' *Nine Mediaeval Thinkers: A Collection of Hitherto Unedited Texts*. (Studies and Texts: I). J. Reginald O'Donnell, ed. Toronto: Pontifical Institute of Mediaeval Studies, 1955. 293-307.

Copleston, Frederick. *A History of Philosophy*. 9 vols. Paramus: Newman, 1946-1974.

—————. *Thomas Aquinas*. New York: Barnes and Noble, 1976.

Daguillon, Jeanne. *Ulrich de Strasbourg, O.P., La 'Summa de Bono'. Livre I. Introduction et Edition critique*. Paris: J. Vrin, 1930.

—————. *La Vie Spirituelle*. Paris: Editions du Cerf, 1926. Supplement, 19-37, 89-102.

Dahnert, U. *Die Erkenntnislehre des Albertus Magnus*. Leipzig, 1933.

Delisle, *Inventaire des Manuscrits de la Sorbonne*. Paris, 1870.

—————. *Inventaire des Manuscrits de la Bibliothèque Nationale*. Paris, 1863-1871.

Denifle, P. *Archiv für Litteratur und Kirchen-Geschichte des Mittelalters*. II. Berlin, 1886.

Denis, M. *Codices manuscripti theologici bibliothecae Vindobonensis latini*. 1793.

DeWulf, Maurice. *Histoire de la philosophie médiévale*. Bibliothèque de l'Institut supérieur de Philosophie de Louvain. Cours de Philosophie. Vol. VI, 2nd ed. Paris: Alcan, 1905.

Dionysius the Carthusian. *Dionysii Cartusiani opera omnia*, Coloniensium ed. Tornaci, 1896-1906.

Dupin, L. Ellies. *Nouvelle bibliothèque des auteurs ecclesiastiques.* X. Paris, 1703.

Eysengrein, William. *Catalogus testium veritatis locupletissimus.* Diligenter excudebat Sebaldus Mayer, MDLXV.

Fabricius, Joannes. Albertus Lipsiensis. *Bibliotheca latina mediae et infimae aetatis.* Florentiae: typ. Thomae Baracchi, MDCCCLVIII.

Fagin, C. (Levian Thomas). *The Doctrine of the Divine Ideas in the 'Summa de Bono' of Ulrich of Strasbourg: Text and Philosophical Introduction.* Unpublished Doctoral Dissertation. University of Toronto, 1948.

—————. "Ulrich of Strasbourg: his Doctrine of the Divine Ideas." *The Modern Schoolman.* XXX (1952), 21-32.

Finke, H. *Ungedruckte Dominikanerbriefe des 13 Jahrhunderts.* Paderborn, 1891.

Forest, A. *La Structure métaphysique du Concret Selon Saint Thomas d'Aquin.* Paris: J. Vrin, 1931.

Fries, A. "Die Abhandlung *De Anima* des Ulrich Engelberti O.P." *Récherches de théologie ancienne et médiévale,* XVII (1950).

Geoghegan, Laurence. *Divine Generation, Its Nature and Limits in the "Summa de Bono" of Ulrich of Strasbourg: Philosophical Study and Text.* Unpublished M. A. Thesis. West Hartford: McAuley Institute of Religious Studies, Saint Joseph College, 1972.

Gesner, Conrad. *Epitome bibliothecae.* Tiguri apud Christophorum Froschoverum. MDLV.

Gilbert de la Porrée. Gilberti Porretae Commentaris *In Librum Quomodo Substantiae Bonae Sunt.* Paris, 1862. Migne Latin Patrology, Vol. 64.

Gilson, Etienne. "L'Ame Raisonnable chez Albert le Grand." *Archives d'Histoire Doctrinale et Littéraire du Moyen Age.* Paris: J. Vrin, 1943.

—————. *Being and Some Philosophers.* Toronto: Pontifical Institute of Mediaeval Studies, 1949.

—————. *"Can the Existence of God Still Be Demonstrated?"* McAuley Lectures VIII. West Hartford: Saint Joseph College, 1961.

—————. *The Christian Philosophy of Saint Thomas Aquinas.* New York: Random House, 1956.

—————. *Christianity and Philosophy,* trans. R. MacDonald. New York, London: Sheed and Ward, 1939.

249

——————. *Elements of Christian Philosophy.* New York: Double-day and Co., 1960.

——————. *God and Philosophy.* New Haven Yale University Press, 1941.

——————. *History of Christian Philosophy in the Middle Ages.* New York: Random House, 1955.

——————. *On the Art of Misunderstanding Thomism.* McAuley Lectures XII. West Hartford: Saint Joseph College, 1967.

——————. *La Philosophie au Moyen Âge.* 2nd ed. Paris: J. Vrin, 1947.

——————. "Les sources gréco-arabes de l'Augustinisme Avicenni-sant." *Archives d'Histoire Doctrinale et Littéraire du Moyen Age.* Paris: J. Vrin, 1929.

——————. *Spirit of Mediaeval Philosophy.* New York: Charles Scribner's Sons, 1940.

——————. *The Spirit of Thomism.* New York: P. J. Kennedy and Sons, 1964.

——————. Pourquoi Saint Thomas a critiqué Saint Augustin." *Archives d'Histoire Doctrinale et Littéraire du Moyen Age.* Paris. J. Vrin, 1926-1927.

——————. *Le Thomisme. Introduction à la philosophie de saint Thomas d'Aquin.* 5th ed. Paris: J. Vrin, 1948.

Glorieux, P. *Répertoire des maîtres en théologie de Paris au XIIIe siècle.* Paris, 1933.

Goergen, J. *Des hl. Albertus Magnus Lehre von der göttlichen Vorsehung und dem Fatum unter Besonderer Berücksichtigung der Vorsehungs und Schicksalslehre des Ulrich von Strassburg.* Vechta im Oldbg. 1932.

Goichon, A-M. *Lexique de la langue philosophique d'Ibn Sina.* Paris, 1938.

——————. *La distinction de l'essence et l'existence d'après Ibn Sina.* Paris, 1937.

Grabmann, Martin. *Drei ungedruckte Teile der Summa de Creaturis Alberts des Grossen, XIII. Quellen und Forschungen. PP. de Loë.* Leipzig, 1919.

——————. *Der Einfluss Alberts des Grossen auf das Mittelalterliche Geistesleben.* Innsbruck, 1928.

——————. *Die Geschichte der scholastischen Methode I.* Freiburg im Breisgau: Herder, 1909.

——————. *Der Hl. Albert der Grosse.* München, 1932.

——————. *Mittelalterliches Geistesleben.* München, 1926.

————. "Studien über Ulrich von Strassburg." *Zeitschrift für katolische Theologie*. Innsbruck, 1905.

————. *Die Theologische Erkenntnis und Einleitungslehre des Thomas von Aquin*. Freiburg, 1948.

————. "Des Ulrich von Strassburg O. Pr. (+1277) Abhandlung De Pulchro, Untersuchungen und Texte." *Sitzungsberichte der Bayerischen Akademie der Wissenschaften*. München, 1926, 3-84.

Grandidier. *Alsatia litterata*. Paris: Piccard, 1896.

Grenet, Paul. *Thomism*. New York, London: Harper and Row, 1967.

Haneberg, B. *Zur Erkenntnislehre des Ibn-Sina und Albertus Magnus*. Abhandlungen . . . der bayer. Akademie II (1866) 189-268.

Hauck, A. *Kirchengeschichte Deutschlands*, Leipzig, 1911.

Henry of Hervord. *Liber de rebus memorabilioribus sive Chronicon* Henrici de Hervordia. Edidit et de scriptoris vita et chronici fatis auctoritateque dissertationem praemisit Augustus Potthast. Gottingae, sumptibus Dieterichanis, 1859.

Hermes Trismegistrus. *Corpus Hermeticorum* . . . texte établi par A. D. Nock et traduit par A. J. Festugiere. Paris, 1945, Vol. 1-2.

Homer. Homeri *opera* recognoverint . . . D. Monro et T. Allen. Oxonii, 1920, 3rd ed., Vol. 1-2.

Horwath, A. "Albert der Grosse und der hl. Thomas von Aquin als Begründer der christlichen Philosophie." *Divus Thomas*, III (1916) 591-636.

Hufnagel, A. *Die Wahrheit als philosophisch-theologisches Problem bei Albert*. Bonn, 1940.

Hurter. *Nomenclator literarius theologiae catholicae*. Oenoponte: Libraria Academica Wagneriana, 1899.

Irmischer, Johann. *Handschriftenkatalog der Königlichen Universitäts-Bibliothek zu Erlangen*. Frankfurt a. M. und Erlangen: Heyder und Zimmer, 1852.

Israeli, Isaac. *Liber de Diffinitionibus*. J. Muckle, ed. *Archives d'Histoire Doctrinale et Littéraire du Moyen Age*. Paris: J. Vrin, 1938.

Izzo, Henry. *Doctrine of the Verbum Divinum in the "Summa de Bono" of Ulrich of Strasbourg: Edited Text and Analysis*. Unpublished M. A. Thesis. West Hartford: McAuley Institute of Religious Studies, Saint Joseph College, 1974.

Jöcher. *Allgemeines Gelehrten Lexicon*. Leipzig, 1756.

251

John Chrysostom, St. Sancti Joannis Chrysostomi *opera omnia*. Paris, 1863. Migne Greek Patrology, Vol. 47-53.

John of Damascus. Sancti Joannis Damasceni *opera omnia*. Paris, 1864. Migne Greek Patrology, Vol. 94-96.
De Fide Orthodoxa, Vol. 94.

John of Torquemada. *Tractatus de veritate conceptionis beatissimae Virginis pro facienda relatione coram patribus Concilii Basileae* compilatum per reverendum patrem, Fratrum Joannem de Turrecremata. Primo impresus apud Antonium Bladum Asulanum, MDXLVII, nunc denuo lucis redditus apud Jacobum Parker, Oxonis et Cantabrigiae, MDCCCLXIX.

John of Freiburg. Joannes de Friburgo. *Summa Confessorum*. Paris: Joannes Petit, 1519.

Jundt. *Histoire du panthéisme populaire au moyen Âge et au XVIᵉ siècle*. Paris, 1875.

Kennedy, Leonard. "De Homine of Ulrich of Strasbourg." *Mediaeval Studies*, XXVII. 1965, 344-347.

Klibansky, R. *The Continuity of the Platonic Tradition During the Middle Ages*. London, 1939.

Klingseis Rupert. "Das aristotelische Tugendprinzip der richtigen Mitte in der Scholastik." *Divus Thomas, Jahrbuch für Philosophie und Theologie*. II. Wien und Berlin, VII Jahrgung, 1920.

Knowles, David. *The Evolution of Medieval Thought*. New York: Random House, 1962. Vantage Book

Koch, Joseph. "Neue Literatur über Ulrich von Strassburg (+1277)". *Theologische Revue*, XXIX, 1930.

Kovach, Francis. "The Question of Eternity of the World in Saint Bonaventure and Saint Thomas — A Critical Analysis." *Bonaventure and Aquinas: Enduring Philosophers*. Robert Shahan and Francis Kovach eds. University of Oklahoma Press, 1976.

Krebs, E. "Meister Dietrich". *Beiträge zur Geschichte der Philosophie des Mittelalters*. Münster (1906), V. 5-6.

Kühle, H. "Die Lehre Alberts des Grossen von der Transzendentalien." *Philosophia Perennis*. Regensburg, (1930) 129-147.

—————. "Zum Problem der *Summa theologica* und des *Sentenzenkomentars* Albert des Grosse." *Aus der Geisteswelt des Mittelalters*, I. Münster, 1935. (*Beiträge zur Geschichte der Philosophie des Mittelalters*. Suppl. III.)

Kumada, Josef. *Licht und Schönheit: eine Interpretation des Artikels "De Pulchro" aus der Summa de Bono, lib. II, tract. 3,*

cap. 4 des Ulrich Engelbert von Strassburg. Würzburg: IBM
Schreibsatz, Offsetdruck Gugel, 1966.

Lacombe, G. *Aristoteles Latinus.* Codices descripsit G. Lacombe.
Roma, 1939.

Lescoe, Francis. *Sancti Thomae Aquinatis Tractatus de Substantiis
Separatis.* West Hartford: Saint Joseph College, 1962.

—————. *Saint Thomas Aquinas' Treatise on Separate Substances.*
West Hartford: Saint Joseph College, 1963.

de Loë, P. *De Vita et Scriptis B. Albert Magni.* Analecta Bollandiana, XX 1901.

—————. *Wetzer-Weltes Kirchenlexicon.* 2 Aufl. XII, 1901.

Looby, James. *The Influence of Patristic Doctrine on Ulrich of
Strasbourg's Explication of the Holy Spirit in Lib. III, Tr. II,
Cap.* 1 *and* 2 *in the "Summa de Bono."* Unpublished M.A. The-
sis. West Hartford: McAuley Institute of Religious Studies,
Saint Joseph College, 1971.

Lottin, O. "Commentaire des Sentences et Somme théologique d'Albert le Grand." *Récherches de théologie ancienne et médiévale,*
VIII (1936) 117-153.

Maimonides, Moses. *Guide for the Perplexed.* M. Friedlander,
trans. London, 1936.

Mandonnet, P. *Des écrits authentiques de Saint Thomas d'Aquin.*
Fribourg, 1910.

—————. "Saint Thomas d'Aquin, Le Disciple d'Albert le Grand."
Revue des Jeunes, I, (1920), 163.

—————. *Siger de Brabant et l'averroisme latin au XIII*e siècle.
Louvain, 1911.

Martene et Durand. *Veter. script. ampl. Collectio VI: Brevissima
Chronica RR. Magistrorum generalium Ord. Praedicatorum.*

Masnovo, A. "Ancora Alberto Magno e l'averroismo latino." *Rivis-
ta di filosofia neoscolastica.* XXIV (1932) 317-326.

—————. Geyer, B. Pelster, F. Ruffini, E. Grabmann, M. Lottin,
O. etc. *Atti della settimana albertina.* Roma: Pustet, 1932.

Maurer, Armand. *Medieval Philosophy.* New York: Random House,
1962.

McInerney, Ralph. "The Continuing Significance of St. Bonaventure and St. Thomas." *Bonaventure and Aquinas: Enduring
Philosophers.* Robert Shahan and Francis Kovach eds. University of Oklahoma Press, 1976.

Meersseman, G. "Die Einheit der menschlichen Seele nach Albertus
Magnus." *Divus Thomas,* Fribourg X (1932) 213-226.

Meyer, John. "Buch der Reformatio Praedigerordens." *Quellen und Forschungen zur Geschichte des Dominikanerordens in Deutschland*, II-III. Leipzig, 1908-1909.

Michael. *Geschichte des deutschen Volkes*. Freiburg im Breisgau, 1903.

Michalski, Konstanty. *Tomizm w Polsce na przelomie XI i XVI Wieku*. Bulletin international de l'Academie des sciences de Cracovie, classe de Philosophie. Krakow, 1916.

Michelaut et Duchet. *Catalogue de la Bibliothèque de Saint-Omer*. Paris, 1861.

Miraeus, Aubertus. *Auctarium de Scriptoribus ecclesiasticis*. Hamburg, 1718.

Montfaucon. *Bibliotheca bibliothecarum manuscriptorum nova*. 1739,

Moreri. *Le grand dictionnaire historique*. Bâle: J. Brandmüller, 1732.

Muller-Thym, Bernard. *The Establishment of the University of Being in the Doctrine of Meister Eckhart of Hochheim*. New York, London: Sheed and Ward, 1939.

Müntz, Eugene and Fabre, Paul. *La Bibliothèque du Vatican au XVe siècle d'après des documents inédits. Contributions pour servir à l'histoire de l'humanisme*. Paris: Thorin, 1887.

Namur, P. *Histoire des bibliothèques publiques de la Belgique. T. I: Histoire des bibliothèques publiques de Bruxelles. T. II: Histoire de la bibliothèque publique de Louvain*. Bruxelles et Leipzig: C. Muquardt, 1841.

Nash, Peter. "The Meaning of *Est in the Sentences* (1152-1160) of Robert Melun." Mediaeval Studies, (XIV, 1952) 129-142.

Neufeld, Hubert. "Zum Problem des Verhältnisses der theologischen Summe Alberts des Grossen zur Theologischen Summe Alexander von Hales." *Franziskanische Studien*, XXVII (1940) 22-56, 65-87.

Nider, John. *Consolatorium timoratae conscientiae*. Paris, Bonhomme, 1489.

———. *Expositio Praeceptorum Decalogi*. Paris: Johannes Petit, 1507.

O'Callaghan, William. *Ulrich of Strasbourg's "Liber de Summo Bono", IV, ii, 1-8* Unpublished Doctoral Dissertation. Milwaukee; University of Marquette, 1970.

O'Donnell, J. Reginald, ed. *Nine Mediaeval Thinkers: A Collection of Hitherto Unedited Texts.* (Studies and Texts: I). Toronto: Pontifical Institute of Mediaeval Studies, 1955.

O'Hara, Francis. *A Theological Study of the Trinitarian Doctrine in the "Summa de Bono" of Ulrich of Strasbourg.* Unpublished M. A. Thesis. West Hartford: McAuley Institute of Religious Studies, Saint Joseph College, 1971.

Owens, Joseph. "Darkness of Ignorance in the Most Refined Notion of God." *Bonaventure and Aquinas: Enduring Philosophers.* Robert Shahan and Francis Kovach, eds. University of Oklahoma Press, 1976.

Pegis, Anton. *Basic Writings of Saint Thomas Aquinas.* 2 vols. New York: Random House, 1945.

——————. "St. Bonaventure, St. Francis and Philosophy." *Mediaeval Studies,* XV (1953) 1-13.

——————. *Christian Philosophy and Intellectual Freedom.* Milwaukee: Bruce and Co., 1960.

——————. ed. *A Gilson Reader.* New York: Doubleday and Co., 1957.

——————. *In Search of Saint Thomas Aquinas.* McAuley Lectures XII. West Hartford: Saint Joseph College, 1967.

——————. *Introduction to Saint Thomas Aquinas.* New York: Modern Library, 1948.

——————. "Saint Thomas and the Origin of Creation." *Philosophy and the Modern Mind.* Francis Canfield, ed. Detroit: Sacred Heart Seminary, 1961.

——————. *Saint Thomas and Philosophy,* Milwaukee: Marquette University Press, 1964.

——————. *Saint Thomas and the Problem of the Soul in the Thirteenth Century.* Toronto: Pontifical Institute of Mediaeval Studies, 1934.

——————. *Thomism as a Philosophy.* McAuley Lectures VIII. West Hartford: Saint Joseph College, 1961.

Pelster, F. *Kritische Studien zum Leben und zu den Schriften Alberts des Grossen.* Fribourg, 1920.

——————. "Die griechisch-lateinischen Metaphysikubersetzungen des Mittelalters. *Beiträge zur Geschichte der Philosophie des Mittelalters.* Suppl. Bd. II, Münster, 1923.

——————. "Die Uebersetzungen der aristotelischen Metaphysik in den werken des hl. Thomas von Aquin." *Gregorianum,* XVII (1936).

Pelzer, R. *Bibliothecae Apostolicae Vaticanae Codices Manu Scripti Recensiti: Codicces Vaticani Latini*, II, Pars prior Roma, 1931.

Peter Lombard. Petri Lombardi Magistri Sententiarum Parisiensis *opera omnia*. Paris, 1897. Migne Latin Patrology, Vol. 191-192.

Peter of Prussia. *Vita Alberti*. Anvers, 1621.

Pfleger, L. "Der Dominikaner Hugo von Strassburg und das Compendium theologicae veritatis." *Innsbrucker Zeitschrift für Katolische Theologie*, II (1904) 434.

Philip of Bergamo. *Supplementum Chronicorum*. Paris, 1535.

Plato. *Platon oeuvres complètes*. 13 vols. Texte établi et traduit par N. Croiset. Paris, 1925.

    Timaeus. Translation of Chalcidius, *Fragmenta Philosophorum Graecorum*. 3 vols. Paris, 1897.

Plotinus, *Enneades*. 6 vols. Texte établi et traduit par É. Bréhier. Paris, 1924.

――――. *The Enneads*. Stephen MacKenna trans. New York: Pantheon Books Inc., 1958.

Possevinus, A. *Apparatus sacer ad scriptores veteris et novi Testamenti*. Coloniae, 1608.

Postina, A. "Kleinere Mitteilungen." *Römische Quartalschrift für christliche Altertumskunde und zur Kirchengeschichte*. (1905) 88-89.

Priscian. *Grammatici Caesariensis Institutionum Grammaticarum Libri XVIII*, ex recensione M. Hertzii, Leipzig, 1855. *Grammatici Latini*, ex recensione H. Keil.

Proclus, *The Elements of Theology*. E. R. Dodds, ed. Oxford, 1933.

Pseudo-Aristotle. *Liber de Causis: Die pseudo-Aristotelische Schrift über das reine Gute, bekannt unter den Namen Liber de Causis*. Bardenhewer, ed. Freiburg im Breisgau, 1882.

Pseudo-Dionysius the Areopagite. *Sancti Dionysii Areopagitae opera omnia*. Paris, 1859. Migne Greek Patrology, Vol. 3.

――――. *Dionysiaca, recueil donnant l'ensemble des traductions latines des ouvrages attribués au Denys de l'Aréopage*. 2 vols. Paris, 1937.

Putnam, Carol. "Ulrich of Strasbourg and the Aristotelian Causes." *Studies in Philosophy and the History of Philosophy*. John Ryan ed. Washington: Catholic University of America, 1961.

Quetif-Echard. *Scriptores Ordinis Praedicatorum: Lutetiae Parisiorum apud Ballard, 1719.

Razzi, Serafino. *Istoria de gli uomini illustri cosi nelle dottrine del sacro ordine de gli Predicatori.* In lucca, per il Busgrago, 1596.

Rehner, P. "Das Schöpfungsproblem bei Moses Maimonides, Albertus Magnus, und Thomas von Aquin." *Beiträge zur Geschichte der Philosophie des Mittelalters.* (1913) 45-92.

Reichert. *Acta Capitulorum Ordinis Praedicatorum,* III.

Roensch, Frederick. *Early Thomistic School.* Dubuque: The Priory Press, 1964.

Rose, Valentine. *Die Handschriftenverzeichnisse der Königlichen Bibliothek zu Berlin.* Bd. XIII: *Verzeichnis der lateinischen Handschriften.* Berlin: A. Asher, 1901.

Saffrey, H.D. *Sancti Thomae Aquinatis Super Librum de Causis Expositio.* Fribourg: Societé Philosophique; Louvain: E. Nauwelaerts, 1954.

Salman, D. "Saint Thomas et les traductions latines de la Métaphysique d'Aristote." *Archives d'Histoire et Littéraire du Moyen Âge,* VII (1932).

Sanderus, A. *Bibliotheca Belgica, Elenchus cod. Mss. Belg.,* 1641.

Schindler, David. "Creativity as Ultimate: Reflections on Actuality in Whitehead, Aristotle, Aquinas." *International Philosophical Quarterly,* XIII (1973) 161-171.

Schmidt, Charles. *Notice sur le couvent et l'église des Dominicains de Strasbourg.* R. Schulz, 1876.

Schmieder, K. *Alberts des Grossen Lehre vom natürlichen Gotteswissen.* Freiburg im Breisgau, 1932.

Seleman, Stephen. *Procession and Spiration in the Trinitarian Doctrine of the "Summa de Bono" of Ulrich of Strasbourg: Edited Text and Analysis.* Unpublished M. A. Thesis. West Hartford: McAuley Institute of Religious Studies, Saint Joseph College, 1973.

Shahan, Robert and Jovach, Francis eds. *Bonaventure and Aquinas: Enduring Philosophers.* University of Oklahoma Press, 1976.

Shaw, Brian. *The Soul As Considered in the "Summa de Bono" of Ulrich of Strasbourg: A Philosophical, Theological Study and Text.* Unpublished M. A. Thesis. West Hartford: McAuley Institute of Religious Studies, Saint Joseph College, 1971.

Sighart, Joachim. *Albertus Magnus, sein Leben und seine Wissenschaft.* Regensburg, 1857.

Smith, Gerard. "Avicenna and the Possibles." *Essays in Modern Scholasticism.* Westminster, 1944.

Stohr, Albert. "Die Trinitatslehre Ulrichs von Strassburg mit besonderer Berückssichtigung ihres Verhältnisses zu Albert dem Grossen und Thomas von Aquin." *Münsterische Beiträge zur Theologie.* X (1928) 242.

Teasdale, Wayne. *On the Donation of the Divine Persons in the Trinitarian Theology of Ulrich of Strasbourg's "Summa de Bono": Edited Text and Analysis.* Unpublished M. A. Thesis. West Hartford: McAuley Institute of Religious Studies, Saint Joseph College, 1976.

Theophrastus. Averroes *Commentaria et introductione in omnes libros Aristotelis.* Venetiis, 1562-1574. Vol. 8.

Théry, P. *Autour du Decret de 1210: II — Alexandre d'Aphrodise. Aperçu sur l'influence de sa noétique.* Le Saulchor, Kain, 1926.

—————. "Originalité du Plan de la *Summa de Bono* d'Ulrich de Strasbourg." *Revue Thomiste* (1922) 376-397.

—————. "Preface." *Ulrich de Strasbourg, O.P. La Summa de Bono, Livre I: Introduction et Édition critique,* Jeanne Daguillon. (Paris: J. Vrin, 1930) v-vii.

Thomas Aquinas, St., S. *Thomae Aquinatis Doctoris Angelici Opera omnia, iussu impensaque Leonis XIII. P. M. edita,* 16 vols. Ex Romae Polyglotta, 1882-1948.

—————. *Opera omnia,* ed. E. Fretté et P. Maré, 34 vols., Paris: Vivès, 1872-1880.

—————. *Sancti Thomae de Aquino Summa Theologiae.* Textus editionis Leoninae cum adnotationibus fontium . . . ex editione altera Canadiensi Ottawa 1953. Romae: Alba, Editiones Paulinae, 1962.

—————. *S. Thomae de Aquino Doctoris Angelici Summa Contra Gentiles.* Editio Leonina Manualis, Rome, 1934.

—————. *Le "De Ente et Essentia" de s. Thomas d'Aquin,* ed. M.-D. Roland-Gosselin (*Bibliothèque Thomiste,* VIII), Le Saulchoir, 1926.

—————. *Sermo seu Tractatus de Ente et Essentia,* ed. L. Baur, editio altera emendata. *Opuscula et Textus, Series Scholastica,* I, Münster i Westf., 1933.

—————. *Sancti Thomae de Aquino Expositio super Librum Boethii de Trinitate,* ed. B. Decker, Leiden, 1955.

—————. *Thomas von Aquin, in Librum Boethii de Trinitate, Quaestiones Quinta et Sexta,* ed. P. Wyser, Fribourg-Louvain, 1948.

————. *Sancti Thomae Aquinatis Tractatus de Spiritualibus Creaturis,* editio critica, ed. L. Keeler, Rome, 1938.

————. *Tractatus de Unitate Intellectus,* ed. L. Keeler, Rome 1936.

————. *Sancti Thomae de Aquino super Librum de Causis Expositio,* ed. H. D. Saffrey, Fribourg-Louvain, 1954.

————. *Sancti Thomae Aquinatis Tractatus de Substantiis Separatis,* ed. F. J. Lescoe, West Hartford, 1962.

————. *Sancti Thomae Aquinatis Quaestiones De Anima,* ed. J. Robb, Toronto, 1968.

————. *The Basic Writings of Saint Thomas Aquinas,* ed. A. C. Pegis, 2 vols. New York, 1945.

————. *Introduction to Saint Thomas Aquinas,* ed. A. C. Pegis, New York, 1948.

————. *On the Truth of the Catholic Faith,* tr. A. C. Pegis, J. Anderson, V. Bourke, C. O'Neil, 5 vols. New York, 1955-1957.

————. *On Being and Essence,* tr. A. Maurer, Toronto, 1949.

————. *The Division and Methods of the Sciences (Questions V and VI of his Commentary on the De Trinitate of Boethius),* tr. A. Maurer, Toronto, 1953.

————. *On Spiritual Creatures,* tr. M. Fitzpatrick, Milwaukee, 1949.

————. *Aristotle's De Anima in the Version of William of Moerbeke and the Commentary of Saint Thomas Aquinas,* tr. K. Foster and J. Humphries, New Haven, 1951.

————. *The Disputed Questions on Truth,* tr. J. McGlynn, R. Mulligan, R. Schmidt, Chicago, 1954.

————. *Commentary on the Metaphysics of Aristotle,* tr. J. Rowan, Chicago, 1961.

————. *Commentary on The Nicomachean Ethics,* tr. C. Litzinger, Chicago, 1964.

————. *Saint Thomas Aquinas' Treatise on Separate Substances,* tr. F. J. Lescoe, West Hartford, 1963.

————. *Summa Theologiae: Latin Text and English Translation.* 60 vols. Cambridge: Blackfriars and New York: McGraw Hill, 1964-1976.

Trithemius, Joannes. *De Scriptoribus ecclesiasticis.* Paris, 1407.

Ueberweg-Geyer. *Grundriss der Geschichte der Philosophie.* Vol. II *Die Patristische und Scholastische Zeit.* Berlin: Mittler und Sohn, 1928.

Valentinelli, J. *Bibliotheca manuscripta ad. S. Marci Venetiarum.* Venetiis, 1869.

Valleoletano, Ludovicus. "Tabula quorundam doctorum ordinis Praedicatorum." Quetif-Echard. *Scriptores Ordinis Praedicatorum.* Lutetiae Parisiorum apud Ballard, 1719.

Van Steenberghen, F. *Siger dans l'histoire de l'aristotelisme.* Louvain, 1942.

Vansteenkiste, C. *Procli Elementatio translata a Guilelmo de Moerbeke.* (Textus ineditus). *Tijdschrift voor Philosophie,* XIII (1951).

Vattasso et Carusi. *Codices Vaticani latini.* Romae, 1914.

Weisheipl, James. *Friar Thomas d'Aquino.* New York: Doubleday and Co., 1974.

Weisweiler, Heinrich. "Eine neue Ueberlieferung aus der Summa de Bono Ulrichs von Strassburg und andere Handschriften in Innsbruck." *Zeitschrift für Katolische Theologie.* LIV (1935) 442-226.

William of Auvergne. *De Universo.* Paris, 1674.

Wimpheling. *Argentinentium Episcopum Catalogus cum eorundem vita atque certis historiis.* Argentorati: Grueninger, 1508.

INDEX

Abbaye de Saint-Bertin, 65
Abovizer Maurus, 138, 139, 240
Abraham, 28
accidens et substantia, 92; accidens fluit a substantia, 190; accidens non est essentia absoluta sed potius est esse ipsius substantiae, 198
actus et potentia, 91
agent intellect, cf. intellectus universaliter agens
Albertus Magnus, 2, 8, 10-12, 40-59, 80-81, 87-93, 95-98, 103, 107, 109, 118, 122-123, 127, 135, 137, 140-145, 170, 183, 189-190, 201, 240, 243, 246
Albert, Leander, 4, 11, 246
Alexander, 4, 11, 26
Alexander of Aphrodisias, 116, 117, 246; as saying that intellect has three-fold division: intellectus materialis, intellectus qui intelligit et habet habitum, intelligentia agens, 111, 246
Alexander of Hales, 13, 14, 45
Alfarabi, 111, 143; as dividing Alexander's intelligentia agens into intellectus adeptus and intellectus agens, 111
Algazel, 139, 143, 236, 239-241, 243, 246
Altamura, Ambrosius, 4, 11, 246
Ambrosiana Collection, 72
Ambrosius, S., 209, 243, 246
Anaxagoras, 133, 237
Anderson, J., 259
angeli, 24-25; quomodo fuerunt creati, 24; ut conditores vel creatores, 208; ut custodes hominum, 25; novem ordines eorum, 25; apparitiones angelorum, 25; cognitio naturalis angelorum, 24; angeli qui peccaverunt, 24; ut motores orbium, 24; ut ministri gratiae, 25
anima ut forma corporis, 74; anima et ejus potentiae, 74; anima humana, 74; anima vegetativa, 74
annuntiatio, 27

261

Aristoteles, 42-44, 59, 78-79, 90-93, 97-99, 101, 104, 107, 109-113, 115, 117, 121, 126-127, 129-132, 134-135, 137-139, 141-142, 144, 147, 158, 162, 164, 166-167, 169, 174-175, 179-180, 182, 185-186, 191, 199, 204, 207, 212, 214, 216, 220-221, 224-227, 229, 234-237, 239, 246

y Astorga, Alva, 4, 11, 71, 75

Augustinus, S., 78, 97, 158, 189, 194, 209, 216-219, 243, 247

Averroes, 76, 98, 125, 138-140, 142, 178, 186, 190-191, 212-213, 228, 239-240, 243, 247; dixit quod, si deus de non creante factus est creans, mutatus est, 212; as guilty of equivocation in the use of "fieri", 125

Auvergne, William of, 89, 124, 135

Avicebron, 109, 172, 199, 244, 247

Avicenna, 88-91, 93, 95, 97-98, 102-103, 108, 110, 117, 122-124, 127-128, 137, 139-143, 155, 185-186, 189-190, 208, 210, 241, 244, 247; creative activity of First Principle restricted to only one effect, i.e., the first intelligence, 127-128; Avicennian possibles, 102-103, 108

auditus et audibile, 74

"B" — Berlin, Preussische Staatsbibliothek, Lat. Electoral 446: 60-61, 68-69

Bach, J., 247

Backes, Ignatius, 39, 47, 247

Baeumker, Cl., 5, 7, 12, 69, 84, 89, 95, 109, 172, 247

Bâle, manuscript of, 60

Bardenhewer, 144, 217

Basilian Fathers, 72

Baur, L., 258

beatitudo, 169

Bianco, 86

Binz, 86

Boethius, 101, 108, 117, 129, 138, 152, 169, 175, 200, 214, 230, 244, 247

Bologna, 8

Bonaventure, Saint, 107, 136

bonitas est diffusiva sui esse, 192; singula sunt per bono sed universitas est optima, 201

Bonn, 39

Boston College, 40

Bourke, Vernon, 247, 259

Breuning, W., 47, 248

creatio, 206-222; creatio est facere aliquid de nihilo, 206; creatio
    est proprius actus primi principii, 146, 206; Deus solus ex non
    ente ad esse deduxit universa, 207; creatio quae est de nihilo
    aliquid facere, appropriatur Patri, 145; creatio est operatio vo-
    luntatis non de substantia creantis, sed de nihilo, 212; ratione
    termini ejus qui est mutatio rerum de non esse ad esse, creatio
    est in principio nunc temporis, 219; creatio mundi, 223; creatio
    quandoque habet cooperationem creaturae, 224; activa creatio
    est omnium causarum et causalitatum origo et principium, 219;
    activa creatio est ipse creator agens, 213; activa creatio ter-
    minatur ad esse rei in effectu, 211; activa creatio implicat haec
    tria: potentiam, scientiam et voluntatem, 211-213; passiva crea-
    tio non dicit potentiam passivam quae respondeat potentiae ac-
    tivae creantis, 214; passiva creatio est esse rei creatae signifi-
    catum ut acceptum a creante post non esse, 215 ff.; creator ab
    aeterno est deus sed non creat ab aeterno, 223; per creationem,
    totum universum est creatum ab uno primo principio, quod so-
    lum est necesse esse, 225; nihil creatum potest creare, 208; ho-
    mo nihil ex non ente deducit ad esse, 206; homo semper ex prae-
    jacente materia facit, 206
creation, as making something out of nothing, 124; as actualization
    of a substance by conferring *esse* upon it, 124-125; creation of
    world taking place in the first "now", 126; creation of the world
    as not being demonstrated by natural reason alone, 135; acci-
    dents not objects of creation, 124; effects of creative First Prin-
    ciple as not from eternity but taking place in time, 125
culpa originalis, 31
Cusa, Nicolaus of, 89
daemones, non fuerunt mali a creatione, 24-25
Daguillon, Jeanne, 1, 6, 7, 12, 14, 36, 38, 40-41, 45-47, 60-65, 68-71,
    73, 82-86, 88, 95, 143, 231, 248
Dahnert, V., 248
dator formarum, 118, 190
Decker, B., 258
De Finance, J., 108
Delisle, 62, 83, 248
Denifle, P., 248
Denis the Carthusian, 4, 10
DEUS, *vide quoque* PRIMUM PRINCIPIUM, FIRST PRINCIPLE,
    GOD, 15; Deus Pater, 19; Deus ut primus motor, 145 ff.; Deus
    Pater ut principium omnium creaturarum, 145 ff.; Filius Dei,

27; Deus ut vita, 17; Deus ut intellectus, 17; Deus scit se secundum quod in se est et secundum quod principium est, 170ff; adoptio nostra a Deo, 28; aequalitas divinarum personarum, 20; aeternitas Dei, 18; amor divinus, 17; causalitas divinae voluntatis, 17; aeternitas Patris et Filii, 19; distinctio divinarum personarum, 19; ideae divinae, 17-18; immutabilitas Dei, 71; incircumscriptibilitas Dei, 18; innascibilitas Dei, 145; justitia Dei, 18; misericordia Dei, 18; omnipotentia Dei, 18; Paternitas Dei, 145; praescientia Dei, 18; processio divina, 19, 20; formalis processio Patris, 22ff; providentia Dei, 18; veritas Dei, 18; voluntas Dei, 22

De Wulf, M., 5, 7, 12, 248
divinatio daemonum, 25
Dole Ms. 79, 60, 61
Duchet, 65, 84
Dupin, 4, 11, 249
"E" Erlangen Universitätsbibliothek Mss. 618, 619: 60, 69-70
Eckhart, Meister, 89, 95-95, 143
effect is always less noble than the cause, 99 ff.
electio, 31
emanation, 188 ff.
Empedocles, 133, 237
Erfurt, manuscript of, 60
Erhardt, 7
esse divinum, 16; esse in effectu, 100; esse et id quod est, 100; omne quod fit ex nihilo secundum esse suum dependet ab aliqua causa, 151; every id quod est has its quod est from itself but its esse must be derived from another, 100-102
essentia, 21
Eysengrein, William, 4, 11, 249
Fabre, Paul, 67, 84
Fabricius, J. A., 5, 12, 65, 71, 73, 85, 249
factio semper est secundum materiam, 206
Fagin, C., 7, 37, 41-42, 44-46, 48, 50, 58, 64, 82-83, 140, 231, 249
Farren, Sister Eleanor, 38
fatum, 18
felicitas sive beatitudo est status omni bonorum aggregatione perfectus, 169
filiatio, 19, 27
Finke, H., 5, 9, 12, 249

FIRST PRINCIPLE, cf. also, GOD, DEUS, PRIMUM PRINCIPIUM.
Metaphysic of First Principle, 99-109; primacy and necessity of
F. P., 99 ff.; F. P. as absolutely simple and necessary, 104; as
communicating His goodness to all creatures, 118; as having
free will, 105; as omnipotent, 101; properties unique to F. P.
alone, 104; as possessing four-fold freedom, 105; as most happy,
since He possesses all goods of which He is source, 105; as
universally agent intellect, Who is source of every being, 110
ff.; as a truly efficient cause on Whom everything depends, 106;
as having nothing antecedent to Him, with respect to His own
esse, 103-104; as final cause of all things, 107; creator of all
things, 124 ff.; contingent and possible beings as dependent on
F. P. for their esse, 124-125; KNOWLEDGE which F. P. possesses, 113 ff.; F. P. as knowing all things by a single act, 115
F. P.'s knowledge as the cause of the esse of all things, 113,
115; as the cause of the order of the universe, 116; as eternally
actual and not merely potential or habitual, 114; His knowledge
as neither universal nor particular but as the very cause of
things themselves, 115; species as object of F. P.'s knowledge
different from species which are object of human knowledge,
113; F. P. as font of all being, life and knowing, 121; Neoplatonic procession of all things from the F. P., 120
Fitzpatrick, M., 259
fluere et influere, 19
fluxus est simplex emanatio formae a primo fonte, 191; fluxus est
processus formae a simplici formali principio, 191; primum
universaliter influit, secunda minus et minus universaliter fluunt quanto plus distant a primo, 195; omne quod influitur est
in fluente primo simplicius quia sine compositione cum recipiente, 195 ff.; fons fluxus secundum Platonem est dator formarum, 190; in ordine omnium fluentium et influentium, prius
fluit in sequens et illud non refluit in prius, 195; fons primus
fluxus est forma lucis primi intellectus universaliter agentis,
190; esse, vivere et intelligere sunt fluxus primi fontis, 192
Fordham, University of, 39
Forest, A., 96, 108, 136-137, 249
forma ut definitio rei, 22; forma substantialis, 22; forma et materia,
22
fortitudo, 31
Foster, K., 259
Frankfurt, manuscript of, 60

von Freiburg, Dietrich, 3, 10, 89, 94, 143
Freiburg, Theodoric of, 95
Friedlander, M., 59, 139, 201
Fries, Albert, 79, 86-87, 249
Gabriel, Astrik, 72
generatio divina Filii a Patre, 19
generation distinct from creation, 125
Geoghegan, Laurence, 37-38, 46, 65-65, 83, 249
German Dominican Province, 3
Gesner, Conrad, 5, 12, 249
Gilbert de la Porrée, 152, 244
Gilson, Etienne, 9, 40, 48, 72, 88-90, 94, 96-98, 107-110, 116-117,
    122-123, 135-137, 139-141, 143-144, 249-250
Glorieux, P., 59, 250
God, attributes of, 18 ff.; cf. DEUS, PRIMUM PRINCIPIUM, FIRST
    PRINCIPLE
Goichon, A-M., 108, 122, 250
Gordon Taylor Jr. Microfilm Collection, 72
Grabmann, Martin, 5-7, 9-10, 12-14, 41, 43, 45-46, 48-50, 57, 59, 62,
    67, 69, 71, 83-86, 88, 94-96, 143-144, 350-351
Grandidier, 5, 12, 62, 83, 251
gratia innocentiae, 30; gratia gratum faciens, 31
Grenet, Paul, 135, 251
Gundissalinus, Dominicus, 143, 172
Guillaume d'Auxerre, 14-15
Haneberg, B., 251
Hauck, A., 89, 95, 144, 251
Hauréau, 62, 83
Heilsbronn, Abbey of, 70
Henry of Hervord, 3, 10, 251
Hermes Trismegistrus, 194, 244, 251
hierarchia, 119
Hill Monastic Collection, 72
Hippocrates, 179
Hofnagel, A., 251
Homerus, 179, 244, 251
Horst, Henricus, 75, 81
Horwath, A., 251
Hughes, D., 123
Hugo von Strassburg, 7
Humphries, J., 259

Hurter, 5, 12, 251
hypostasis, 29
illiberalitas, 32
illumination, 89
Incarnatio, 27-28
infinite regress, impossibility of, 99
Innsbruck, manuscript of, 61, 82
intellect, universally agent, cf. below, INTELLECTUS UNIVERSA-
   LITER AGENS. Separate agent intellect, 111; universally
   agent intellect as "scientific", i.e., possessing all knowledge and
   as pure act, 115; knowledge possessed by universally agent intellect as the cause of the hierarchical order of processions of
   all beings, 119-122
intellectus: adeptus, 76-77; agens, 74, 76, 78, 111-112; contemplativus, 161; formalis, 161; operativus, 161; possibilis, 74, 164;
   practicus, 163-164; speculativus, 74, 16, 161; intellectus adeptus
   per adeptionem sui proprii actus efficitur in actu, 164; actus
   intellectus est vita, 165; intellectus formalis in alio est et ab
   alio dependet, 164; intellectus complexione syllogistica cogitur
   ad consensum, 186; intellectus prior est quam voluntas, 172-
   173; cum primus intellectus est ipsa scientia sua necessario
   secundum sapientiam causat omnia quae causat, 181-182
intellectus universaliter agens, 161-169; primum principium est
   intellectus universaliter agens quo est omnia facere et nihil
   recipere, 164; intellectus universaliter agens quoque vocatur
   intellectus practicus, cujus intelligere est causa rerum, 164
intelligentiae, 24, 225; intelligentiae ut creatores, 24, 225 ff.; in
   toto ordine intelligentiarum et coelorum semper prior intelligentia est causa sui orbis et etiam intelligentiae sequentis, 227
intemperantia, 31
Irmischer, Johann, 69, 84-85, 251
Isaac Israeli, 121, 123, 202, 251
Izzo, Henry, 35, 46, 64, 69, 83-84, 194, 251
John Chrysostom, St., 171, 244, 252
John of Damascus, St., 124, 134, 136, 140, 206, 208, 212, 218, 241,
   244, 252
John of Freiburg, 3, 10, 95, 252
John of Torquemada, 4, 10, 64, 84, 252
Jöcher, 4, 12, 251
Jundt, 10, 252
Jupiter, 128, 228

Keane, Sister Marie Michael, 38
Keeler, L., 259
Kennedy, Leonard, 81-82, 86, 252
Klibansky, R., 95, 252
Klingseis, Rupert, 5, 12, 252
Knights of Columbus Vatican Manuscript Collection, 72
Knowles, David, 96, 137, 252
Koch, Joseph, 46, 252
Kovach, Francis, 107, 135-136, 252
Krakow, manuscript of, 60
Krebs, E., 9, 252
Kühle, H., 252
Kumada, Josef, 46, 252
"L" Louvain, Bibliothèque Universitaire, D. 320: 60, 70-82
Lacombe, G., 98, 138, 229, 253
Landry, A-M., 123
La Plante, Julian, 72
Lescoe, Francis J., 48, 122-123, 253
Lessines, Giles of, 95
liberalitas, 32
Liber de Causis, 9, 51, 55, 57, 88, 93, 97-99, 103, 118, 140-141, 217, 230
libertas: ab obligatione, 183; a coactione, 183; ab inevitabilitate, 184; a necessitate suppositionis, 184
liberum arbitrium, 75, 81
Lichtenberg, John of, 95
Litzinger, C., 259
de Loë, 5, 8, 12, 253
Looby, James, 38, 46, 64, 83, 253
Lottin, O., 81, 86-87, 253
Louvain, University of, 71, 73
MacKenna, S., 122
Maimonides, Moses, 58-59, 135, 137, 139-140, 142, 144, 201, 236, 239, 242, 244, 253,
Malines, John of, 75, 80-84, 86
malum, 17
Mandonnet, P., 8-10, 90, 96, 253
Marquette, University of, 39
Mars, 128, 228
Martene et Durand, 253
Martin, P., 71, 85

269

Maurer, Armand, 98, 137, 253, 259

Masnovo, A., 253

materia prima, 199; materia corporea, 199; materia determinata, 199; materia non generatur nec corrumpitur, 216; materia et forma, 92

McAuley Institute of Religious Studies, 37-40

McGlynn, J., 259

McInerny, Ralph, 107, 253

mensura esse divini est aeternitas; mensura autem durationis mundi est aevum vel tempus quae ab aeternitate causantur, 230; mensura durationis esse primi principii, quae est aeternitas, praecedit durationem mundi sicut causatum, 230

Meersseman, G., 253

Meyer, John, 4, 10, 254

Michael, 5, 12, 254

Michalski, Konstanty, 89, 95, 254

Michelaut, 65, 84, 254

Miraeus, A., 4, 12, 254

missio Spiritus Sancti, 19-20

Moerbeke, William of, 91, 95, 98

Montfaucon, 67, 254

Montpelier, 8

Moreri, 5, 12, 254

Mosburg, Berthold of, 89, 95

motion: as having a beginning, since both mover and movable began simultaneously through creation and not generation, 132

motor et motus, 23-24; motor omnis habet potentiam proportionatam ad mobile, 233 ff.; motus incepit quia motor et mobile simul inceperunt, non per generationem sed per creationem, 235; motus circularis, 23

Muckle, Joseph, 123, 139, 202, 236, 241, 243

Muldowney, Sister Mary Sarah, 38

Muller, E., 7

Muller-Thym, B., 89, 96, 254

Mulligan, R., 259

mundus, non est aeternus sed initium durationis habuit, 238

Munich, manuscript of, 60

Müntz, Eugene, 67, 84, 254

Namur, P., 85, 254

Nash, P., 254

natura de necessitate agit, 186; natura non est causa ordinis quia
    tantum est ad unum, 192
negatio dicitur dupliciter, 207
Neoplatonism, 89, 91, 94, 98, 118-122, 137, 140, 142-143
Neufeld, H., 254
Nider, John, 4, 10, 254
Nock, A. D., 194
now: the first "now" as the simultaneity of creation of things and
    beginning of time itself, 124-126
"O" Saint-Omer Bibliothèque, 120, 152: 60, 65-66
O'Callaghan, William, 39, 47, 254
O'Donnell, J. Reginald, iii, 7, 37, 46, 72, 84, 255
O'Hara, Francis, 38, 46, 64, 73, 83, 85, 255
olfactus et odor, 26
O'Neil, C., 259
O'Neil, Sister Mary, 38
oppositio, 23
ordo universi est secundum participationem boni summi, 204 ff.;
    ordo universi secundum philosophos, 204-205
Owens, Joseph, 135, 255
Oxford, 8
"P" Paris, Bibliothèque Nationale Lat. 15900, 15901: 62-65
paradisum ut locum primorum parentum, 31
Paris, University of, 89
paterfamilias (exemplum Aristotelis), 203-204
Pease, Sister Gertrude Miriam, 38
peccatum originale, 31; peccatum veniale, 31
Pegis, Anton, 90, 96, 117, 135, 138, 141, 143-144, 255
Pelster, F., 6, 13, 255
Pelzer, R., 256
Peripatetici, 170, 186, 194
perpetuitas motus et mundi, 237
Peter Lombard, 3, 8, 41, 45, 57, 91, 124, 136, 209, 244, 256
Pfleger, L., 7, 71, 88, 256
phantasmata, 27
Philip of Bergamo, 4, 10, 256
Philipps (Middlehill) Library, 80, 86
Pjeylsmid de Tzwigtauria, Nicolaus, 70
Plato, 123, 147, 173, 220-221, 226, 245, 256
Plotinus: 9, 122; ab uno non est nisi unum, 158
Pontifical Institute of Mediaeval Studies, 72

271

Porphyrius, 178, 186
Possevinus, A., 4, 11, 256
possible being, 102 ff.
Postina, A., 71, 85
potentia et actus sive materia et forma sunt principia substantiae, 210; potentiae motivae, 27; potentiae sensitivae, 26
Praecursor Verbi Incarnati, 27
praedestinatio, 18
praedicabilia: genus, species, differentia, 23-24
praedicamenta, 21-24
primum coelum, 24
PRIMUM PRINCIPIUM, 21 ff. *vide quoque* DEUS, GOD, FIRST PRINCIPLE; communicabilitas primi principii, 209; primum principium ut intellectus universaliter agens, 161-169; libertas primi principii, 183; omnipotentia primi principii, 183 ff.; primum principium causat per intellectum, 171; scientia primi principii, 170-182; simplicitas et necessitas primi principii, 153; omnia necessario sunt a primo principio, 159; solum primum principium causat non praesupposita aliqua causalitate, 209; primum principium se diffundit et communicat sicut lux in infinitam distantiam, 197; primum principium simpliciter et universaliter super omnia fluit et nihil recipit, 197; id quod fluit a primo fluit ut distans, ut cadens, ut occumbens, ut oppressum tenebris, 196; primum principium habet idem esse et id quod est, 156; pp. non est accidens nec virtus corporea, 156; pp. est immutabile, 157; pp. nullatenus potest moveri vel mutari, 158; quidquid est in eo est idem ipsi et non est additum super esse ipsius, 157; pp. non potest esse nisi unum, 158-159; pp. non est accidens nec substantia, 159; pp. est causa antecedente omnia, 181; pp. solum est necessarium, 183; pp. ad nullam causam habet dependentiam, 154; vita pp. est nobilissima, 166; pp. est per se causa omnium, 170-171; pp. est immateriale, 155; pp. non est corpus et non habet magnitudinem nec est omnino divisibilis, 155-156; pp. est omnino simplex et necessarium, 153; pp. ut alpha et omega: ut principium et finis, 151; pp. nullam dependentiam habet ad aliam causam, 153; creatio ut opus proprium pp. 143; scientia pp. est causa ordinis universorum, 161 ff.; scientia pp. non est universalis, particularis, nec in potentia, nec in actu, nec collativa nec in agere, 162-163; primum scit seipsum perfecta scientia, 179; in pp. consistit perfectissimus modus sciendi qui excogitari potest, 181; scientia pp. causa est

272

Saint Joseph College, 37-40
Saint Louis University, 72
Saint-Omer, manuscript of cf. "O"
Salman, D., 257
Sanderus, 73, 85, 257
sapientis est ordinare, 182
sapor et gustus, 26
Saturnus, 228
Schindler, D., 257
Schmidt, Charles, 5, 12, 257
Schmidt, R., 259
scientia: in actu; in agere (in decursu ratiocinationis); particularis;
    in potentia; speculativa; universalis, 162-163
Scriptura, 15
Seleman, Stephen, 38, 43, 46, 64, 68-69, 83-84, 257
sensus communis, 26
sensus interiores, 26
sensus: cujus rei sensus deest, ejus etiam deest nobis scientia, 162
Shahan, Robert, 107, 135-136, 257
Shaw, Brian A., 39, 47, 80-83, 86-87, 257
Shiner, Kenneth, 38
Siger de Brabant, 260
Sighart, Joachim, 5, 12, 257
Smith, G., 108, 257
sol est corpus melius et nobilius omnibus planetis, 229; omnes stellae
    a sole lumen recipiunt, 229
Sorbonne, House of, 62, 83
species materialis, 175
species sensibilis, 175
Spiritus Sanctus, 19 ff.; 28, 31; distinctio Spiritus Sancti a Patre
    et Filio, 19; processio Sancti Spiritus, 19
Stams, Catalogue of, 3
status innocentiae, 30-31
status quatuor hominis, 29
Stohr, Albert, 46, 258
Stoici, 170
Strassburg, Hugh of, 95
substantia, 22-25; substantia corporea, 22; substantia divina, 17;
    substantia et accidens, 22-23; divisio entis in substantia et acci-
    dens, 23; substantiae spirituales, 24-25
Summum Bonum, 14

vitia capitalia, 31 ff.

voluntarium et involuntarium, 31; voluntarium est omne quod agit sua propria electione et libertate, 187

voluntas, 106, 186-187; voluntas est liber motor animi, 187; voluntas est deliberativus appetitus rei deficientis in ratione fundatus, 186; voluntas est definitiva et est immobilis placentia finis, 186

"W"   Vienna Nationalbibliothek, 3924: 66-67

Weert, Henricus, 27, 73

Weisheipl, James, 97, 260

Weisweiler, Heinrich, 60, 82, 260

Wimpheling, 4, 11, 260

Wisneski, Edward, 38, 40, 43, 47

Zorn, 2